RÉFLEXIONS SUR LE NATIONALISME

DU MÊME AUTEUR :

• *Manifeste pour le salut de la vraie Droite*, Éditions Vincent Reynouard, 2002 (en collaboration avec Vincent REYNOUARD).
• *L'Universalité du danger gnostique, vrai ou faux ?*, Éditions Vincent Reynouard, 2004.
• *Antidote : Pour une pensée libérée de la tyrannie judéo-maçonnique* (préface de Jérôme BOURBON), Reconquista Press, 2018.
• *Abécédaire mal-pensant : Manuel de combat du traditionalisme révolutionnaire*, Reconquista Press, 2019.
• *Une réponse nationaliste au mondialisme : Doctrine élémentaire du bien commun*, Reconquista Press, 2020.

Jean-Jacques STORMAY

RÉFLEXIONS SUR LE
NATIONALISME

En relisant *Doctrines du nationalisme*
de Jacques PLONCARD d'ASSAC

Préface d'Yvan BENEDETTI

Reconquista Press

Initialement publié par Samizdat Publications en 2005

© 2019 Reconquista Press
www.reconquistapress.com

ISBN : 978-1-912853-06-9

PRÉFACE

AVANT toute chose, disons-le tout net : ces *Réflexions sur le nationalisme* sont appelées à constituer un livre de référence pour les nationalistes et sont donc à ce titre un livre d'avenir. Car même si leur auteur laisse percer un pessimisme désabusé propre aux penseurs des droites historique et philosophique, dont il estime qu'« à vue d'homme, elles n'ont aucune chance de renaître », nous avons la faiblesse de croire que l'Espérance est aujourd'hui nationaliste. Trente ans après la faillite du communisme, le rejet de la société matérialiste et consumériste par les immenses masses de révoltés en gilets jaunes nous apporte la certitude que se profile à l'horizon le crépuscule de l'ordre mondial né après-guerre des accords de Yalta. C'est de cette période que date le livre de Jacques Ploncard d'Assac qui a nourri la réflexion de l'auteur et a constitué le socle de son travail.

★
★ ★

Jacques Ploncard d'Assac est né le 13 mars 1910 à Chalon-sur-Saône. Disciple d'Édouard Drumont et de Charles Maurras, il adhère dès 1927 à l'Action française. Cofondateur, en 1933, avec Henry Coston, Albert Monniot et Jean Drault, du Front national ouvrier paysan, il rejoint, en 1936, le Parti populaire français (PPF) de Jacques Doriot, tout en étant parallèlement, avec Raymond Cartier, l'un des animateurs du Centre de propagande des républicains nationaux. Il gagne la croix de guerre dans les durs combats de 1940, puis se consacre à l'une des tâches les plus essentielles de la Révolution nationale, en travaillant, dans les locaux réquisitionnés du Grand Orient, rue Cadet, avec Bernard Faÿ et Henry Coston, à l'organisme chargé de répertorier les archives de la franc-maçonnerie : le Service des sociétés secrètes. Ce travail de recherche, ainsi que la publication d'articles dans les *Documents maçonniques* lui vaudront de recevoir les plus hautes distinctions qu'un nationaliste pouvait alors se voir décerner : la Francisque de la part du Maréchal, puis trois condamnations à mort par contumace de la part de ses ennemis, lorsque le cortège d'atrocités de l'épuration gaullo-communiste s'abattra sur le pays.

Mais Ploncard d'Assac n'a pas attendu l'arrivée des pseudo-patriotes émargeant chez Roosevelt ou chez Staline et a rejoint la nombreuse communauté française réfugiée au Portugal dans laquelle évoluait, entre autres éminents intellectuels, Jean Haupt, l'auteur de l'indispensable *Procès de la démocratie*. Tous deux conseillers du Premier ministre Salazar (auquel Ploncard d'Assac a d'ailleurs consacré une biographie), ils animent conjointement des émissions en français sur les ondes de « la Voix de l'Occident », la radio portugaise qui émet à destination de toute l'Europe. Outre ces activités radiophoniques, Jacques Ploncard d'Assac a collaboré à de nombreux périodiques — dont Jeune Nation, après avoir rencontré son directeur, Pierre Sidos, lors d'un voyage de ce dernier à Lisbonne — et n'a pas rédigé moins d'une quinzaine de volumes d'études doctrinales ou consacrés aux grands problèmes de l'heure : le nationalisme, le colonialisme, le progressisme chrétien, le communisme ainsi, bien sûr, que la question maçonnique, sujet auquel il apporte une contribution essentielle avec *Le Secret des francs-maçons*, publié en 1979, après son retour en France consécutif à la Révolution des œillets d'avril 1974.

Quand l'ancien conseiller de Salazar meurt le 20 février 2005, ayant inlassablement, pendant trois quarts de siècle, mis en garde contre les infiltrations ennemies dans l'Église et dans nos mouvements, je n'ai pas eu l'honneur de le rencontrer. Je suis toutefois certain que j'aurais retrouvé chez lui la simplicité et la modestie qui m'ont marqué chez Henry Coston et Maurice Bardèche et j'ai tenu à accompagner dans sa dernière demeure au cimetière de La Garde celui dont le volume *Doctrines du nationalisme* a été pendant des années mon livre de chevet.

★
★ ★

Avant d'être réédité en 1978 par les éditions Diffusion de la Pensée Française (DPF), cet essai fondamental et même fondateur pour ma culture politique avait été publié en 1958 par la Librairie française d'Henry Coston. C'est donc dans sa première édition que j'ai découvert ce texte dans la bibliothèque de mon père, il y a près de 40 ans, et l'état plus que défraîchi de sa reliure est aujourd'hui là pour témoigner que je suis revenu à ce petit bouquin tout au long de ma vie militante, comme un prêtre à son bréviaire ! En 2005, alors que Jean-Jacques Stormay participait à une journée nationaliste à Lyon, je lui avais, comme je le fais à tous les militants à la recherche de références doctrinales, recommandé cette lecture indispensable. J'ai dû être convaincant, puisqu'après en avoir pris connaissance, il en avait rédigé un résumé et un commentaire. Ils constituent aujourd'hui la base de cet ouvrage qui ajoute une profondeur philosophique et spirituelle aux indispensables informations contenues dans le livre de Ploncard d'Assac.

★
★ ★

L'auteur expose avec précision la doctrine des différents maîtres à penser qui ont marqué le XXᵉ siècle, en commençant, à tout seigneur tout honneur, par l'école française, au premier rang de laquelle on trouve la sainte trinité du nationalisme français : Édouard Drumont, Maurice Barrès et Charles Maurras. Il exprime aussi tout le respect que lui inspire l'action du Maréchal Pétain et rappelle les seize propositions énoncées dans les

« Principes de la Communauté » qui définissent la doctrine de l'État français et se veulent une contre-Déclaration des Droits de l'Homme. Sont ensuite évoqués les mouvements étrangers : le fascisme de Benito Mussolini, la Phalange de José Antonio Primo de Rivera, Ledesma Ramos et Onésimo Redondo ou le nationalisme lusitanien d'António Sardinha et António de Oliveira Salazar.

Adolf Hitler se plaisait à affirmer que le national-socialisme n'était pas un produit d'exportation. L'auteur nous rappelle qu'il existe autant de nationalismes que de nations. Mais si chaque doctrine nationale est marquée par une spécificité découlant de l'Histoire particulière de son peuple, les différents nationalismes partagent, outre des sources d'inspiration et de réflexion, un socle commun : la contre-révolution. Tous récusent en effet l'utopique Contrat social de Rousseau que le grand chambardement de la Révolution bourgeoise a substitué, en 1789, à l'organisation des corps intermédiaires, garants des libertés individuelles et collectives qui s'organisaient selon le principe de subsidiarité et de complémentarité. La lutte des classes est également unanimement rejetée au nom d'une vision organiciste du corps national.

Le chapitre consacré au nationalisme allemand est totalement revisité. C'est là l'un des points forts de cet ouvrage qui compense sur ce sujet les faiblesses d'analyse du livre de Ploncard d'Assac rédigé avant Vatican II et aligné sur la position du pape Pie XII qui considérait le national-socialisme comme un nationalitarisme.

Il est précédé par un chapitre sur « l'Église et le nationalisme » où l'auteur évoque cette « unité de destin dans l'universel » dont parle José Antonio, permettant des échanges harmonieux entre les différentes nations dès lors qu'elles s'assument en tant que telles. Sans éluder les errements de certains aspects du national-socialisme, Jean-Jacques Stormay réhabilite la pensée d'Adolf Hitler et constate avec le recul que n'avait pas l'auteur des *Doctrines* — quand Ploncard d'Assac a rédigé son ouvrage, il subsistait encore trois régimes nationalistes en

Europe : en Espagne, au Portugal et en Grèce — que la défaite allemande, comme celle des confédérés lors de la Guerre de Sécession, a été la défaite de la Civilisation européenne… Nous savons aujourd'hui que la destruction de l'Allemagne nationale-socialiste a permis au matérialisme de s'imposer partout en Occident selon les tables de la loi cosmopolite promise à Nuremberg et dénoncée par Maurice Bardèche qui avait compris, comme Corneliu Codreanu, le fondateur de la Garde de fer roumaine, qu'au-delà même de leurs particularismes, les différents nationalismes étaient liés par un destin commun. Raccompagnant Julius Evola venu lui rendre visite à Bucarest et sachant que son invité était attendu à Berlin et Rome, le Capitaine — dont la pensée n'est malheureusement pas plus étudiée dans ces *Réflexions* que dans les *Doctrines du nationalisme* — avait chargé l'auteur de *Révolte contre le monde moderne* d'une mission :

« À tous ceux qui combattent pour la même cause que nous, dites que je les salue et que le légionnarisme roumain est et sera inconditionnellement à leurs côtés dans la lutte antisémite, antidémocratique et antibolchevique. »

Voilà qui devrait encourager les lecteurs de ce volume à compléter cette étude par un ouvrage consacré au mouvement légionnaire…

★
★ ★

Deux chapitres complètent enfin de judicieuse manière ces *Réflexions* : l'un consacré à la question du judaïsme et l'autre à celle de l'Islam. L'auteur, après avoir constaté que le judaïsme n'est pas un racialisme mais un messianisme qui s'est construit contre le christianisme, observe que « l'histoire prouve qu'il s'est toujours fait l'instrument privilégié de toutes les subversions (gnostique, musulmane, maçonnique, libérale, marxiste, mondialiste et immigrationniste) », et arrive à cette conclusion définitive :

« Il est absolument nécessaire, quand on est nationaliste français, d'être opposé à l'esprit du judaïsme, et d'être anti-israélien. »

Voilà qui a le mérite d'être tout à la fois clair et vrai même si ce chapitre devra toutefois être complété par la lecture des études d'Hervé Ryssen et de l'abbé Rioult pour appréhender un sujet aussi complexe qu'essentiel.

L'Islam, quant à lui, est abordé sous le seul aspect spirituel d'une fausse religion étrangère à l'Europe et à la France. Position qui mériterait selon nous d'être légèrement nuancée. Le judaïsme politique mène un combat mondial et sur la ligne de front qui traverse la planète, certains pays dont l'Islam est la religion officielle sont des alliés naturels.

★
★ ★

Antoine de Rivarol considérait « l'imprimerie comme l'artillerie de la pensée ». Il est indéniable que ces *Réflexions sur le nationalisme* contiennent de très nombreuses munitions qui ne sauraient faire défaut aux militants qui veulent, par le triomphe de la Révolution nationale, rendre la France à son peuple et l'Europe à sa race. C'est donc un livre indispensable pour mener ce combat total, mondial et global. Total, car nous sommes confrontés à une lutte à mort entre les nationalistes et les cosmopolites, une lutte qu'avait déjà identifiée Maurice Barrès il y a plus d'un siècle et qui ne peut se conclure que par l'anéantissement d'un camp par l'autre. Mondial, dans la mesure où, si le judaïsme politique a pour but de faire disparaître toutes les nations, celles-ci doivent de ce fait toutes participer à la résistance face à l'ennemi commun. Global, c'est-à-dire politique et spirituel, puisque la conquête des esprits n'est rien sans la révolution des âmes et qu'au niveau national français, la conquête de l'État serait donc stérile sans la reconquête de Rome.

Les nationalismes d'État n'ont jamais connu l'échec social ou économique. Ils ont dû s'incliner au XXe siècle sous le seul effet de guerres inhumaines et dévastatrices. Le monde issu de l'ordre corrompu initié par le procès de Nuremberg, gangrené par son mensonge fondateur, ce monde « vétuste et sans joie », est en train de mourir sous le poids des réalités. Nous verrons bientôt renaître, sous une forme sans aucun doute différente de celle qu'il a prise hier, engendré par une période de grande effervescence comme celle qu'a été l'avant-guerre, un fascisme célébré par Robert Brasillach dans ce texte dont on ne sait trop s'il n'est que le testament ou s'il constitue l'héritage lui-même :

« Je me dis que cela ne peut pas mourir. Les petits enfants qui seront les garçons de vingt ans plus tard apprendront avec un sombre émerveillement l'existence de cette exaltation de millions d'hommes, les camps de jeunesse, la gloire du passé, les défilés, les cathédrales de lumière, les héros frappés au combat, l'amitié entre les jeunesses de toutes les nations réconciliées. José Antonio, le fascisme immense et rouge. Je ne pourrai jamais oublier le rayonnement merveilleux du fascisme universel de ma jeunesse. »

Les *Réflexions sur le nationalisme* portent la promesse de cette renaissance.

Yvan Benedetti

INTRODUCTION

L E LECTEUR découvrira, dans le travail suivant (publié une première fois en samizdat, en 2005, et amendé çà et là dans la présente édition) :

1) un résumé de la doctrine, exposée par Jacques Ploncard d'Assac dans son ouvrage *Doctrines du nationalisme* (Éditions de Chiré, 1978), de chaque maître du nationalisme ;

2) une réflexion critique. Au terme de ces condensés pédagogiques, il sera procédé à l'établissement d'un bilan.

Tous les penseurs qui seront ici évoqués, dont le génie contribua amplement à réveiller les nations d'Europe après la catastrophe de 1789, ne mériteraient pas qu'on pût ridiculement s'autoriser à rompre en visière avec certains d'entre eux (au demeurant seulement sur certains points), si cette initiative ne se limitait — qui plus est à la lumière d'une sagesse plus haute que la sagesse humaine (celle de l'enseignement de l'Église catholique adéquatement formulé dans les catégories de la philosophie scolastique) — à tenter parfois de les corriger les uns par les autres. À ces articles furent ajoutées trois brèves réflexions, qui nous ont paru pouvoir compléter adéquatement l'ensemble : sur la question juive, sur les rapports entre l'Église et le nationalisme, sur la véritable nature de l'islam.

Il n'est pas vain, afin de prévenir toute désillusion, de commencer cette réflexion par un constat désabusé : la véritable droite française, et la droite en général, sont mortes. À vue d'homme, elles n'ont aucune chance de renaître. Pour qu'existe une droite *française*, encore faut-il que la France existe. Pour qu'existe seulement, quelque part dans le monde, une droite, encore faut-il que des *peuples* existent, des communautés de destin incarnées, des visions de l'homme et du monde expressives, en leurs manières historiques d'exister, d'un aspect de l'unique nature humaine. Mais l'universalisme abstrait des Droits de l'Homme, avec sa progéniture marxiste, a substitué, aux peuples historiques, une humanité mondialisée en forme d'Église universelle, de catholicité sans Dieu, d'humanité déifiée. Ou bien ce qui subsiste des peuples réels, extérieurs à la sphère de l'Occident, les abandonnés de la croissance, est gangrené par l'idéologie de l'islamisme qui, comme substitut d'une « troisième voie » effective et caution de leur ressentiment, a du mal à celer la source réelle de son inspiration tantôt nihiliste, tantôt secrètement consumériste, c'est-à-dire, encore, occidentale en sa version la plus déliquescente. L'un des buts du présent travail est d'établir que la droite est morte d'abord parce que l'*idée* de la droite, adéquatement développée, n'a jamais existé. Elle n'a jamais existé parce qu'elle s'est développée en trop de rameaux jaloux, chacun, de sa vérité unilatérale, exclusive et partielle, au point que les meilleures bonnes volontés, qui n'ont pourtant jamais manqué, se sont toujours épuisées en combats fratricides : maurrassiens, légitimistes, bonapartistes, franquistes, libéraux darwiniens, paganistes, catholiques, fascistes... Il sera ici question, en forme d'esquisse, d'une assomption et d'un dépassement du contenu du meilleur de la pensée de droite. Une assomption : tout ce qui est de vraie droite est nôtre, parce que tout ce qui est de vraie droite est vrai, et que tout ce qui est vrai est de droite, au point que la pensée de droite n'est autre que la vraie pensée. Un dépassement : les droites historiques sont antagoniques parce que les idées qui les inspirent sont incompatibles, de sorte qu'elles ne se révèlent conciliables qu'au prix d'une refondation de leur contenu théorique à partir d'une remontée de leurs exigences respectives en direction d'un principe assez universel pour les embrasser toutes, principe à partir duquel leur redéploiement ne se peut accomplir qu'en les transformant intrinsèquement. Autant dire qu'aucun homme de droite — de l'une de ces droites existantes — ne se reconnaîtra dans ce qui sera développé ici. Les lecteurs nous sauront gré de les avoir avertis.

A

ÉDOUARD DRUMONT, MAURICE BARRÈS ET PAUL BOURGET

L ES FUNESTES idées de 1789, point de départ le plus visible de toute la subversion intellectuelle et politique dont souffre le monde aujourd'hui, sont nées en France. Elles se sont répandues par la suite dans toute l'Europe et dans le monde entier. Les monarques des Restaurations manquées abandonnèrent leur pouvoir aux Assemblées qui, bien vite, furent livrées aux puissances occultes de la Haute Finance et de la judéo-maçonnerie. C'est en France d'abord que ces idées délétères développèrent leurs conséquences. C'est en France qu'elles commencèrent à être vigoureusement combattues au nom de la formule nationaliste pressentie par Drumont, fondée par Barrès et développée bientôt par Maurras. Drumont est l'auteur d'*Études psychologiques et sociales* comprenant cinq grands titres : *La France juive, La Fin d'un monde, La Dernière Bataille, Le Testament d'un antisémite, Sur le chemin de la vie*. Il lança *La Libre Parole* le 20 avril 1892. Par-delà la dénonciation, dans *La France juive* (1886), des méfaits de la Banque juive et au reste non juive, Drumont s'attache, pessimiste mais non désespéré, à analyser la malfaisance du libéralisme économique progressant dans la démocratie impuissante et, à travers cette analyse, à poser les bases d'une méthode de travail : étudier les conditions de la mort d'un corps social afin de dégager celles de sa survie et de son développement sain, voire de sa renaissance. Toute société est soumise à des lois que la volonté ne saurait transgresser et qui sont dévoilées mais non créées. Tout d'abord, Drumont oppose à l'individualisme les lois de l'hérédité (biologique et surtout sociale). Quand l'homme est dépouillé de sa religion, de sa race, de sa patrie, il est déraciné, et alors surgissent les puissances monstrueuses, qui l'asservissent, de l'Argent, du Nombre, de ce que l'on appellerait aujourd'hui les Médias, et contre lesquelles les tenants de l'organisation ancienne sont impuissants. C'est qu'il n'est pas question, nonobstant ses éminentes vertus, de faire retour à l'Ancien Régime, qui devait bien pécher par quelque endroit puisqu'il fut incapable d'endiguer la décadence. Drumont n'aimait pas les conservateurs, qui jamais ne conservent rien. Catholique, il déplora le Ralliement à la République imposé par Léon XIII. Pourtant, il ne fut pas un révolutionnaire. Selon le mot de Léon Daudet, il appartenait, en « indulgent combatif » qu'il était, à la famille d'esprit des non-interventionnistes, cherchant plus à comprendre la décadence qu'à proposer des remèdes, croyant à la force invincible de la fatalité. C'est Drumont qui, pour la première fois, dans *La Libre Parole*, en 1892, forgea le concept de « national-socialisme », cette synthèse du national et du social qui formera comme le principe génétique de tous les nationalismes authentiques. Daudet fait de lui un germanophobe détestant la « perfide lourdeur des Allemands, leurs rapaces fourriers de la haute finance ». Mais Drumont lui-même, dans *La Fin d'un monde* (livre VII-I) nous déclare : « J'admire beaucoup l'Allemagne, le courage de ses soldats, le génie de ses penseurs et de ses poètes et je n'ai jamais consacré ma plume à attiser des haines de peuple. » Et Drumont, au même endroit, de citer Pattai, député styrien au Reichsrat : « Espérons qu'il arrivera enfin le temps où les deux nations qui ont recueilli l'héritage de Charlemagne oublieront leurs vieilles querelles pour réaliser, sur la base des principes chrétiens, la réforme sociale. C'est ainsi que nous inaugurerions une nouvelle croisade contre l'orientalisme, qui de nos temps a fait de nouveau victorieusement irruption dans notre Occident. »

Du « culte du Moi » (1867-1891), fruit de l'individualisme de sa jeunesse kantienne, Maurice Barrès, par un retournement dialectique aussi rationnel qu'il est singulier, passe au nationalisme, après avoir pris conscience de ce que le moi n'est pas cette seule subjectivité, de soi vide et stérile, mais qu'il n'est que par la Terre et les Morts.

On doit à Barrès d'avoir donné au terme de « nationalisme » le sens exact que les vrais nationalistes lui reconnaîtront, par opposition au nationalitarisme.

Il est de bon ton, dans les milieux catholiques en particulier, de tenir pour perverse l'idée nationaliste, en tant qu'elle relèverait des « valeurs » de la Révolution française intrinsèquement mauvaise : on substitua la nation au roi, l'idée nationale serait ainsi par essence démocratique, et le nationalisme serait, en tant qu'adoration subjectiviste d'un moi collectif, un immanentisme relevant de l'idolâtrie. Jacques Ploncard d'Assac (page 29 de son ouvrage devenu classique) expose quelques éléments de réponse éclairants :

« Le nationalisme, en tant que doctrine politique, est né à la fin du XIXe siècle.

« Le mot n'était pas neuf. Prévost Paradol l'avait inventé sous le Second Empire pour désigner les tenants du principe des nationalités. Ce fut Maurice Barrès qui lui donna un sens nouveau dans un article du *Figaro* du 4 juillet 1892, intitulé : "La querelle des nationalistes et des cosmopolites". »

[Cette acception nouvelle du mot invita René Johannet à] « forger les deux termes *nationalitaire* et *nationalitarisme*, indispensables pour établir cette connexion avec le principe des nationalités que les mots de *nationalisme* et de *nationaliste* n'expriment plus en français depuis 1892 ».

Retenons donc que le *nationalisme* désigne le devoir des peuples de rester eux-mêmes, à la différence du *nationalitarisme* qui prône le droit des peuples à disposer d'eux-mêmes ; que le concept de nation n'est, de soi, nullement solidaire de celui de jacobinisme, bien au contraire.

Est nationaliste celui qui est antimondialiste, et qui sait que le meilleur de l'humain, dans ce qu'il a d'universel, n'est atteint que dans la mesure où l'homme consent à se reconnaître une manière paradigmatique particulière — nationale — d'exister.

Est nationaliste celui qui sait que l'unique nature humaine est incapable de s'exprimer *tout entière et totalement* en un seul type d'homme. La nature humaine est un degré de perfection intermédiaire entre le monde des choses et le monde des esprits.

En tant qu'elle tient de l'ordre spirituel, elle est potentiellement riche (d'une potentialité qui relève de la puissance active) d'une grande quantité de manières particulières de se réaliser, elle contient toutes ces différences dans son unité à la manière dont des effets préexistent dans leur cause en laquelle ils s'identifient les uns aux autres. En chacune des manières différentes de se concrétiser, la nature humaine s'exprime *tout entière* : la nature humaine existe concrètement comme homme, ou comme femme ; elle est *tout entière* dans la virilité comme elle est *tout entière* dans la féminité (autrement seul l'androgyne serait humain, alors qu'il n'est qu'un monstre), bien qu'elle ne soit pas *totalement* en chaque sexe (autrement l'autre sexe ne serait pas humain).

En tant qu'elle tient de l'ordre matériel, la nature humaine est trop pauvre pour se réaliser *totalement* en une seule manière d'être qui réaliserait actuellement la richesse de toutes ses différences dans l'identité d'un seul existant ; dans cette dernière perspective, la concrétisation personnelle d'une telle nature serait celle — angélique — d'un individu unique dans son espèce, qui épuiserait dans sa singularité l'universalité des richesses de son essence. N'étant ni ange ni bête, l'homme a vocation à reconnaître dans diverses manières sexuelles (mâle ou femelle), ethniques (raciales), spirituelles (culturelles), politiques (nationales) d'être humain autant d'expressions exemplaires irrévocablement diverses d'une nature pourtant commune à tous. L'effacement contemporain des différences nationales, raciales, culturelles, sexuelles, relève de la prétention du genre humain à se donner, dans un anthropocentrisme mondialiste, le substitut d'une manière d'être qui l'apparenterait à la manière angélique d'exister : l'homme individuel, défini par ses relations sociales, subsiste dans une Humanité personnifiée supposée développer, dans la singularité de sa substance, toutes ses manières particulières de s'actualiser, à la manière dont l'ange parvient à *être* son essence spécifique en tant qu'il inclut en son sein *toutes* les virtualités de sa puissance à être et à opérer ; il en est ainsi de la manière d'être angélique, à la différence des vivants corporels qui, se contentant d'*avoir* une essence commune aux individus de même espèce, pallient, comme mortels, leur impuissance à s'identifier à leur concept, en engendrant *ad extra* des rejetons de même espèce.

Une même matière entre en composition avec diverses formes : cela donne des individus d'espèces diverses ; une même forme entre en composition avec diverses matières : cela donne des individus divers à l'intérieur d'une même espèce. Libéré de toute matière, chaque ange est son espèce. Si l'on remarque que le délire contemporain visant à conférer à l'homme la dignité d'un ange n'est possible que si l'homme se croit doté du pouvoir de choisir sa manière d'être, ainsi de maîtriser son essence, par là encore de se faire la raison suffisante de sa propre individuation, on comprendra que — l'individuation d'une essence étant la donation de son acte d'exister — l'homme contemporain aspire à se faire créateur de lui-même, de sorte qu'en prétendant se faire ange, il aspire secrètement à se faire Dieu.

Le nationalisme est l'expression politique du refus de la tentation humaine de se déifier.

C'est en étant pleinement féminine qu'une femme est le plus humaine, c'est en consentant à sa particularité qu'elle atteint l'universel : à vouloir être homme et femme à la fois, on n'est ni l'un ni l'autre, et de plus on n'est même plus humain, on se défait pour se résoudre dans l'indifférencié de la matière (tératologie létale).

C'est en étant pleinement français, ou allemand, ou zoulou qu'un homme s'empare de la condition d'épanouissement de son humanité ; à vouloir être citoyen d'un monde homogénéisé gravide de la richesse de toutes les nationalités fondues en une seule, on ne parvient à retenir aucune richesse particulière, on se résout dans l'indifférencié zoologique du consumérisme. Ce qui a vocation à être un composé de matière et de forme est tel que, en prétendant s'émanciper de sa matière, il se résout en cette dernière dont l'infinité potentielle (l'indéfini de ce qui est en manque de toute détermination) est comme l'image caricaturale de l'infini actuel (illimité dans l'ordre de la perfection formelle). Au fond, le mondialiste est celui qui refuse d'être quelque chose de déterminé — c'est-à-dire quelque chose qui ne le fait être qu'en lui intimant de n'être que ce qu'il est —, de sorte qu'il préfère n'être rien afin de rêver qu'il est Celui qui est et qui a tout. Et le nationalitarisme, en tant que subjectivisme, est l'expression inchoative du mondialisme.

Le nationalisme est, conceptuellement, l'antithèse du nationalitarisme, même si, historiquement, et par accident, le premier a trouvé parfois dans le second, en lequel il se fourvoyait et se cherchait tout à la fois, une forme inadéquate d'expression.

À toute distance d'un subjectivisme mortifère et générateur au fond de toutes les formes de la Subversion, à commencer par ce *déracinement* qui détourne l'homme de sa vocation et fait de lui la proie de toutes les turpitudes intellectuelles et morales, Barrès invente le nationalisme entendu comme antidote au nationalitarisme : il enseigne qu'il n'y a pas de moi véritable sans le « support de la collectivité » (surtout celle du passé : famille, région, race, nation) qui se continue en lui, qui l'informe, qui prend conscience d'elle-même en lui, qui le détermine, qui fait son être véritable et le réduit au porte-voix de sa substance impersonnelle, charnelle, passionnelle et sentimentale. Comprenant qu'il n'est pas de restauration de la chose publique sans doctrine, il propose le nationalisme, entendu comme défense de l'organisme national, réaction contre sa dégénérescence par l'effort de discernement de ce qui constitua l'ensemble des conditions de croissance de cet organisme. Le nationalisme authentique, dont l'instrument est le « parti de la

France », par-delà et en même temps en deçà des funestes partis politiques diviseurs et chimériques, suppose l'existence de la nation, il n'a pas prétention à l'engendrer. Barrès rappelle qu'il n'est pas de santé, pour un organisme politique, sans unité de ce dernier. Le principe de cette unité peut être trouvé dans la fidélité à un souverain, dans une dynastie, dans des institutions traditionnelles, dans l'homogénéité d'une race biologique ; mais la France a tué son roi, elle a anéanti sa dynastie, elle a détruit et rejeté ses institutions traditionnelles, elle n'est pas une race, de sorte que la réalité française est indicible, indéfinissable, inconsciente de sa propre identité, par là incapable de la défendre, puisqu'on ne peut efficacement préserver que ce qu'on connaît. Le nationalisme, qui « entend résoudre chaque question par rapport à la France », doit commencer par « dégager cette conscience (de soi) qui manque au pays ». Selon Barrès, c'est dans le « développement de façons de sentir qui existent naturellement dans le pays » qu'il est possible de donner à la France cette identité consciente qui est condition de son relèvement. On peut faire revivre sa race (en un sens qui n'est pas biologique, sinon par analogie), puisque l'hérédité, d'abord historique, « la charrie en nous » (Ploncard d'Assac). C'est aussi dans l'exploitation du thème nouveau de la conjugaison du national et du social qu'il est possible de réactualiser, dans la nation en train de se défaire sous les coups de la démocratie individualiste et capitaliste, cette identité qui la fonde : se présentant, en 1900, à la députation à Nancy, il se proclama candidat socialiste nationaliste (il faut entendre par là une défense du corporatisme). « Nationalisme engendre nécessairement socialisme. Nous définissons le socialisme : l'amélioration matérielle et morale de la classe la plus nombreuse et la plus pauvre. » C'est en effet que le peuple est comme la base de la nation, le terreau de ses élites, le conservateur de son génie, le dépositaire de sa manière de sentir. La francisque, « hache à deux tranchants qu'on avait déjà vue sur les affiches antisémites d'Édouard Drumont et dont le maréchal Pétain fera l'insigne officiel de l'État français » (Ploncard d'Assac) aura pour vocation de symboliser cette unité du national et du social, par-delà l'artificielle dichotomie de la droite et de la gauche. Mais Barrès, plus soucieux de changer les mœurs que les institutions, restera républicain et démocrate.

Paul Bourget, contemporain de Barrès, a pour originalité de conjuguer, pour des raisons empruntées au positivisme, le nationalisme et le traditionalisme. En dépit de sa formation scientifique, ou peut-être à cause d'elle qui lui fit connaître les réductionnismes du scientisme, Bourget le catholique pourfendit le naturalisme et le matérialisme. Il s'efforça pourtant d'appliquer à l'étude de la réalité sociale les méthodes (observation et expérimentation à partir de théories hypothético-déductives) qu'il avait apprises de ses études, en vue de redécouvrir les lois naturelles qui régissent la vie de toute société. La matière à interroger n'est autre que l'expérience inconsciente des siècles. Le salut de la société n'est pas selon lui dans les idéologies, mais dans l'observation des lois nécessaires qui la régissent. « La loi d'évolution enveloppe en elle une loi de constance », et il convient méthodologiquement de se faire traditionaliste dans le but de saisir, ainsi de distinguer sans toutefois les opposer, ces deux lois qui ne sont jamais, empiriquement ou historiquement, données qu'ensemble et confondues. Aussi, « la loi c'est la tradition telle qu'ils (*nos pères*) nous l'ont laissée à maintenir ou ce n'est rien ». C'est sous ce rapport que son positivisme appelle le traditionalisme comme son corollaire obligé : on ne peut dégager la loi salvatrice, norme et principe de scansion des organismes sociaux, qu'en préservant la matière observable à partir de laquelle on la dégage inductivement. La Patrie est à la fois les morts, les vivants et ceux à naître, elle est « milieu générateur dont nous sommes une portion », en même temps que le plus intime de nous-mêmes. Les « idées et les émotions dont nos pères ont vécu » sont une matière précieuse riche d'une sagesse insoupçonnée, constitutive de la réalité nationale, laquelle, en tant qu'elle a su durer, doit avoir raison de loi par là même qu'elle dure. Aussi Paul Bourget craint-il les révolutions, les mutations brusques ; les familles ne doivent gravir l'échelle sociale que très lentement, et même le mérite personnel ne saurait autoriser à « brûler l'étape », parce que ce dernier « n'est fécond et bienfaisant que lorsqu'il devient le mérite familial ». Notre individu « ne peut trouver son ampleur, sa force, son épanouissement que dans le groupe naturel dont il est issu ». L'âme collective dont chaque homme n'est qu'une pensée n'est autre que la manière de sentir élaborée dans nos Pères par la Terre natale.

Nous retiendrons tout particulièrement de Drumont son exceptionnelle lucidité relativement aux dangers d'une influence juive par trop développée dans les sociétés d'ordre qu'elle ne peut pas, selon la logique de son caractère théologique, ne pas tenter de déconstruire au profit de sa prétention à se poser, sur leurs décombres, telle une aristocratie cléricale mondiale aspirant, de manière avouée ou non, à se faire la conscience de soi de Dieu même. Comme le fera plus tard remarquer Maurras, l'esprit du judaïsme, nécessairement, induit en celui qu'il afflige une mentalité de chambardeur systématique. Par ailleurs, Drumont a, mieux que quiconque, compris combien le libéralisme économique, pendant obligé du libéralisme philosophique, est un fossoyeur révolutionnaire de l'ordre politique et social naturel : la puissance de l'argent livré à lui-même, non investie par une finalité spirituelle qui doit régler les modalités de son usage, ne peut pas ne pas former un système, ainsi ne peut s'exercer qu'en se substituant à toutes les autres puissances sociales. Drumont a compris, le premier peut-être, qu'accepter, fût-ce avec de bons sentiments, la logique inflationniste de relations économiques déchaînées, c'était consentir à un type de relation polémique qu'on ne peut embrasser sans s'avilir. Évidemment, il y aura toujours des crétins, surtout aujourd'hui où sévit le capitalisme mondialiste conquérant, pour identifier en un tel refus une lâcheté. Drumont a enfin magistralement montré que cette propriété qu'ont les puissances d'argent, déconnectées de l'ordre politique auquel elles sont de droit ordonnées mais que de soi elles méconnaissent et auquel, telle la matière privée de forme, elles tendent de soi à se soustraire, d'assumer le rôle de principe d'entropie de l'ordre politique, avait tendance à être exploitée, de manière dangereusement efficace, par les Israélites que le refus de leur vocation à se sublimer en chrétiens, leur insurrection contre eux-mêmes en quelque sorte, constitutif de leur judéité, disposait à développer une mentalité révolution-naire.

Barrès a d'immenses mérites. C'est à lui que nous devons le principe du nationalisme lui-même. Barrès a compris qu'il serait vain de remonter en amont de la crise pour en conjurer les effets, puisque c'est en cet amont qu'elle trouve sa source, en ce passé défectueux et par trop adorné qu'elle trouve la condition de son déploiement. Barrès a montré que l'unique manière de s'éman-ciper d'une erreur est de la faire périr en lui faisant avouer, par l'acte même de sa radicalisation théorique, sa propre inconsis-tance à la fois théorique et pratique. La Révolution ablative de la grandeur de la France et de son identité profonde est née d'une cristallisation des insurrections protéiformes du Moi sub-jectiviste (lointainement nominalistes et franciscaines, puis luthériennes, puis jansénistes, puis gallicanes) ; c'est donc dans et par le culte maximisé de ce Moi, annonciateur d'un retourne-ment dialectique fécond, que la personne se réconcilie, en le réformant, avec ce qui la précède et la fonde, aussi bien selon la causalité que selon le temps : la norme de la nature humaine, essentielle mesure de la subjectivité et de la liberté, et les trésors de l'héritage culturel et politique. À Barrès, et à travers lui à Drumont, nous devons aussi la formule programmatique du nationalisme authentique, à la descendance éminemment féconde, à savoir celle de la synthèse du national et du social. Il reste que Barrès ne s'est pas émancipé de tout ce que la pensée de Taine pouvait encore charrier d'esprit moderniste (sensua-lisme et rationalisme scientiste, tous deux anti-intellectualistes et hostiles à toute métaphysique). Barrès évoque la « magnifique douceur » de la soumission à la prédestination, il enseigne que « nationalisme est acceptation d'un déterminisme ». Encore : « Répudions d'abord les systèmes philosophiques et les partis qu'ils engendrent. » Et plus radicalement : « On s'efforcerait vainement d'établir la vérité par la raison seule, puisque l'intelligence peut toujours trouver un nouveau motif de remettre les choses en question. » De sorte qu'en définitive : « L'intelligence, quelle petite chose à la surface de nous-mêmes ! Profondément nous sommes des êtres affectifs. » Nous sommes là en demeure, et dans l'esprit lumineux d'un José Antonio Primo de Rivera, de rappeler que la raison est la différence spécifique de l'homme, qu'elle est ce qui fait l'humanité dans l'homme, et que la société nationale n'est pas une substance, encore moins la Substance panthéistique de Spinoza. Le système de bascule qui mène, de l'égotisme ou du Moi hypertrophié, à l'immersion du Moi renonçant à lui-même dans le Tout national, pour rationnel qu'il soit, n'est raisonnable (ou n'est rationnellement achevé), que s'il est complété ou parfait par l'exigence de voir le moi procéder à une *renonciation à son propre abandon*, ou plutôt au caractère passionnel de ce dernier. C'est que, en effet, *la perfection du renoncement à lui-même du moi égotiste n'est pas dans l'annihilation mais dans l'abnégation*. En se perdant en Dieu, le panthéiste se déifie. En se dissolvant dans la nation substantifiée, ainsi absolutisée, le nationaliste romantique s'hypertrophie. Et de même que l'âme véritablement soumise à Dieu ne cherche nullement à se perdre en Lui (à la manière du quiétisme de Madame Guyon), mais bien plutôt plébiscite sa finitude et avec elle sa différence d'avec Lui afin de L'adorer, de même le citoyen vertueux ne renonce nullement à lui-même, à sa personnalité et à sa raison, précisément dans le souci de servir le bien commun temporel qui est son bien, mais qui n'est sien qu'en tant qu'il se rapporte à lui. L'abandon, au profit des forces obscures et romantiques du sentiment et de l'image, de la raison et du concept, ressemble furieusement à cette « aliénation » (le mot est de Jean-Jacques Rousseau) à laquelle nous somme de souscrire l'auteur du *Contrat social*, subjectiviste pathologique bien assuré de retrouver son petit moi démultiplié dans la société démocratique dont il se fait le théoricien achevé. Rousseau substitue le témoignage supposé infaillible de la conscience supposée morale (en vérité sentimentale) au magistère de la raison ; Barrès, dans la ligne du même scepticisme, ainsi selon la forme d'un même moi crispé sur lui-même se soustrayant à l'injonction de la raison porteuse de vérité, lui substitue l'élan vital de l'inconscient national et la sacralisation passionnelle de la Tradition. De sorte qu'on peut se demander si Barrès n'est demeuré démocrate et républicain que par accident. Contre la fascination déjà freudienne, à tout le moins rousseauiste (religion du cœur), de l'inconscient et de l'opacité du corps, qui voudrait que l'obscur, le latent, l'ancestral fût profond, il faut dire que ce qu'il y a de plus profond en l'homme est ce qu'il y a de plus clair, c'est sa raison, ce qui n'exclut pas qu'il y ait, comme le remarquait Paul Valéry, de l'obscur dans la clarté même, ou que la clarté soit mystérieuse en vertu de son excès d'intelligibilité pour nos yeux de chouette. Force est donc de rappeler que les idées ne sont pas des produits de l'imagination à toute distance des choses, elles sont les rejetons sans prix d'un intellect fécondé par l'intelligible des choses, c'est-à-dire par l'Idée et la raison que l'Auteur des choses a mise en elles. C'est pourquoi, d'une certaine façon, le réel est Idée, il est la réalisation d'une Idée, il est l'Idée se réalisant : il est dans la réalité de cette Idée, si son Auteur décide de l'exercer en sa vertu créatrice, de se faire réelle *ad extra*. Il en résulte que la raison humaine, en sa vocation qu'ignore Barrès à la spéculation métaphysique, ainsi restituée à son véritable statut de raison de la véritable dignité de l'homme, est aussi la véritable raison de sa subordination réfléchie au bien commun de la nation inclusive de la Terre et des Morts. Un nationaliste conséquent est intellectualiste. C'est à ce titre même qu'il fait droit aux exigences et aux vertus éminentes de la volonté, dans la mesure où c'est par la raison que la volonté, loin de se confondre avec elles, se rend maîtresse des passions et se subordonne adéquatement leur puissance nécessaire.

Dans le sillage de Maurice Barrès, Paul Bourget a remarquablement rappelé que la personne humaine ne s'épanouit qu'en communauté enracinée, pour cette simple raison que le moi n'accède à la conscience de lui-même et à l'autonomie, ou ne revient réflexivement sur lui-même, que dans la mesure où il a consenti à se laisser emplir et forger par l'héritage national de ses Pères. Comme le rappellera plus tard Husserl, faisant mémoire (certes de manière infidèle) de la notion aristotélicienne d'intentionnalité, toute conscience est conscience de quelque chose. Une conscience pure ou conscience de rien se résout, phénoménologiquement, dans un néant de conscience. Il en est de la nation comme du langage (et il n'est peut-être pas accidentel que Bourget ait aussi été philologue) : si la langue natale informe la pensée et la conditionne, elle donne à la pensée d'être pensante, car c'est dans les mots que nous pensons ; et, de même, c'est par le conditionnement fécond et bienveillant de l'héritage national, auquel le moi doit souscrire et dont il doit commencer par reconnaître l'existence et la richesse, que la personne actualise ses puissances de réflexion. Paul Bourget a aussi montré que, de même que la « doxa » ou opinion droite est potentiellement riche de science, de même la Tradition est la matière obligée à partir de laquelle, selon la démarche inductive propre à l'intelligence incarnée (« *nihil est in intellectu quod non prius fuerit in sensu* »), l'intellect peut opérer selon son vœu propre de compréhension des choses et de la société. Au rebours des chimères constructivistes engendrées par l'orgueil des cerveaux rationalistes, nous n'accédons au savoir conceptuel que par la médiation de l'expérience, individuelle et collective. Mais il nous paraît nécessaire d'évoquer, à propos de Bourget, une difficulté analogue à celle que nous avons développée à propos de Barrès. Si Bourget ne récuse pas aussi radicalement l'autorité de la raison, il en limite néanmoins indûment la portée : son positivisme, conditionnant sa méthode en matière de philosophie politique, lui fait rechercher les lois de la société au détriment des causes, son positivisme le cantonne à l'ordre du comment en le détournant de celui du pourquoi, et c'est à raison de cette méprise qu'il en vient à sacraliser la Tradition : ce qui dure est légitime par là même qu'il dure, ce qui a su se maintenir dans l'être doit être pour la seule raison qu'il a su être ; la loi de la société qu'il faut respecter, la loi qu'il faut rétablir, c'est selon Bourget la Tradition telle que nos Pères nous l'ont léguée. Ce qui, il faut bien l'avouer, revient à professer le devoir, fondé sur un pyrrhonisme larvé annonciateur de subjectivisme, de pérenniser des erreurs invétérées. Le nationaliste conséquent, respectueux de l'héritage de ses Pères, est révolutionnaire parce qu'il est traditionaliste : si le véritable nationalisme *présuppose* le fait national, s'il naît en retour par *réaction* contre les forces mortifères que le passé de la nation a laissées proliférer en son sein, il est bien clair que le nationaliste ne saurait avaliser les erreurs de ses Pères. Autant vaudrait, aujourd'hui, se faire le champion de la Révolution et de la Gueuse, et de la Réforme et de la Tradition maçonnique française, sous le prétexte qu'elles sont multiséculaires. C'est avec une saine et sainte violence que le nationaliste s'insurge contre la décadence du présent, c'est la révolution nationale qu'il plébiscite, et c'est, au sens où Polybe parlait de révolution (remettre à l'endroit, y compris par le moyen de la force libératrice, ce qui était à l'envers), sur la révolution du passé, sur l'analyse critique des germes de décadence dont la tradition nationale est parfois gravide, que se fonde le nationaliste pour révolutionner le présent. Mais on ne peut mesurer la valeur du passé, le présent étant toujours imparfait et le futur toujours inconnu, qu'à l'aune de l'intemporel auquel l'intelligence humaine, l'intelligence *métaphysique*, doit bien avoir accès pour opérer son œuvre rédemptrice. Ce qui, derechef, nous fait conclure à la nécessité, pour le nationaliste, d'être intellectualiste.

B

CHARLES MAURRAS

BARRÈS croyait pouvoir réformer les mœurs de la France sans changer ses institutions. C'est à Maurras que revint le privilège d'établir que les institutions politiques conditionnent le contenu de la nation et des mœurs.

§ 1. Le 15 novembre 1899, à la suite d'une conférence d'Henri Vaugeois, *L'Action française* publie un manifeste en quatre points qui exprime les idées-mères de la pensée maurrassienne : 1) Il est du premier intérêt de l'homme individuel de vivre en société. 2) Depuis la disparition de l'unité médiévale de la Chrétienté qui continuait le monde romain, la seule forme sociale achevée est la nation ; elle est intangible en tant qu'elle est la condition rigoureuse de toute humanité ; plus qu'un fait de sentiment, le nationalisme est une obligation rationnelle. 3) Tous les problèmes diviseurs doivent être résolus par rapport à la nation. 4) Tout Français a le devoir de diffuser ces vérités afin d'y ramener ses compatriotes aveugles.

Maurras expliquera plus tard (dans *Au signe de Flore*) que l'unité de la « République chrétienne » du Moyen Âge fut supérieure à l'ère des nations souveraines issues de son fractionnement. Cela dit, Maurras s'emploie à établir qu'il est dans la logique du nationalisme d'être monarchiste. Telle sera la doctrine de Maurras : le nationalisme intégral.

Tout d'abord, le petit de l'homme est un héritier, il ne vit que parce qu'il est un petit citoyen ; il commence par recevoir, il est en dette de tout, et même de lui-même d'une certaine façon, il n'apprend à dire « Moi » que par la société, c'est à elle qu'il doit tout ce qu'il est et tout ce qu'il a, jusques à son aptitude funeste à s'insurger contre elle. Il n'y a nulle réciprocité entre elle et lui, jamais il ne lui restituera autant que ce qu'elle a pu lui donner. La relation primitive de la cité à l'homme est un rapport hiérarchique d'autorité pure, éminemment bienfaisante ; « l'inégalité est bonne en soi », elle est le nerf du progrès : il n'est de progrès humain que dans l'amitié et le concours harmonieux des forces, c'est-à-dire dans la complémentarité ; mais la complémentarité dit la différence, et la différence pose nécessairement l'inégalité. L'homme ne naît pas avec des droits, mais avec des besoins, c'est-à-dire des dettes. Par là, la société n'est pas une association, ou le résultat d'un contrat. Elle est un fait de nature. La première des sociétés est la famille, la plus naturelle de toutes. « Nous sommes nos ancêtres, nos maîtres, nos aînés. » Ce qui ne signifie pas que la cité serait substance. Il en résulte que la justice en matière politique, comme le droit, ne sauraient s'élaborer à partir de l'individu en direction de la cité (démarche démocratique), mais bien plutôt, parce que l'individu présuppose la cité, à partir du fait de la société. L'ordre de rétribution aux parties de leurs droits et devoirs, qui définit la justice et le droit, présuppose l'ordre de la constitution du tout, qui est antérieur au droit.

§ 2. Maurras adopte, pour restaurer la cité, une méthode particulière qui, commençant par faire de la cité l'objet de son étude afin d'en faire l'objet de son œuvre rénovatrice, rejaillit sur le résultat de sa rénovation : si l'on étudie la nature physique afin de la transformer, le résultat opératoire dépendra de ce qu'on aura retenu de cette étude. Mais la chose est encore plus évidente lorsqu'il s'agit de la société, qu'on entend transformer non comme on transforme un matériau brut pour en faire un objet d'art, mais comme on soigne un corps malade pour lui rendre la santé, c'est-à-dire pour le restituer à sa véritable *nature ou essence* : de la manière dont on étudiera la société dépendra la manière de la comprendre, et avec cette dernière la manière de la restaurer. Qui plus est, la société n'est pas un simple objet opérable face au sujet qui l'étudie ; elle est une réalité inclusive de ce sujet même et n'existe que par lui, de sorte que les lois qui la régissent sont à la fois les lois du tout régissant l'homme comme son contenu, et les lois de l'homme régissant la cité comme le résultat de ses initiatives. La cité est un opérable inclusif de son opérateur, lequel par là se connaît en la connaissant, et se change en la changeant. Un métaphysicien aurait dit que la méthode, le chemin à suivre (telle est bien l'étymologie du mot « méthode ») pour connaître, dépend d'abord de la nature de ce qui est à connaître, dans la mesure où les catégories de l'être sont aussi les catégories de la pensée. Il aurait dit avec Aristote que l'essence est *cause*, et que les lois de comportement de l'être sont conditionnées par ce qu'il est. Il en aurait déduit qu'on ne peut restituer la cité à sa véritable nature, par le moyen de l'exhibition puis de la restauration des lois qui la régissent, qu'en commençant par dégager la nature de la cité, laquelle est aussi la nature de l'homme. Mais Maurras, en héritier du comtisme comme l'avait été Bourget, définit sa méthode comme recherche des *lois*. Si sa doctrine est le nationalisme intégral, sa méthode est l'empirisme organisateur : « Substituer à la recherche des causes et des substances, qui, réelles ou imaginaires, nous demeurent insaisissables, la simple recherche des lois : ce fut la méthode nouvelle. Cette méthode était destinée à fournir la doctrine nouvelle qui serait le principe d'une nouvelle autorité, destinée elle-même à vaincre l'esprit d'examen et à remplacer notre anarchie transitoire par l'ordre nouveau » (*L'Avenir de l'Intelligence*). Même au soir de sa vie, de sa prison de Clairvaux, il continuera à enseigner (lettre à Pierre Boutang) : « je ne fais pas de métaphysique et m'arrête au bord du mythe tentateur ». On peut donc s'attendre à ce qu'il y ait quelque chose d'inachevé dans la démonstration de Charles Maurras, quelque chose de précaire aussi dans sa restauration de la société. Le médecin peut bien rendre la santé à l'animal dont les lois physiologiques de comportement, elles-mêmes expressives de sa nature, sont immuables comme l'est la nature même dont elles sont, en termes aristotéliciens, les accidents. Mais il est difficile, quand on ignore la nature de l'homme (*ainsi sa fin ultime, puisque la nature d'un être tient dans sa finalité*), de restituer la cité à sa véritable nature, puisque les lois de la cité qu'on prétend dégager pour ce faire sont elles-mêmes des lois qui sont à la fois forgées par les hommes et, en droit, autant d'expressions projetées de leur commune nature interne. Maurras a cru combattre l'idéalisme subjectiviste des démo-crates en leur opposant l'empirisme positiviste, sans s'apercevoir que la démocratie n'est pas mauvaise en vertu de son idéalisme, mais en vertu de son subjectivisme, lequel se trouve être, précisément quoique de manière moins évidente, à la racine du positivisme lui-même. Car pourquoi s'est-on mis à dénier à l'intelligence la puissance de dévoiler les causes, sinon parce qu'on s'est bientôt aperçu que de telles causes coïncident avec autant de fins qui assignent à l'intelligence une vocation qu'elle ne se donne pas, vocation autrement plus coercitive que l'intangibilité de lois de comportement indifférentes aux fins qu'on poursuit ? Quoi qu'il en soit, suivons Maurras dans sa démarche.

§ 3. Tout d'abord, Maurras est persuadé, à bon droit, que « le sort des collectivités naturelles n'est pas livré à la fantaisie ni à l'arbitraire des individus qui les forment, il dépend de lois fixes, indépendantes de nous et nos supérieures », mais il ajoute, dans sa perspective positiviste, « qu'il est possible de [les] connaître avec exactitude et dès lors [de les] utiliser à peu près comme on fait des autres lois de l'univers ». Ce qui ne l'empêche pas de reconnaître, avec La Tour du Pin, que l'ordre social ne naît pas spontanément, il requiert une autorité personnelle qui le précède et l'engendre. Mais qu'est-ce qu'un ordre, sinon la disposition de diverses réalités en vue d'une *fin* ? Faute de fin définie parce que seulement métaphysiquement connaissable, l'ordre dési-gnera, comme chez Paul Bourget, outre l'idée d'harmonie plastique (idée qui n'est qu'une image), la loi de pérennité de l'héritage national confondue avec cet héritage même en tant qu'il dure. Ce qui rendra problématique, dans la perspective maurrassienne, l'établissement de critères permettant de définir ce qui mérite de durer. Un aristotélicien remarquerait que les dinosaures sont depuis longtemps passés dans l'appétit de la matière, et que maintes nations sont aussi passées dans l'appétit politique du genre humain.

§ 4. La grande idée politique de Maurras est évidemment, comme nationalisme, la conjugaison de l'idée monarchique et de l'idée nationale. La nation pour Maurras « est le plus vaste des cercles de communauté sociale qui, au temporel, soient solides et complets (…) [elle] occupe le sommet de la hiérarchie des idées politiques (…). La Nation passe avant tous les groupes de la nation. La défense du tout s'impose aux parties » (*Aspects de la France*). Si, comme le rappelait Henri Massis, le patriotisme est le respect et la religion de la terre des pères, le nationalisme, ou culte de la nation, est la religion de leur sang. La nation est l'ensemble des hommes, de leurs œuvres, de leurs arts et de leurs pensées, elle est l'incarnation biologique et physique, territoriale et humaine, d'un corpus culturel, c'est-à-dire de la manière dont une communauté d'hommes se représente ce que doit être l'Homme pour être vraiment humain. La nation est une manière d'être homme expressive d'un type d'homme ; par là, puisqu'il s'agit d'un type, elle est quelque chose d'universel, et de l'universalité même de la nature humaine mais, parce que la nature humaine est impuissante à s'exprimer univoquement dans une seule et unique manière d'être, elle s'actualise spirituellement en se réfractant dans des nations. La nature humaine est « *tota, sed non totaliter* » immanente à chaque nation.

Si l'on tenait (ce que le génie non métaphysicien de Maurras se dispensa d'aborder) à rendre raison de cette nécessité pour l'essence ou nature de se diviser pour se réaliser, il faudrait faire observer que cela tient à la fois à sa richesse et à sa finitude. À sa richesse : la nature humaine est féconde et déploie son contenu dans ses manières d'être indéfiniment variées. À sa finitude : parce que créaturelle, l'essence des réalités finies de même espèce est incapable de se dire tout entière en une seule fois, ce qui exigerait qu'elle s'actualisât dans un dire d'elle-même qui lui serait consubstantiel : elle se ferait positionnelle dans elle-même du sujet qui l'exerce, et elle serait, comme on l'a vu plus haut, angélique. S'il appartient à tous les types d'êtres créés d'imiter Dieu pour Sa Gloire, alors il leur revient de L'imiter dans Sa fécondité et dans Son unité. Mais ce qui se réalise substantiellement en Dieu en Sa Vie trinitaire s'obtient, dans la créature, sur le mode accidentel, c'est-à-dire par la disjonction des deux processus que sont l'unification à soi et la différenciation d'avec soi. Au reste, il n'appartient d'être tout entier et non totalement en autre chose, qu'à ce qui a le statut de processus (ou activité vitale) s'accomplissant en ses moments. Dieu est l'activité de Son ontogenèse éternelle, comme Spiration d'Amour concomitante de l'acte éternel d'engendrement du Verbe. Dans la réalité créée, ce processus est imité par simple juxtaposition, au titre de ses parties (telles les nations), du processus temporel d'actualisation des virtualités de l'espèce humaine.

§ 5. Mais seule la Monarchie réalise intégralement le nationalisme, parce que « seules les institutions monarchiques satisfaisaient à toutes les aspirations nationales, à tous les besoins nationaux, comme l'intégrale reproduit la somme de toutes les valeurs d'une fonction algébrique » (*Au Signe de Flore*). La royauté est le régime le plus complètement et le plus durablement utile à la nation. Car c'est un fait que la nation française s'est forgée autour de sa dynastie et par ses rois. Les conditions de pérennité de la France ne sont que le prolongement des conditions de sa genèse. L'existence d'un tout tient à son unité, l'unité d'un tout tient à une autorité (et l'« *auctoritas* », qui dérive de « *augere* », « faire croître », désigne bien un principe de genèse), l'autorité est le caractère d'une volonté, qui est toujours personnelle. Et puisqu'il n'est de volonté que personnelle, alors un corps politique, ou organisme composé de personnes, n'exerce sa volonté commune qu'en l'hypostasiant dans la volonté d'un chef. Au vrai, Maurras ne va pas jusque-là. Il préfère dire que des volontés contraires ne peuvent que s'annuler, que par là « il faut qu'un État indépendant de la nation, quoique fondé en elle, la préserve et la sauve, parfois malgré elle ». Mais devant que de livrer la transmission du pouvoir à la contingence et à la précarité de volontés individuelles risquant toujours de se faire passionnelles et par là diviseuses, c'est en fixant l'autorité dans une dynastie qu'on prévient au mieux les risques de désagrégation de la nation. De sorte que le chef doit être un roi héréditaire. Notons au passage que la pensée de Maurras n'entend nullement, subjectivement parlant, absolutiser la nation, en laquelle il voit « une très fâcheuse dégradation de l'unité médiévale ». « La monarchie héréditaire est le plus national et le plus international de tous les pouvoirs. Un lien de parenté établi entre les chefs d'État, coryphées du droit international, peut contribuer à l'entente, à l'accord, à la paix entre les nations qu'ils conduisent » (*Enquête sur la monarchie*). Autrement, faute de « race internationale des rois » capable de tenir les « drapeaux de leur nationalité historique », alors, « ivres de leurs intérêts ou de leurs passions », les nations tendent à s'entre-détruire indéfiniment. Dans le même esprit, Maurras voulut discerner dans l'Église, « l'Internationale catholique », le principe spirituel capable de faire coexister harmonieusement les nations en les faisant se dépasser sans les abolir dans la commune référence supra-politique à une autorité internationale.

Tels sont les éléments principaux, accompagnés de leurs raisons, qui fondent le nationalisme intégral. Il résulte de ces principes que le suffrage électoral ne saurait être maintenu. Car si l'élection peut au mieux révéler la somme des intérêts particuliers, elle ne saurait dégager l'intérêt général, qui se distingue de cette somme comme la nation se distingue de la somme des citoyens. Surtout : « Une juste loi n'est point une loi régulièrement votée, mais une loi qui concorde avec son objet et qui convient aux circonstances. On ne la crée pas, on la dégage et on la découvre dans le secret de la nature des lieux, des temps et des États » (*Mes idées politiques*). De même : « Dans une société bien faite, l'individu doit accepter la loi de l'espèce, non l'espèce périr de la volonté de l'individu » (*id.*).

§ 6. Est-ce à dire que le bien commun, en son sens aristotélo-thomiste de « *bonum commune* », serait raison des biens particuliers et se confondrait avec l'ordre même de la cité, nous voulons dire avec la cité concrète en tant qu'elle est dans son ordre ? Nullement. On ne saurait mettre la charrue devant les bœufs, qui la précèdent cependant que le bœuf est pour le soc. Le fameux « politique d'abord » ne désigne qu'une primauté dans l'ordre du temps, « nullement dans l'ordre de la dignité » (*Mes idées politiques*). Et Maurras va jusqu'à dire : « L'économie étant la science et l'art de nourrir les citoyens et les familles, de les convier au banquet d'une vie prospère et féconde, est une des fins nécessaires de toute politique. **Elle est plus importante que la politique** (*nous soulignons*). Elle doit donc venir après la politique, comme la fin vient après le moyen (…) » (*Mes idées politiques*). C'est que, pour un *métaphysicien*, le bien commun est ordre de la cité en tant qu'il est projection, ou extériorisation de la *nature ou essence* humaine entendue comme *cause* immanente de l'individu existant ; et puisque, pour le métaphysicien, la fin d'un être est le retour à son principe, alors la fin ultime naturelle et mondaine de l'homme (par opposition à sa fin non mondaine et surnaturelle) se trouve dans le service de cette projection politique, qui la concrétise plus excellemment qu'elle ne le fait en lui, de son essence. De telle sorte que *le bien commun politique a, pour le philosophe que ne fut pas Maurras, raison de fin et non de moyen. La politique se subordonne, pour saint Thomas, l'économie ; le bien commun de l'État se subordonne le bien des familles et le bien des personnes.* Et l'on sait ce que Maurras pensait de la métaphysique et de la recherche des causes. Nous touchons là probablement à la principale difficulté de la doctrine de Maurras.

Ce qui ne l'empêcha pas, en authentique nationaliste d'intention, de reprendre à son compte, avec courage et lucidité, cette thèse de la conjugaison du thème national et du thème social : « Il y a opposition, contradiction à angle droit entre le marxisme égalitaire international et la protection de la Nation et de la Patrie. Mais un socialisme libéré de l'élément démocratique et cosmopolite peut aller au nationalisme comme un gant bien fait à une belle main » (*Dictionnaire politique*).

§ 7. Est-il besoin d'insister sur les trésors qu'un nationaliste doit à Maurras ? On ne peut qu'admirer ses analyses en ce qui concerne les conditions de pérennité de la nation, c'est-à-dire le « comment » de la durée de la nation. C'est à lui que nous devons la redécouverte des thèmes de l'amitié en politique, de l'autorité comme substance de la vraie liberté politique, et de l'origine non contractuelle de la cité.

Mais *pourquoi* faut-il être nationaliste ? Sur quelles valeurs se fonde la nécessité de préserver, par le moyen de la nation vivante, les valeurs dont elle est elle-même gardienne et porteuse ? Maurras n'apporte à cette question qu'une réponse d'esthète. La nation est une déesse qu'il faut honorer parce qu'elle est belle. Toutes les vérités que redécouvre Maurras, déjà dévoilées par Platon, Aristote et saint Thomas d'Aquin (qui eux en avaient découvert bien d'autres qui relevaient du « pourquoi »), mais oubliées, relèvent du moyen et du « comment », et c'est pourquoi Maurras prend pour une évidence première que la nation est une valeur fondamentale. Il n'est nullement évident pourtant qu'il faille être nationaliste. D'aucuns, tels les monarchistes légitimistes, le nieront en excipant de l'origine jacobine de la diffusion du thème politique de la nation. **En vérité, la fondation en raison de la doctrine nationaliste, en raison philosophique et non en raison positive (laquelle précisément est incapable de rendre raison), est indissociable de la fondation en raison, qui *invalide, il faut bien l'avouer, la leçon maurrassienne*, de la supériorité *intrinsèque* du bien commun**

par rapport au bien particulier, c'est-à-dire du bien politique ou bien du tout pris comme tout par rapport aux biens de l'individu (économique, familial, etc.).

Si, en effet, une culture est toujours l'« extraposition » de l'essence humaine, mais corrélativement son explicitation qui l'actualise, alors, de ce que la fin opérative d'un être coïncide avec son origine ontologique (car tout désir dans un être procède de son essence et s'exerce comme désir de se rendre adéquat à son essence), il suit que l'homme trouve en cette culture incarnée en et comme une manière particulière (nationale) dont l'essence (humaine) universelle se concrétise, la première réalisation en acte de sa fin ultime mondaine. Or la nation est bien ce corpus culturel incarné, essence humaine tout entière (quoique non totalement, puisqu'il est plusieurs nations) déployée en ses virtualités : la cité est cette réalisation en acte de tous les talents potentiellement contenus dans l'espèce humaine, réalisation qu'aucun individu, nonobstant son inhabitation par la nature humaine, ne peut accomplir seul, et c'est pourquoi il engendre biologiquement afin de communiquer ce dont il ne peut en lui-même épuiser la réalisation ; c'est pourquoi, tout autant, il est poussé par sa nature à réaliser sa nature sur le mode de communauté politique. Dès lors, la nation organisée ou État, dont l'ordre est le bien commun, est la fin temporelle de l'homme. Qu'elle ne soit pas fin ultime « *absolue* » ne l'empêche pas d'avoir raison de fin. Le bien commun exige la subordination à lui-même des membres de la communauté dont il est le bien, de telle sorte qu'ils reconnaissent en lui le meilleur et la raison de leurs biens particuliers. Se réalisant dans un ordre qui est comme l'expression extériorisée de l'économie ontologique régissant chaque homme en son intériorité générique, il finalise des personnes adoptant, *par les effets de la race, de l'histoire, du terroir et de la volonté de tous, le même mode particulier — culturel — d'exercer les mêmes valeurs.* C'est ce mode qui donne aux personnes la conscience temporelle d'une communauté de destin. C'est donc lui qui, « *in concreto* », donne aux membres d'une multitude donnée la conscience d'être ordonnés à un même bien commun. Or ce mode culturel est de nature nationale. C'est donc la conscience nationale qui rend possible l'exercice de cette propension de tous à s'ordonner au bien commun. **Et voilà pourquoi il n'y a bien commun effectivement réalisé et pérenne que s'il y a nation.** Ce qui fut toujours le cas, au moins de manière implicite : l'indifférence apparente, au temps de l'Ancien Régime, des régions ou Principautés à passer, selon les aléas de la logique dynastique, d'une couronne à l'autre, ne doit pas faire illusion ; les nations se cherchaient à travers ces échanges, sous la férule des trônes qui en accouchaient. Comment les membres d'une multitude peuvent-ils avoir conscience du devoir de se rapporter au même bien, et à un bien commun qui à ce titre exige d'être reconnu par eux comme le meilleur de leur bien propre, par là du sein de leur commune manière de sentir (car il y a du sensible, *ainsi de l'individuant*, dans le bien propre de l'homme en tant qu'esprit incarné), s'ils n'ont pas conscience d'appartenir, par une pulsation vitale qui leur est *immanente*, à une même communauté de destin ? C'est ce que la doctrine légitimiste de la royauté ne semble pas avoir voulu comprendre. La fonction royale est elle-même au service du bien commun, et elle n'est pas la cause efficiente première de l'unité de la multitude, sans quoi il faudrait admettre que l'homme n'est pas par nature un animal politique. Il faudrait se faire politiquement individualiste, ainsi libéral. C'est dans la nature politique de l'homme que se trouve la véritable cause efficiente de la multitude politique en acte. Il est vrai qu'il n'est pas de nation véritablement conforme à l'ordre des choses qui ne soit monarchique, parce que la volonté objective de société, immanente à tout homme, doit se médiatiser dans la volonté singulière d'un chef, et elle doit le faire parce qu'il n'est pas de volonté qui ne soit personnelle. L'ordre de la cité doit culminer dans la forme d'une personne, puisque cet ordre est la projection de la structure commune de l'âme de chaque personne. Or, comme l'enseignera Hegel, antidémocrate, anticontractualiste et monarchiste, dans ses *Principes de la philosophie du droit*, la personnalité de l'État n'est réelle que comme une personne, à savoir le monarque, parce qu'une personne est toujours individuelle. La volonté objective de la multitude, ou désir naturel de société immanent à tout homme, est bien une « volonté générale » si l'on veut, mais elle n'est pas démocratique pour autant, en dépit des dénégations des légitimistes qui, adoptant une conception augustinienne et non thomiste de la chose politique, considèrent que l'autorité de l'homme sur l'homme serait l'effet d'un châtiment, et que toute remise en cause de l'origine unilatéralement dynastique ou personnelle (ainsi non immanente à la multitude) de la communauté politique serait une concession faite à l'esprit démocratique. La volonté objective de la multitude ou désir naturel de société est une « volonté générale » proprement anti-rousseauiste, puisqu'elle répute, au rebours de l'individualisme de l'halluciné de Genève, l'homme naturellement animal politique. Parce que la personnalité de l'État n'est réelle que comme une personne, Renan déclara un jour qu'en coupant la tête à son roi, la France s'était décapitée elle-même. Cela est évidemment fort vrai, mais cela ne signifie pas qu'on eût décidé de mettre la nation à la place du roi, et que la nation fût d'essence démocratique. Cela signifie que, la royauté supprimée, ne restait qu'une réalité politique tronquée, une nation répondant à la conception nationalitaire de la nation, conception dont le nationalisme est le contraire absolu.

L'apport essentiel de Maurras à la cause nationaliste est double. Il a montré que la monarchie est en droit nationale, et que la nation est en droit monarchique.

§ 8. Tout d'abord, contre les monarchistes dits légitimistes, Maurras rappelle de fait, par là même qu'il part du fait national, et même si les raisons qu'il invoque peuvent être remises en cause, que la monarchie appelle d'elle-même de s'exercer dans une forme nationale. Bossuet lui-même, lors de son discours à l'Académie française, proclamait : « À la gloire de la nation ». Et la devise de Colbert était : « *Pro rege saepe, pro patria semper.* » Il n'est pas vrai que le concept de nation soit intrinsèquement lié à la Révolution française et à ses valeurs. La Révolution française fut l'accoucheuse accidentelle d'un tel principe qu'elle défigura parce qu'elle le pensa dans une optique démocratique. Et elle le pensa de travers parce qu'elle s'insurgea, à tort évidemment, contre le principe monarchique habitant un régime dont l'évolution nécessaire, depuis le Moyen Âge, exigeait qu'il en accouchât lui-même, ce qu'il ne sut pas faire et qui fut précisément la cause première de sa chute. Est évoquée dans le paragraphe précédent la vraie raison de la nécessité d'une référence nationale. Sans elle, point de communauté de destin. Sans communauté de destin, point de bien commun. Sans bien commun, pas d'organicité. Sans organicité, pas d'unité. Sans unité, on assiste à la genèse d'une société de classes (telle était la royauté française au XVIIIe siècle) qui défigure les ordres dont elle était primitivement constituée. On assiste à la genèse d'une société de privilégiés suscitant un envieux ressentiment générateur d'insurrection démocratique. L'histoire de la monarchie française est l'histoire de la genèse de la nation française, de l'éduction de l'État qui est à la nation comme la forme est à la matière, qui l'actualise et s'en fait chronologiquement procéder cependant qu'il en est ontologiquement, ou selon la causalité, la matrice. C'est ce que, beaucoup mieux que Maurras, Mussolini comprit très bien, qui reconnut en l'État le principe formateur de la Nation.

§ 9. Il est une autre raison qui justifie la forme nationale de l'État rationnel mono-archique.

C'est que le christianisme (et en particulier le christianisme catholique, qui est le seul christianisme à n'être pas tronqué, ainsi à être vraiment chrétien) n'est pas théocratique. Loin d'opposer la grâce (ou surnature) à la nature, ou de détruire la nature au nom de la grâce, il assume la nature (qu'il distingue soigneusement de la surnature), il la présuppose, la restaure, la perfectionne et la transfigure. S'il est vrai que l'Antiquité païenne fut le déploiement, en régime de nature non fécondée par la Révélation, des virtualités politiques du genre humain, alors la diffusion du christianisme s'accomplit en droit, et s'est presque toujours accomplie en fait, tel le processus de réassomption de tout ce qu'il y avait de sain dans le paganisme. Or l'organisation politique des peuples païens était nationale (l'Empire romain se contentait de fédérer les nations). Donc il était dans la vocation des organisations politiques du monde chrétien de contracter tôt ou tard une forme nationale. **Ce qui signifie, en termes scolastiques, que la nation est dans l'«** *intentio naturae* **».**

Et cela nous donne l'occasion, encore, d'apporter un respectueux correctif à la doctrine du maître de Martigues. Pour Maurras en effet, la nation ne doit pas être considérée « comme le chef-d'œuvre des temps ». Il voit même dans la nation « une très fâcheuse désagrégation de l'unité médiévale ». En fait, il voit en elle un pis-aller, ce qui revient à dire qu'il méconnaît l'intention de la nature humaine au travail dans l'appétit historique et spirituel des peuples, ce que les Allemands nomment à bon droit le « *Volksgeist* ». Mais cette méconnaissance est fâcheuse, car autant dire que la spécification fonctionnelle des organes d'un corps, qui les différencie, serait en raison inverse de l'unité organique du tout, ce qui n'a pas lieu ; en vérité, la spécification des organes (nationaux) d'une totalité vivante (ethniquement homogène puisque culturellement et biologiquement indo-européenne) est l'effet du tout lui-même *se* différenciant, anticipant en cette scission, en laquelle il s'accomplit comme tout (car un tout n'est pas sans ses parties qu'il doit bien poser pour se poser lui-même comme tout concret), une identification réflexive à soi d'autant plus ablative de l'indépendance et de l'hostilité réciproque de ses propres parties qu'il les a posées plus distinctement, puisqu'elles sont d'autant mieux capables de s'ordonner au tout qu'elles sont chacune plus différenciées, plus organiquement achevées. L'unité de la chrétienté ne fut nullement compromise par la genèse des nations en tant que telles, mais par l'esprit du protestantisme qui, individualiste et subjectiviste, les fit se crisper sur elles-mêmes et méconnaître la diffusibilité du bien commun politique de l'Europe, lequel avait vocation à s'hypostasier en empire. Par là même, le souci, en chaque nation, de son propre bien commun, fut lui-même touché. Et telle est la vraie raison de la décadence de l'Europe, de la décadence *des nations* d'Europe. De ce que le cœur, posé dans sa différence d'avec les autres organes par le développement du corps entier, peut en venir par accident à se rendre oublieux de sa dépendance à l'égard du corps qui lui assigne sa place, et ce jusqu'à prétendre dévorer le foie et les poumons, il ne résulte pas que le corps devrait s'interdire de se différencier en organes. De ce que les nations européennes, posées chacune dans sa différence d'avec les autres nations sous l'injonction du déploiement du génie de l'Europe, en sont venues par accident à se rendre oublieuses (au point de s'entre-déchirer) de leur commune dépendance à l'égard de l'Europe (préfigurée dans le souvenir paradigmatique de l'Empire romain) qui leur assignait leurs places respectives, il ne résulte pas que le génie de l'Europe eût dû s'interdire de se différencier en nations.

L'unité médiévale de la chrétienté, pour admirable qu'elle puisse avoir été, n'était qu'une unité religieuse, surnaturelle, surdéterminant des communautés inchoativement nationales, les invitant même (car la surnature n'abolit pas la nature mais la perfectionne) à se constituer en véritables nations, mais en nations ayant vocation à se penser (à la manière dont chaque nation invite ses provinces à se subordonner à elle) comme ordonnées au bien commun de l'empire européen qui les eût confirmées dans leurs génies respectifs, dans leurs destins complémentaires les uns des autres. Voilà ce que Dante avait compris, et que méconnut Maurras. L'unité médiévale de la chrétienté, surnaturelle, était en attente d'une unité politique qui eût été comme sa condition naturelle de possibilité, qui sous son injonction était en passe de se réaliser, mais qui fut interrompue par l'avènement, lui-même consécutif à des dysfonctionnements et travers intérieurs à la catholicité, de la Réforme. L'unité de la chrétienté, surnaturelle, était en peine d'une unité naturelle, puisque, comme nous l'avons déjà remarqué, le catholicisme n'est pas théocratique. S'il est dans la nature des hommes de s'incorporer à des communautés nationales, il est dans la nature des nations, et par le même mouvement de nature politique immanent à tout homme, de s'incorporer à une communauté de culture plus vaste, moins spécifique et plus générique, englobant différents modes d'exercer les mêmes valeurs, pour autant qu'elle est effectivement habitée par les mêmes valeurs spirituelles. Il en est ainsi parce que le bien commun, raison des biens particuliers, est d'autant meilleur qu'il est plus commun. Le souci du bien commun, bien *naturel* (par opposition à l'ordre surnaturel), ne s'arrête pas au stade de la nation. Son impulsion s'achève dans un terme qui, doté d'autorité politique, hiérarchise les nations en les définissant comme autant d'organes d'un plus grand corps, et cela pour cette simple raison qu'il n'existe qu'une nature humaine quand il existe plusieurs nations, cependant que la culture nationale est elle-même projection de la nature humaine, laquelle est exigitive de son développement exhaustif qui dépasse les formalités nationales. Mais, parce que le bien politique relève de l'ordre *naturel*, alors ce plus grand corps est aussi un principe naturel d'unité. *Il n'est pas, selon nous, de nationalisme bien compris, sans référence à une unité impériale*, reconstitution, sublimée par le christianisme, de cet empire romain en lequel se consomma, ou s'acheva (aux deux sens du terme), le condensé du génie païen. Maurras enseigne très justement que le nationalisme est le contraire du nationalitarisme, qui prétend à l'égalité des nations. Mais il n'est de hiérarchie que par un principe hiérarchisant, ce qui suppose la reconnaissance de la pertinence d'une catégorie politique supérieure à celle de la nation. Ne reconnaître qu'à un principe surnaturel (l'Église), ainsi sans la médiation de l'idée impériale, le soin de conjurer les possibles conflits entre nations, c'est exclure que l'ordre naturel (celui des nations) soit possesseur de son principe d'unité, et c'est au fond nier, médiatement, la nature politique de l'homme. C'est par là faire doublement insulte au Créateur. Cela revient à nier que Son œuvre soit cohérente (puisqu'elle est réputée incapable de surmonter ses conflits intestins), dans le moment où l'on rend la grâce exigible alors qu'elle est en vérité gratuite. C'est en plus — *horresco referens* (quand on se souvient des professions de foi gallicanes des maurrassiens…) — professer une opinion théocratique, puisque c'est faire endosser par l'Église une fonction directement politique. Au reste, si, ne se résolvant pas à embrasser une thèse théocratique, on persiste à voir dans l'égoïsme des nations un état naturellement indépassable, alors on adopte sans le savoir une espèce de transposition, au niveau politique, de la thèse *libérale* de la « main invisible » qui veut, selon Adam Smith, que la recherche par chacun de son bien privé soit mécaniquement génératrice d'intérêt général. Mais alors pourquoi s'arrêter en si « bon » chemin ? S'il faut discerner dans l'hostilité indépassable entre nations le principe d'un progrès, autant reconnaître à ce principe polémique une valeur au niveau des individus, et l'on est en plein climat libéral. Et si l'on objecte que la nature est blessée, qu'elle requiert par là l'intervention surnaturelle de l'Église pour être restaurée dans son être de nature, force est de répondre que, dans ce cas, le rôle politique (indirect) de l'Église (rôle auquel elle s'employa toujours en fait, quoique de manière plus ou moins heureuse selon les temps il est vrai), était de faire accoucher le monde précaire des nations de son principe impérial d'unité. Le Saint-Empire, fondé par l'Église, fut certes parfois insurgé contre l'Église et infidèle à sa vocation. Mais cela tient aux faiblesses des hommes, non à son intrinsèque perversité.

§ 10. Illustrons ce propos par quelques rappels d'histoire.

C'est en Allemagne que naquit le protestantisme, mais le protestantisme avait lui-même des sources non allemandes. Il fut précédé par l'enseignement de John Wyclif (théologien anglais, 1330-1384), « l'étoile du matin de la Réforme », qui, condamné au concile de Constance (1415), contenait déjà, entre autres, les thèses suivantes : négation de la transsubstantiation, rejet de la hiérarchie ecclésiastique, redistribution des richesses de l'Église à la noblesse, refus de la Tradition comme source de la Révélation. Le protestantisme fut aussi favorisé, par l'esprit de rébellion qu'il charriait, par un néo-paganisme renaissant, ainsi italien, consécutif à l'irruption en Occident des gnostiques orientaux chassés par la chute de Constantinople. De là naquit la prétention délirante de la raison à s'émanciper de la foi (alors qu'il est contre nature de refuser la foi, comme le rappelle saint Thomas en *Somme Théologique* II^a II^ae q. 10 a. 1), corrélative de la genèse d'un néo-paganisme antithétique du paganisme historique (le néo-paganisme est un refus de ce dont le paganisme était objectivement l'attente ; l'univers n'est plus, pour le néo-païen, l'image du Dieu Inconnu dont le païen espérait inconsciemment la Révélation, il devient le champ de débauches passionnelles où se célèbre la subjectivité déifiée). Par un renversement dialectique aussi irrationnel que l'était la position unilatérale où il avait pris naissance, le subjectivisme inspirateur du néo-paganisme se renversa en un antisubjectivisme d'intention (l'abandon de l'autorité de la raison réputée « putain du diable » par Luther) qui se révéla tel un subjectivisme de fait, complice du premier dans son opposition même (autonomie de la conscience insurgée contre le magistère de l'Église). La Réforme n'est pas la cause première de la division de la chrétienté, elle en est l'effet amplificateur. La chrétienté catholique était déjà divisée contre elle-même, tiraillée entre une scolastique décadente affaiblie par le nominalisme, et un rationalisme gnostique importé aux charmes duquel elle ne sut pas résister. Quoi qu'il en soit, c'est en Allemagne que le protestantisme répandit d'abord ses ferments de division politique, en favorisant l'insurrection des princes contre l'Empire catholique des Habsbourg. Luther les avait ralliés, les enfermant dans leurs illusoires « libertés germaniques », en les confédérant à Smalkalde. Mais ces ferments de dissensions se répandirent aussi en France. Qu'on songe à ce placard sacrilège, dirigé contre la sainte messe, et cloué sur la porte d'un François Ier nourrissant avec sa sœur Marguerite de Navarre une indulgence coupable à l'égard des protestants. Mais puisque, aussi bien, la forme nationale des communautés politiques est dans l'« *intentio naturae* », il était dans la vocation du monde germanique de se constituer en nation. Pour ce faire, pour que les particularismes princiers fussent convertis à l'unité nationale, il fallait que la forme aristocratique et républicaine du Saint-Empire régi par la Constitution de la Bulle d'or, fût abolie au profit d'une monarchie héréditaire. Ce à quoi s'employait Charles Quint, en même temps qu'il devait lutter contre ses protestants soutenus par le royaume des Lys. C'est alors que, le soir même de Pavie, le roi de France envoie en secret sa bague à Soliman et à son ministre Ibrahim. François Ier lancera contre les catholiques d'Empire jusqu'aux pirates d'Alger... *C'est là que se consomme la fin de l'idéal qui avait inspiré la Chrétienté médiévale.*

On voit par ce qui précède que, si le défaut des tenants du Saint-Empire fut de refuser le principe national au profit d'arrangements dynastiques en forme de recompositions régionales, le défaut du royaume des Lys fut de refuser le principe de l'Empire au profit d'un équilibre de nations hostiles (ainsi d'un déséquilibre permanent) servant les intérêts de la France seule. Mais surtout, le refus, historiquement consommé par la France, d'une subordination de l'idée nationale naissante à l'idée d'empire, ne fut pas autre chose, si ce qui précède est exact, qu'une corruption de l'idée bien comprise de nation. Ce n'est pas l'idée nationale qui détruisit la chrétienté, c'est le subjectivisme dont l'idée nationale est de soi immune. Revenons à Maurras, en nous souvenant du troisième point du Manifeste de l'Action française de 1899 : « Par-dessus leurs diversités politiques, religieuses et économiques, [les Français] doivent se classer suivant le plus ou moins d'intensité et de profondeur de leur foi française. » Qu'est-ce à dire, sinon que la « foi » nationaliste doit l'emporter sur la foi catholique ? N'est-ce pas là, par une inversion manifeste des véritables rapports de subordination entre nature et surnature, corrompre l'idée de nation ? Car si la religion nous relie à l'Absolu, alors, en réduisant la religion à une simple fonction de la vie nationale, on absolutise la nation. Mais la nation n'existe que par les hommes qui la font être. En absolutisant la nation au nom du souci de se débarrasser de l'esprit d'examen subjectiviste, on absolutise, ce faisant, la subjectivité. De là procède cet « égoïsme national » que revendiquait Maurras, cette suicidaire germanophobie bien dans la ligne de celle de François Ier et d'Henri II (qui osa prendre le titre de « Défenseur des libertés germaniques », c'est-à-dire protestantes). Maurras n'est guère fondé à déplorer la disparition de l'unité de la Chrétienté, parce que sa conception de la nation, anti-impériale et sceptique quant aux préoccupations religieuses et métaphysiques, n'est qu'une théorisation de celle des fossoyeurs français, gallicans (de François Ier à Louis XIV), de l'unité chrétienne. Il était au fond logique que Maurras, nostalgique déclaré de l'unité de la chrétienté médiévale, ne vît dans la nation qu'un pis-aller, et qu'il en vînt en même temps à l'absolutiser indûment : son « Politique d'abord », comme on l'a vu, masquait un individualisme larvé. C'est ce dernier qui, sans les dissiper, explique les incohérences de la doctrine. Si la condamnation de 1926 peut nous paraître, stratégiquement, inopportune (elle fut au reste levée par Pie XII en 1939), si les mobiles démocrates-chrétiens qui l'ont inspirée sont misérables, elle ne nous semble pas, en soi, illégitime.

§ 11. Il demeure que nous devons à Maurras, outre la démonstration du caractère nécessairement national d'une monarchie bien comprise, celle, magistrale, de l'incompatibilité entre nation et démocratie. Les raisons (certaines proprement maurrassiennes, d'autres plus étrangères à la réflexion de Maurras) de ce constat ont été ici développées aux paragraphes 5 et 7 du présent exposé. Qu'une telle leçon doive être constamment rappelée, nous en voulons pour preuve l'obstination de la Nouvelle Droite à embrasser la cause démocratique. C'est dans un esprit de reconnaissance à l'égard de Maurras et de son école, mais de reconnaissance critique, que nous achèverons le présent exposé. Si la doctrine maurrassienne, en dépit des correctifs qu'elle appelle, demeure éminemment féconde, on peut douter de la pertinence des engagements plus circonstanciels, politiques, de son auteur et de ses disciples. Nous n'avons rien à objecter à l'attachement de Maurras à la politique intérieure du

Maréchal Pétain, qui fut en effet une « divine surprise ». Il convient peut-être, surtout avec le recul du temps, d'être beaucoup plus réservé tant à l'égard de sa germanophobie — qu'il faut bien qualifier de primaire (n'allait-il pas jusqu'à déclarer que la langue allemande ressemblait à un « hennissement » ?) et qui est peu compatible avec le bien commun de l'Europe et de la chrétienté —, qu'à l'égard des conséquences politiques de cette aversion : le salut de la France passait par celui de l'Europe, le salut de l'Europe passait par celui de l'Allemagne hitlérienne. On peut aussi douter de la pertinence de l'engagement orléaniste (ainsi libéral et gangrené par la maçonnerie, la Haute Finance et l'anglophilie) des maurrassiens. Que le roi soit en demeure de se poser telle la conscience de soi de la communauté nationale de destin, pour les raisons ci-dessus évoquées, n'implique pas qu'il devrait être nécessairement de nationalité originellement française. Au reste, si, comme le veut la doctrine nationaliste, le roi n'est lui-même qu'une fonction (évidemment essentielle) ou un opérateur de réalisation du bien commun de la nation, et non le fondement ontologique premier de la nation elle-même, rien n'empêche, et conformément à la théorie thomiste de la licéité du régicide (entendu comme tyrannicide), qu'un dictateur soucieux du bien commun ne procède à une déposition de dynastie, et n'en fonde une nouvelle quand les temps sont mûrs pour y procéder. Autant de thèmes qui seront tantôt suggérés, tantôt développés par d'autres maîtres du nationalisme, et que nous étudierons plus tard.

C

PHILIPPE PÉTAIN, MARÉCHAL DE FRANCE

« NOTRE OBJET n'est pas de juger l'œuvre historique du Maréchal Pétain, mais d'exposer sa doctrine » (Jacques Ploncard d'Assac). C'est bien dans cette perspective que nous nous permettrons de résumer, puis de commenter la synthèse que propose Jacques Ploncard d'Assac. La doctrine politique du Maréchal Pétain tient dans le concept de **Révolution nationale**.

§ 1. Cette révolution devait se faire « par le haut », et avait vocation à se communiquer « de proche en proche, jusqu'aux assises mêmes de l'État et de la Nation » (*Messages*, 13 août 1940). Elle n'avait ainsi rien de démocratique, puisqu'elle devait descendre des chefs vers le peuple. Elle avait pour projet de débarrasser la France des principes de 1789, en la restituant à sa structure naturelle, c'est-à-dire organique. Il ne s'agissait pas pour autant d'un simple retour au passé : « Il ne s'agit pas de faire revivre plus ou moins telle ou telle conception périmée, ni de sacrifier à telles ou telles erreurs qui, parce qu'elles sont partagées par un grand nombre d'individus, n'en deviennent pas pour cela des vérités » (*Télégramme à M. J. Barthélemy*, 14 octobre 1941). Le Maréchal avait pour but d'« assurer une représentation réelle des forces vives du pays. Les Assemblées (nationales, régionales, départementales ou municipales) ne représenteront plus une poussière inorganique d'individus, mais la nation elle-même avec ses cadres traditionnels. Elles seront la représentation aussi exacte que possible des forces spirituelles, morales et économiques du pays. Je voudrais qu'on y trouvât l'écho et le reflet du cabinet du penseur, du bureau de l'écrivain, de l'établi de l'artisan, de l'atelier de l'artiste, de la boutique du commerçant, de l'usine de l'ouvrier, du champ..., du champ surtout, où le patient cultivateur sème le blé, taille la vigne, récolte les moissons » (*ibid.*). Jacques Ploncard d'Assac (*Doctrines*, p. 93) a une remarque très éclairante pour commenter les textes précédents qu'il cite : « Cette conception qui tend à considérer l'individu à travers les fonctions qu'il remplit dans la société, autrement dit comme membre spécifié du corps social, différent des autres, ayant une valeur propre par et dans sa fonction sociale, est une idée commune à toutes les théories anti-individualistes. Plus que partout ailleurs, peut-être, elle devait être rappelée en France. » Nous reviendrons sur ce point essentiel.

§ 2. Comme tous les révolutionnaires de droite (car tel fut bien ce « vieillard », doté d'une vitalité exceptionnelle et dont les textes qui nous restent, d'une étonnante jeunesse et d'une extraordinaire actualité, forcent plus que jamais l'admiration), le Maréchal est persuadé que la cité n'est pas un produit artificiel obtenu par contrat : « Dans les malheurs de la Patrie, chacun de nous a pu se rendre compte qu'il n'y a pas de destin purement individuel et que les Français n'existent que par la France. (...) La nature ne crée pas la société à partir des individus, elle crée les individus à partir de la société » (*Revue universelle*, 1er janvier 1941). Par ailleurs, il est organiciste et nationaliste : « Seul, le don de soi donne son sens à la vie individuelle en la rattachant à quelque chose qui la dépasse, qui l'élargit et la magnifie. Dans une société bien faite, l'individu doit accepter les lois de l'espèce, l'espèce ne doit pas subir les volontés anarchiques des individus et cela dans l'intérêt des individus eux-mêmes. (...) L'esprit nouveau doit être un esprit de communion nationale et sociale. Professer le nationalisme et prétendre rester individualiste est une contradiction insoutenable » (*Revue universelle*, 1er janvier 1941). « Un peuple est une hiérarchie de familles, de professions, de communes, de responsabilités administratives, de familles spirituelles articulées et fédérées pour former une patrie animée d'un mouvement, d'une âme, d'un idéal, moteurs de l'avenir pour produire à tous les échelons une hiérarchie des hommes qui se sélectionnent par les services rendus à la communauté dont un petit nombre conseillent, quelques-uns commandent et, au sommet, un chef qui gouverne » (*Messages*, 8 juillet 1941).

§ 3. Les « Principes de la Communauté » sont seize propositions constitutives de la philosophie politique du Maréchal Pétain, qui définissent sa doctrine de l'État français, et qui sont autant de conséquences de son intuition, en forme de redécouverte, du caractère naturellement politique de l'homme :

1. L'homme tient de la nature ses droits fondamentaux, mais ils ne lui sont garantis que par les communautés qui l'entourent : sa famille qui l'élève, la profession qui le nourrit, la nation qui le protège.

2. Reconnaître à l'homme ses droits sans lui imposer des devoirs, c'est le corrompre. Lui imposer des devoirs sans lui reconnaître des droits, c'est l'avilir.

3. La liberté et la justice sont des conquêtes. Elles ne se maintiennent que par les vertus qui les ont engendrées : le travail et le courage, la discipline et l'obéissance aux lois.

4. Les citoyens doivent travailler à rendre la société toujours meilleure. Ils ne doivent pas s'indigner qu'elle soit encore imparfaite.

5. L'esprit de revendication retarde les progrès que l'esprit de collaboration réalise.

6. Tout citoyen qui cherche son bien propre hors de l'intérêt commun va contre la raison et contre son intérêt même.

7. Les citoyens doivent à la Patrie leur travail, leurs ressources et leur vie même. Aucune conviction politique, aucune préférence doctrinale ne les dispense de ces obligations.

8. Toute communauté requiert un chef. Tout chef étant responsable doit être honoré et servi. Il n'est pas digne d'être un chef dès qu'il devient oppresseur.

9. L'État a pour fin la sécurité, le bonheur et la prospérité de la nation. Il doit au criminel le châtiment, à l'innocent la protection, à tous la souveraineté des lois. Ces hauts devoirs définissent sa mission. Il ne l'accomplit qu'en exerçant l'autorité dans la justice.

10. L'État doit être indépendant et fort. Aucun groupement ne peut être toléré qui oppose les citoyens les uns contre les autres, et tend à ruiner l'autorité de l'État. Toute féodalité met en péril l'autorité de la nation. L'État se doit de la briser.

11. L'État demande aux citoyens l'égalité des sacrifices : il leur assure en retour, l'égalité des chances.

12. L'école est le prolongement de la famille. Elle doit faire comprendre à l'enfant les bienfaits de l'ordre humain qui l'encadre et le soutient. Elle doit le rendre sensible à la beauté, à la grandeur, à la continuité de la Patrie. Elle doit lui enseigner le respect des croyances morales et religieuses, en particulier de celles que la France professe depuis les origines de son existence nationale.

13. Ni la naissance, ni la fortune ne confèrent le droit au commandement. La vraie hiérarchie est celle du talent et du mérite.

14. L'économie d'un pays n'est saine que dans la mesure où la prospérité des entreprises privées concourt au bien général de la communauté.

15. La fortune n'a pas seulement des droits ; elle a aussi des devoirs proportionnels aux pouvoirs qu'elle confère.

16. L'État délègue à ses fonctionnaires une part de son autorité et leur fait confiance pour l'exercer en son nom ; mais pour cette raison même, il punit leurs défaillances avec une sévérité exemplaire.

§ 4. La conception organique et hiérarchique de la société prônée par le Maréchal Pétain le disposait évidemment à porter une attention toute particulière à la question sociale, parce qu'il avait compris que le libéralisme philosophique et économique était le principe le plus puissant de démantèlement des sociétés d'ordre. Comme tous les vrais nationalistes, il soutint le thème de la synthèse du national et du social : « L'idée nationale-socialiste de la primauté du travail et de sa réalité essentielle par rapport à la fiction des signes monétaires, nous avons d'autant moins de mal à l'accepter qu'elle fait partie de notre héritage classique » (*Revue des deux Mondes*, 15 septembre 1940). C'est que Philippe Pétain avait compris, comme Drumont, que le libéralisme est un régime contre nature, ainsi violent, et généra- teur de violences, par là d'injustices : « Cette dégradation du libéralisme économique s'explique d'ailleurs aisément. La libre concurrence était à la fois, le ressort et le régulateur du système libéral. Le jour où les coalitions et les trusts brisèrent ce méca- nisme essentiel, la production et les prix furent livrés, sans défense, à l'esprit de lucre et de spéculation. Ainsi se déroulait ce spectacle révoltant de tant de millions d'hommes manquant du nécessaire en face de stocks invendus et même détruits dans le seul dessein de soutenir le cours des matières premières » (*Messages*, 11 octobre 1940). Le Maréchal insista beaucoup sur le fait que l'organisation libère, alors que la liberté, en matière économique, asservit en tant qu'elle est occultement confisquée. En fait, elle ne peut pas ne pas l'être, parce qu'une telle liberté est contre nature : quand la partie vit de la vie même du tout, la recherche par la partie de son bien propre induit spontanément le bien commun, et c'est ce qui se produit dans une substance vivante ; mais la communauté politique, quelque légitimement vouée qu'elle soit à s'approcher de la vie organique indissociable de la recherche d'un bien commun, n'est pas substance, et n'ac- cède analogiquement au mode de fonctionnement d'une subs- tance que par la médiation des justices commutative et distribu- tive, lesquelles excluent le libéralisme qui fait du consensus purement subjectif régissant les échanges la norme de ce qui est juste, abolissant par là la justice distributive elle-même. Et les dysfonctionnements de l'économie, imputables à son émancipa- tion des cadres politiques nécessaires à sa régulation, sont évi- demment générateurs, en retour, d'interventions de l'État tout aussi antinaturelles et fâcheuses. L'organisation de l'économie soutenue par le Maréchal est de type corporatiste. La propriété individuelle, l'initiative privée, sont respectées ; mais l'autono- mie de l'économique est immorale, et le facteur argent comme le facteur travail doivent être subordonnés au facteur humain. Il ajoutera, particularité essentielle de sa conception du corporatisme : « nécessité d'avoir, au sein de la profession organisée, un représentant de l'État chargé d'arbitrer souverainement les oppositions qui s'avéreraient autrement irréductibles » (*Revue des deux Mondes*, 15 septembre 1940). De sorte que « la coordination par l'État des activités privées doit briser la puissance des trusts et leur pouvoir de corruption » (*Messages*, 11 octobre 1940). La monnaie doit être au service de l'économie. Le commerce extérieur doit être contrôlé, tout comme, à l'intérieur, la consommation et les prix.

Nous avons fait observer plus haut (§ 1) que nous reviendrions sur un point essentiel de la doctrine du Maréchal Pétain. Il s'agit en fait de deux thèmes formulés par lui dans un même acte. Tout d'abord (§ 5), nous développerons le thème de la représentation des forces vives du pays. Ensuite, nous développerons (§ 6) le thème de la vocation politique des métiers, nous voulons dire de l'identification politique de l'homme par la fonction qu'il occupe dans la cité ; cette courte réflexion coïncidera avec l'évocation des corporations. Quelques remarques et suggestions, relatives aux « Principes de la Communauté », suivront (§ 7). Il nous sera alors possible de conclure (§ 8).

§ 5. Développons le thème de la reconnaissance populaire de l'autorité, qui n'est pas celui de la souveraineté populaire. Un pouvoir est légitime en tant qu'il est reconnu. Il y a ici quelque chose de très important à expliciter, quoique délicat parce que sujet à confusions et à procès d'intention. Le constitutif formel de la légitimité du pouvoir politique est évidemment l'ordination de ce dernier au bien commun, cause finale de la société. Le pouvoir n'exclut nullement de devoir être pris par la force, pourvu qu'il soit ordonné au bien commun. Le constitutif formel de la légitimité n'est pas contenu dans la mythique « volonté du peuple ». Tout d'abord, la « volonté du peuple » n'existe pas. Elle n'est jamais que la volonté de la majorité, qui n'est qu'une force s'exerçant despotiquement sur la minorité. Or force ne fait pas droit, puisque le droit est destiné à régir la force, à lui donner son sens (à la fois son but, et son intelligibilité ou cohérence). D'autre part, supposé même que la volonté du peuple soit l'expression du vouloir de tous les membres du peuple, cette dernière ne serait pas de soi légitime pour autant, elle ne serait pas de soi l'autorité, parce que c'est la vérité, objective, d'une décision qui la rend juste, ce n'est pas le poids du nombre qui fait la vérité. C'est la compétence politique qui fait le juste pouvoir, et il est très concevable qu'un seul puisse avoir raison contre tous, qui doive ainsi posséder le pouvoir sans partage, et être en mesure de l'exercer même de façon coercitive. Il reste que l'autorité n'est telle, pouvoir légitime, que si elle est reconnue, ce que nous nous proposons d'établir en en dégageant les enjeux. Rappelons cette donnée élémentaire de philosophie réaliste :

Il existe quatre types de causes : la cause efficiente (l'artisan), la cause formelle (le projet), la cause matérielle (la glaise), la cause finale (la fonction assignée au vase confectionné par l'artisan, et comme cristallisée en lui comme sa forme). Mais la cause finale est ultime en exécution et première en intention. Il est, en d'autres termes, définitionnel de la cause finale de s'anticiper, sur le mode du projet en sa forme idéelle, dans la cause efficiente. Dans une réalité vivante en particulier, ou réalité organique, laquelle a pour propre d'avoir en elle-même le principe de son ontogenèse (sa « *phusis* », selon le vocabulaire d'Aristote), ce principe de croissance, ou cause efficiente, n'est autre que la causalité du but (lequel est le vivant même accompli selon sa nature réalisée, explicitée en ses opérations qui perfectionnent et actualisent la substance) s'anticipant dans son « *terminus a quo* » immanent (et non extérieur), ainsi dans l'embryon que, littéralement, elle informe. La cause finale se fait procéder de la cause efficiente en et comme laquelle elle s'anticipe au titre de cause formelle. Appliquons ces résultats à la cité. La cause finale de la cité est le bien commun. Sa cause matérielle est l'existence d'un peuple, d'une multitude ayant le statut de nation, c'est-à-dire de communauté de destin. Sa cause formelle est l'État. Quant à sa cause efficiente, dès lors que la cité est organique, vivante et non contractualiste (mécanique et individualiste), dès lors donc que l'homme est par nature un animal politique, elle n'est pas autre chose que la nature politique de l'homme immanente à tout homme, ou le désir de société se révélant, parce que conscient de soi en tant qu'humain, volonté de faire être la cité. La cause efficiente de la cité est la volonté des hommes en tant qu'habitée, *en droit sinon en fait*, par la puissance à faire exister et à entretenir la vie de la cité. Mais de ce que la cause finale s'anticipe nécessairement dans la cause efficiente, alors il résulte que le bien commun, ordre de la cité, s'anticipe nécessairement dans la volonté droite de tout citoyen. Et si l'on observe que l'autorité, pouvoir légitime du chef, n'est pas autre chose que la conscience de soi de l'ordre de la cité, ou encore l'*imperium* du bien commun hypostasié dans la volonté du chef, alors on en doit logiquement déduire que la volonté du chef n'est légitime que dans et par le fait de son anticipation dans la volonté du citoyen vertueux.

C'est au reste pourquoi le chef a vitalement besoin de châtier la contestation et les crimes, quand bien même ces derniers ne compromettraient pas, en apparence ou du simple point de vue de l'évaluation des forces en présence, son pouvoir : il doit, par le châtiment, procéder à la refondation de son autorité qui exige d'être reconnue par le citoyen, de gré ou de force, afin d'être véritablement telle, autorité en acte. La volonté rétive de l'insurgé s'intronise, par le fait même de son insurrection, principe tératologique d'unité de la multitude, ce qui déchire l'unité politique de la multitude en l'écartelant entre deux pouvoirs ; le pouvoir légitime doit ainsi faire reconnaître, par la force du châtiment, sa propre légitimité afin de la rendre souveraine : quand l'insurgé subit le châtiment, il reconnaît objectivement l'autorité puisque la souffrance qu'il subit en tant que condamné, s'opposant à sa volonté rétive détournée du bien commun, la redresse par là qu'elle la vainc, dût-elle la détourner, sans son consentement subjectif, de la fin privée qu'elle poursuivait. On voit en quoi cette reconnaissance de la multitude n'a rien de démocratique. Elle ne désigne pas autre chose que la conséquence obligée de l'immanence à chaque dirigé du souci du bien commun, puisque, aussi bien, le bien commun est le meilleur bien du bien particulier ; le pouvoir est non démocratique parce qu'il se subordonne les biens particuliers, mais, par là qu'il se les subordonne, il est leur raison, il leur est immanent, il les intéresse vitalement. Si elle est politique et non despotique, l'autorité appelle un certain consentement, une certaine reconnaissance qu'elle se fait un devoir d'obtenir par la force quand la chose se révèle nécessaire, de la part de ceux qu'elle régit. Un tel consentement est de même nature que celui qu'exige l'autorité du pédagogue de la part de l'élève. On ne peut enseigner à qui ne veut rien apprendre.

Et c'est ce qui, semble-t-il, transparaît dans le souci, manifesté par le Maréchal Pétain, de garantir une représentation du peuple réel donnant au pouvoir la reconnaissance que ce dernier requiert afin d'être souverain en acte. Bien entendu, cette représentation est consultative et non délibérante, parce que le peuple n'est pas doté d'autorité : *ce n'est pas en tant qu'autorité que la volonté du chef requiert de s'anticiper dans les volontés de la multitude* ; c'est, en termes aristotéliciens, en tant qu'acte commun (car la causalité est communication d'actualité) de la volonté motrice du chef et de la volonté mue du citoyen, laquelle réagit sponsalement, par un mouvement qui doit venir d'elle afin d'être un mouvement vital, effet d'une impulsion politique et non despotique (mécanique). La volonté du chef, qui est la conscience de soi de l'*imperium* du bien commun, s'anticipe sous la forme de reconnaissance dans les volontés de la multitude. S'il est encore nécessaire d'ajouter quelque chose pour supprimer toute équivoque, nous citerons le Maréchal Pétain lui-même : « Il ne suffira plus de compter les voix ; il faudra peser leur valeur pour déterminer leur part de responsabilité dans la communauté » (*Messages*, 8 juillet 1941). L'État du Maréchal est « hiérarchique et autoritaire, fondé sur la responsabilité et le commandement s'exerçant de haut en bas, à tous les échelons de la hiérarchie » (*ibid.*). Il nous a paru important d'insister sur ce point, trop souvent négligé par la réflexion politique droitiste, laquelle, par trop fréquemment, croit discerner en cette doctrine un démocratisme latent, alors qu'elle est nécessaire à l'éviction de tout relent démocratique. Tout pouvoir, évidemment, procède de Dieu, ainsi s'exerce naturellement du haut vers le bas, mais il en procède par les natures que Dieu a mises dans les êtres qu'Il a créés, lesquels, naturellement ordonnés au bien commun de la cité, se relient organiquement entre eux, ainsi selon l'impulsion du tout dont ils sont les parties, du tout qui est immanent à chaque partie comme l'âme l'est aux organes du corps, de telle sorte que le tout se fait provenir des parties qu'il pose. Et s'il en est ainsi, c'est que le chef, opérateur de réalisation du bien commun, est la conscience de soi de cette forme totalisante immanente aux parties. Ce n'est pas d'elles, prises comme subjectivités, que le chef reçoit son autorité, il n'est même pas nécessaire (il est même plutôt déconseillé selon nous, car se pose le problème de la compétence : un médiocre même bien intentionné ne peut élire que celui qui lui ressemble) qu'il doive être désigné par elles pour recevoir un pouvoir qui de soi vient d'en Haut. C'est de la nature politique de l'homme qu'il reçoit son autorité, à la manière dont le père de famille reçoit son autorité paternelle et domestique de la nature humaine le plaçant en position de géniteur. Si l'on nie que le dépositaire de l'autorité soit la conscience de soi du tout, en l'occurrence de la nation, alors on supprime l'organicité du tout, les parties ne sont plus vitalement concernées par lui, pas plus que par l'autorité qu'elles ne peuvent alors subir que sur un mode violent, dans le moment où chacune est renvoyée à elle-même. Et l'on a basculé, sans s'en rendre compte, dans une conception individualiste de la société, conjurant artificiellement la démocratie, qu'elle appellerait logiquement, en flanquant la société d'une autorité dynastique supposée avoir passé contrat avec le peuple. La cité, dans ce cas, n'a plus en elle-même son principe d'unité, elle n'est plus qu'un agrégat.

Il n'y a supériorité *intrinsèque* du bien commun sur le bien particulier que si celui-là est reconnu comme le meilleur bien du particulier. Il est nécessaire, dans ce cas, que le bien commun se préfigure dans l'appétit des particuliers sur le mode du souci, en ceux-ci, de celui-là. Dire du pouvoir qu'il exige de se faire reconnaître pour être pleinement autorité, c'est déclarer qu'il appelle, au point de l'exiger, de vérifier l'authenticité de ce souci. Le pouvoir n'est autorité que s'il sait se faire participer, à la manière dont la science du maître appelle d'être communiquée pour être — jusque dans le maître lui-même — science en acte ; on ne possède bien son savoir qu'en le communiquant. Procéder à ce rappel n'est pas suggérer que le maître recevrait son savoir de ses élèves, ou que son droit à commander procéderait de l'agrément de ses élèves. Le pouvoir n'a pas à être participé au sens où il exigerait d'être partagé, ou encore en ce qu'il procéderait des subjectivités formant la base et déléguant leur prétendue souveraineté à un représentant. Il requiert d'être participé au sens où, comme conscience de soi, en et comme singularité du chef, de l'appétit de société et du souci du bien commun objectivement intérieur à tout homme, il se délègue de proche en proche à tous les niveaux de la société, s'assurant dans leur disponibilité active des conditions de sa communicabilité : il faut être reconnu comme chef légitime pour être à même de déléguer son pouvoir.

L'approbation du peuple ne fait pas la légitimité du pouvoir, au sens où cette approbation serait créatrice du pouvoir. Le pouvoir tient sa légitimité du fait qu'il est la conscience de soi du bien commun. Mais parce que ce bien commun est l'entéléchie d'un désir de société immanent à tout homme, alors la conscience de soi du bien commun est le principe d'actualisation de ce désir populaire ; un principe n'étant principe en acte qu'en exerçant sa vertu causatrice, alors la conscience de soi du bien commun, ou légitimité, n'est telle que dans l'acte, *que seule révèle l'approbation populaire*, d'actualiser le vœu objectif de société préfiguré en tout membre de la communauté politique. Il en résulte que le détenteur du pouvoir appelle l'approbation du peuple (ou, en cas de crise, de cette partie vicariante, non gangrenée du peuple, capable de représenter ce qu'il devrait être en droit), afin de vérifier la portée universelle du principe d'actualisation qu'il est. Aussi longtemps qu'il n'obtient pas cette approbation, le pouvoir n'est pas encore légitime, non parce que la légitimité serait causée par elle, mais parce qu'il doit être un *pouvoir* pour être un pouvoir *légitime*, et qu'un pouvoir non reconnu est un pouvoir qui n'a pas eu assez de force pour se faire reconnaître, ainsi qui n'est qu'une aspiration au pouvoir. Peut-être, au fond, les animateurs de la Nouvelle Droite ne veulent-ils pas dire autre chose, lorsqu'ils développent maladroitement leurs plaidoyers pour la démocratie en laquelle ils croient discerner, à tort, la condition d'une authentique organicité. Mais il se peut que nous soyons optimiste... Il nous a paru important de nous étendre quelque peu sur cette question, parce que maints monarchistes, à bon droit horrifiés par les délires de l'esprit démocratique, s'insurgent, pressentant la nécessité de la reconnaissance populaire dans le système des sociétés organiques, et en viennent à refuser le principe même de l'organicité. Le roi tient alors, pour eux, sa légitimité du sacre, le pouvoir descend selon eux de Dieu par l'Église qui le confère au roi. Et leur manière de voir rend nécessaire la présence de l'Église pour fonder la légitimité du politique. Qu'est-ce à dire, supposé qu'ils tiennent encore à la thèse aristotélicienne du « *anthropos phusei zoon politicon* », sinon que la Révélation et l'Incarnation sont rendues nécessaires (thèse hérétique) et comme consubstantielles (ce qui supprime la gratuité de la grâce) à l'ordre naturel lui-même ? Et s'ils ne réputent plus l'homme naturellement politique, c'est alors que, sauvant la gratuité de la grâce, ils en viennent à faire du pouvoir de l'homme sur l'homme, pour eux non naturel, un effet du péché originel, un châtiment auquel l'Église apporterait une valeur rédemptrice en le bénissant par le sacre. Mais alors, « *sanans* » en tant même qu'« *elevans* », la grâce, en restaurant la nature, devrait logiquement l'inviter à se

soustraire au pouvoir politique, puisque ce dernier, dans l'hypothèse, est réputé contre nature… Et leur haine de ce qu'ils
croient relever de l'esprit démocratique devrait se convertir en
démocratie chrétienne !

§ 6. Pourquoi, au fond, par-delà les causes circonstancielles
(la crise de 1929) ayant suscité un regain d'intérêt pour elle, la
solution corporatiste est-elle la plus naturelle ?

a) Il n'est pas question de revenir sur le principe de la pertinence de la propriété privée, qui est conforme à l'ordre des
choses, parce qu'il est dans la nature du bien commun, en tant
que raison et meilleur bien des biens particuliers, de s'approprier, pour tout ce qui concerne les biens divisibles, à la particularité des individus qu'il finalise, ainsi à ce qu'ils ont de privé.
Être responsable de quelque chose, c'est se savoir engagé par
lui, c'est se sentir en demeure d'en rendre compte, c'est le considérer comme un prolongement de soi-même, comme un prolongement de ce don de soi-même à soi-même à raison duquel
on est libre (ainsi responsable de soi), c'est donc s'approprier ce
dont on rend compte, c'est le posséder. Ce qui est faire le constat
de ce qu'il faut avoir, ou posséder, pour être citoyen en acte,
ainsi pour être homme tout court, puisque la formalité de
citoyen n'est pas étrangère à la formalité d'homme, dès lors que
l'homme est animal politique par nature. Cela dit, la propriété
peut être elle-même collective, comme dans les communautés
religieuses, ou certaines communautés paysannes, et surtout il
y a toujours propriété du métier. Il demeure que la propriété privée est de droit naturel. Par ailleurs, toute propriété privée, légitimement reconnue comme telle dans son ordre propre, est finalisée par le bien commun. Il n'y a pas, contre la conception
lockienne du droit de propriété, un droit de posséder qui serait
antérieur au bien commun qui en vérité le fonde, et dont l'État
(en tant qu'organe de commandement) est l'instrument et l'opérateur. Il ne doit pas y avoir de redistribution à tendance égalitaire, par l'État, de biens fiscalement ponctionnés au profit de la

multitude, parce que ce serait conjuguer les tares d'un socialisme irresponsable et celles d'un libéralisme anarchique ; si l'État doit intervenir dans l'économie, c'est pour la structurer en lui conférant un principe à elle immanent de régulation, ce qui est l'office des corporations. L'État ne doit pas non plus être un producteur direct, doté d'un bien propre numériquement distinct du bien des particuliers, car alors il ne serait plus le garant du bien commun : il aurait un bien propre juxtaposé aux biens propres des individus, ainsi particularisé par eux, il ne serait plus le garant de l'ordination des biens particuliers au bien commun qui est le bien du tout pris comme tout, et dont l'État, pris au sens large (non réduit aux organismes dirigeants) est la forme même, ou ordre de la cité.

b) L'individu doit être considéré non comme une subjectivité atomique, mais comme membre spécifié du corps social, différent des autres, tenant sa valeur propre, en tant que membre de la cité, de sa fonction sociale, essentiellement professionnelle. Cette vérité, sur laquelle tint beaucoup à revenir le Maréchal Pétain, tient au fait que la société dans son ordre, ou l'ordre social lui-même en tant qu'il est incarné, par là existant, n'est autre que le bien commun qui finalise la société prise comme ensemble d'individus, c'est-à-dire la société non encore pleinement politique : la cité est fin temporelle de l'individu. Mais l'ordre social lui-même n'est autre que la projection, ou extériorisation, de l'intériorité spécifique de chaque homme, selon la vieille intuition platonicienne de la reproduction, par le macrocosme social, du microcosme de l'âme humaine. Ce qui fait de chaque fonction sociale, ou de chaque métier, en même temps qu'une partie de la cité, un moment du processus de déploiement, par la nature politique de l'homme, de ses richesses intérieures qu'aucun homme particulier ne saurait actualiser en et par lui-même : toute fonction professionnelle, à ce titre, est une fonction politique. Il appartient ainsi à chaque citoyen d'exercer, pour que la cité soit, ainsi pour que la nature humaine (cause et fin des activités de l'homme) soit déployée en toutes ses virtualités, une fonction sociale qui le définit en tant que citoyen. C'est en elle, organisée de manière corporative, ainsi dans l'organisation qui possède et définit les règles du métier, qu'il assume son besoin de responsabilité politique, parce que c'est en elle qu'il est compétent. Et au vrai il n'est compétent qu'en elle. Si l'État doit offrir aux hommes, autant que faire se peut, des chances égales, « ces diverses sortes d'égalité doivent s'encadrer dans une hiérarchie rationnelle, fondée sur la diversité des fonctions et des mérites, et ordonnée, elle aussi, au bien commun » (Maréchal Pétain, *Revue des deux Mondes*, 15 septembre 1940). Il y a une hiérarchie objective des métiers, corrélative d'une hiérarchie des honneurs qui sont liés à chacun d'eux, les deux hiérarchies étant elles-mêmes déterminées par la place qu'occupe dans l'âme humaine (dont les fonctions sont elles-mêmes hiérarchisées par leur degré de proximité par rapport à la raison) ce dont le métier considéré est l'extériorisation sociale : le prêtre est supérieur au soldat, qui est supérieur à l'artisan, l'artisan est supérieur au commerçant. Ajoutons que l'argent est un pouvoir. Comme tel, il est une puissance, il est ordonné à son acte, qui est ultimement l'ordre de la cité. Il est dans l'ordre qu'on ait d'autant plus de pouvoir qu'on assume une fonction plus immédiatement ordonnée au bien commun, et plus utile à ce dernier. Il est donc dans l'ordre que, en tenant compte de l'état de chacun (si certes le penseur est supérieur à l'industriel, il n'a pas besoin de la puissance économique de l'industriel pour remplir son devoir d'état), la puissance pécuniaire soit répartie selon la hiérarchie objective des métiers. Mais il est impossible de mesurer, *a priori*, c'est-à-dire sans l'épreuve de l'émulation sociale qui s'exerce dans les relations privées, tant la valeur et les mérites de chacun que le degré des besoins de chaque état social. Il faut donc trouver un type d'organisation de la production qui rende possible, du sein des échanges privés, et par le simple fait de leur dynamique immanente, l'éduction de la hiérarchie pécuniaire définie par la hiérarchie des métiers. C'est à cette nécessité que répond la corporation. Ce que refuse le corporatisme, c'est l'idée même de société civile, comme si la société entendue comme ensemble d'échanges privés devait être soustraite à l'ordre de cette même société entendue comme organisation politique. La société civile est à la société corporative comme la matière l'est à la forme ou la puissance à l'acte.

c) La même chose peut être dite autrement. Si la vertu de justice appartient primitivement au registre de la morale, qui vise le perfectionnement spirituel de l'individu, cette dernière a vocation à se réaliser politiquement, puisque l'homme est un animal politique : comme le montre Aristote dans l'*Éthique à Nicomaque*, les hommes se livrent à l'échange pour actualiser, en l'extériorisant socialement, leur tendance au juste. Cette actualisation politique de la vertu générale de justice la fait se spécifier en justice particulière. Mais la justice particulière se divise elle-même nécessairement, ou s'explicite, en justice distributive et en justice commutative, puisque le citoyen peut être considéré soit dans ses rapports avec la cité prise comme tout, soit dans ses rapports privés avec ses semblables. Puisque le bien commun est raison du bien particulier, la justice distributive est raison de la justice commutative. Si la justice distributive est, comme l'enseigne Régis Jolivet dans son dictionnaire de philosophie (Vitte, Lyon, 1966), une justice allant du tout à la partie, ou qui concerne le rapport de la cité avec ses membres, elle assure une distribution des biens et charges publics (et toute charge privée, tout métier est à vocation publique, puisqu'il se justifie par la reddition de services publics) proportionnelle aux mérites de chacun. La justice commutative, quant à elle, est égalitaire arithmétiquement (et non géométriquement ou proportionnellement), elle concerne les échanges privés de biens et de services. On définira la corporation, dans cette perspective, telle l'organisation de la production qui, du sein même de relations privées régies par la justice commutative, fait se dégager la hiérarchie propre à la justice distributive. Il n'y a pas d'autre moyen de produire la justice sociale. Si l'État se substitue aux initiatives privées, il supprime toute émulation et toute hiérarchisation fondée, puisque, selon l'adage scolastique, « *operari sequitur esse* » : la nature (et la valeur) d'un être se manifeste par ses actes, qui doivent être posés pour être évalués ; la hiérarchisation concrète ne saurait précéder les initiatives privées. Si la société dite « civile », ou système des échanges privés, prétend dégager, par le simple fait du conflit d'appétits privés, la hiérarchie que requiert l'ordre politique, alors elle fait dépendre l'ordre naturel de la cité (hiérarchie objective des fonctions), qu'elle corrompt nécessairement par là, de l'appétit d'enrichissement et de jouissance illimité. Telle est la pléonexie.

d) Georg Simmel, dans sa *Philosophie de l'argent*, définissait, de manière suggestive, l'argent comme le symbole de la « mobilité absolue du monde », comme ce dans quoi tout ordre se déconstruit, toute détermination sociale qualitative s'indifférencie. Et Marx était aussi dans le vrai lorsqu'il remarquait : « Ce que l'argent peut acheter, je le puis moi-même, le possesseur de l'argent. Ce que je suis et ce que je puis, ce n'est nullement mon individualité qui le détermine. Je suis laid mais je puis acheter la femme la plus belle, donc je ne suis pas laid. Je suis un homme malhonnête, mais l'argent est honoré, donc aussi son possesseur » (*Économie politique et Philosophie*). Comme on l'a vu (§ 4), le Maréchal Pétain faisait remarquer, très justement, que la concurrence se veut à la fois le principe moteur et le régulateur du système libéral. Mais cette conjonction de fonctions antinomiques est impossible sans détourner le système de la fin qu'il est supposé servir (satisfaire les besoins). Si l'âme qui habite le corps peut bien lui apporter et la vie et la mort (en tant qu'elle s'en sépare), ainsi exercer sans contradiction deux fonctions antinomiques, c'est parce qu'elle est *fin* du corps auquel elle donne d'exister. Mais la concurrence n'est pas fin du système libéral, elle n'est que le moyen de la satisfaction des besoins. En lui assignant deux fonctions antinomiques, on l'élève indûment au statut de fin, de telle sorte qu'elle ne peut pas ne pas relancer toujours plus la consommation et les échanges, même au-delà de leur limite naturelle. Et c'est bien ce qui se produit : la concurrence fait baisser les prix au point de les rendre abordables pour le plus grand nombre, mais elle ne peut en rester là ; elle doit relancer artificiellement les besoins et élargir ses marchés indéfiniment, puisqu'elle est elle-même habitée par l'appétit de profits sans fin : la concurrence ne fait baisser ses profits que pour écarter les concurrents, mais elle les rattrape par l'ouverture de marchés nouveaux (obtenus par la colonisation, la guerre, la création de besoins artificiels ou le progrès technique anarchique). Ou alors elle doit se convertir en situation de monopole qui, en climat libéral, ne saurait servir le bien commun puisque cette situation procède de la concurrence elle-même instaurée par la recherche de biens exclusivement privés. La loi de fonctionnement du libéralisme, essentiellement polémique en tant même que finalisée par des biens privés à ce titre toujours conflictuels, est le principe de maximisation indéfinie des échanges (dont l'inflation nourrit le conflit), et avec elle le principe *d'économisation de tous les biens* ; n'est réputé avoir de valeur que ce qui est mesurable selon l'argent. Et dans une société structurée par l'argent, l'être qualitatif de l'homme, qui est en droit la détermination de sa valeur sociale, est réduit à son avoir. Et c'est ainsi qu'en contexte libéral ce ne sont plus les meilleurs qui sont les plus riches, ce sont les plus riches qui obtiennent la position et la considération dues aux meilleurs : la qualité véritable d'un homme se mesure à son aptitude à goûter à des biens d'autant meilleurs qu'ils sont plus spirituels, or les biens spirituels relèvent de l'être et non de l'avoir, ils n'ont aucune valeur pécuniaire. L'argent, pure potentialité, n'a pas en lui-même le principe de son usage et de sa juste répartition, de même que les désirs sensibles n'ont pas en eux-mêmes la faculté de se donner leur limite. Si la raison ne commence par leur assigner une fin spirituelle, ainsi par les limiter, ils deviennent d'eux-mêmes inflationnistes. Ils sont un désir de l'âme investi et comme fourvoyé dans le corps, dans la matière, dans l'infini (l'indéfini) qui la caractérise : tout son être est d'être en puissance, ce que les Grecs nommaient l'« *apeiron* », l'infini précisément, le sempiternellement inachevé ; la matière, de soi, est incapable de se donner sa forme qui l'achève. Et de même, si le jeu de la concurrence économique n'est pas informé par une

finalité politique qui le règle, il tend mécaniquement à faire éclater, indifférenciant tous les citoyens dans le même dénomina-
teur de consommateurs potentiels, la délicate correspondance,
expressive de la justice distributive, entre qualité (et mérites) des
personnes (selon leur fonction) et quantité de leurs récompenses
d'une part, entre qualité des personnes et limites quantitatives
induites par leur état d'autre part. Émancipé de règles lui assignant sa finalité politique, le monde économique, immanquablement, tend à se substituer à l'ordre politique lui-même. C'est
alors que certaines forces obscures, gagnées à la destruction des
sociétés d'ordre, sont en mesure de contracter des fortunes
monstrueuses qu'elles font servir à leurs entreprises subversives,
amplifiant par là, de manière intentionnelle cette fois, le travail
de sape de l'ordre naturel, déjà mécaniquement opéré par le
simple fait du déchaînement de la « *libido sentiendi* ». C'est alors,
aussi, que les forces économiques dominantes, déconnectées de
toute obligation de servir le bien commun, organisent officieu-
sement le marché (situations de monopole) en vue de leur
propre enrichissement infini. Toutes choses que vit fort bien le
Maréchal Pétain. La corporation est la médiation obligée entre
bien particulier et bien commun, entre privé et public. Elle est
l'organisation du travail qui le restitue, avec les modalités des
échanges que cette organisation conditionne, à sa vocation
politique : par la médiation de la corporation, les biens privés
contractent valeur de biens communs. Hegel enseigne justement
(*Principes de la Philosophie du Droit*, § 255) que la désorganisa-
tion (au vrai et dans son esprit la négation d'un désordre) de ce
moment idéel d'anarchie individualiste qu'il dénonce dans la
société civile, « *terminus a quo* » indifférencié de l'État rationnel,
tourne autour de deux moments : la sainteté du mariage et la
corporation.

§ 7. L'éminente qualité des « Principes de la Communauté »
du Maréchal Pétain ne nous dispense pas de formuler quelques
discrètes réserves. Nous nous contenterons d'évoquer les points

9 et 12. Lorsqu'il est dit que l'État a pour fin la sécurité, le bonheur et la prospérité de la nation, il nous paraît nécessaire de compléter ce propos en observant que l'État, pris comme cause formelle de la cité, n'a pas d'autre fin que lui-même, puisque dans les réalités organiques la forme coïncide avec la fin. Ce n'est pas à dire que l'État serait divin (et même pour Hegel, il n'est nommé que divin « terrestre »). C'est-à-dire que le bien commun n'est pas le moyen d'obtention des biens particuliers. C'est-à-dire encore que, de ce que le bien commun est la réalisation en acte de toutes les virtualités de l'essence humaine, alors le service, par le citoyen vertueux, du bien commun politique, donne au citoyen de s'approprier lui-même à son essence, ainsi de faire éclore en lui des potentialités spirituelles l'habilitant à tendre vers des biens intemporels et non mondains qui dépassent l'ordre politique lui-même. C'est en s'ordonnant tout entier, quoique non totalement, au bien commun politique, qu'on se prédispose à s'ordonner, tout entier et totalement, au Bien souverainement commun de la Cité de Dieu. Nous avons déjà, en évoquant la philosophie politique de Charles Maurras, évoqué une difficulté de ce genre. Par ailleurs, lorsqu'il est dit que l'école doit enseigner à l'enfant le respect des croyances morales et religieuses, « en particulier de celles que la France professe depuis les origines de son existence nationale », il nous semble qu'il y a là quelque regrettable inclination vers le gallicanisme, dont la pente mène à n'honorer la religion qu'en tant qu'elle serait un vecteur de la culture nationale. Pour le catholique, la religion n'est légitime que comme religion catholique, et aucune fausse religion n'a objectivement droit à une quelconque forme d'existence, fût-elle antique. De plus, elle est dans la cité ce qui finalise l'ordre même de la cité, car la nature est pour la grâce. Elle doit être religion d'État, ce dans quoi la cité trouve son achèvement (aux deux sens du mot), ce qui la supprime en tant qu'il l'accomplit. Si la religion n'est pas reconnue comme la raison même de l'ordre politique, alors elle est renvoyée dans la sphère de la vie privée. Mais par là, si le croyant tient la vie religieuse pour la fin de sa vie politique, on offense

la majesté de l'État en sommant ce dernier de se subordonner à la vie privée des citoyens. Et si, la religion demeurant cantonnée dans la sphère du privé, on maintient à l'État son statut de cause finale, alors on subordonne la vie religieuse à la vie politique, ce qui revient à absolutiser la cité, laquelle, n'existant que par les citoyens, les fait se diviniser et derechef se subordonner l'État. L'unique manière de conjuguer l'exigence de subordonner la vie politique à la vie religieuse, et celle de conserver à l'État son statut de cause finale, c'est de reconnaître à la religion le statut de religion d'État, conformément à la doctrine — catholique — du Christ-Roi. Il ne saurait y avoir, dans une société rationnelle, de séparation de l'Église et de l'État. Ce qui ne signifie nullement que le chef d'État devrait demeurer pieds et poings liés par les orientations politiques — qui peuvent être erronées (et qui de fait le furent souvent) — du Saint-Siège, dont l'autorité souveraine ne laisse pas d'être limitée, et de l'être par son objet même : la foi et les mœurs. Ces réserves faites, nous ne pouvons qu'admirer la sagesse de ces « Principes », et saluer au passage la doctrine pétainiste formulée dans le point 16 et préfigurée dans le point 13 : les fonctionnaires, immédiatement ordonnés au bien commun, sont en droit les vrais aristocrates.

§ 8. Jacques Ploncard d'Assac fait observer que la France se trouva, au terme de la Seconde Guerre mondiale, libérée de l'occupation étrangère par les autres puissances en lutte contre les forces de l'Axe, mais que cette victoire ne fit qu'annoncer de nouvelles défaites, dans la mesure où les causes qui avaient provoqué la défaite de 1940, loin d'avoir été effacées, furent aggravées. Elles furent aggravées parce que la France refusa la réforme des institutions et des mœurs à laquelle, courageusement, s'était consacré le Maréchal Pétain. L'entreprise du Maréchal était éminemment difficile, qui consistait à rénover l'État, à enrayer la décadence, dans des conditions de découragement national extrêmes, et avec une marge de manœuvre très étroite : « (…) la catastrophe s'abattait sur le pays. Depuis 1936, par ses caquetages insupportables, le coq gaulois avait provoqué les grands oiseaux de proie redoutables et silencieux dans leur

aire. Ils venaient maintenant de fondre sur lui, qui fuyait, perdant ses plumes, s'égosillant à dénoncer la barbarie — la barbarie c'est les autres — fientant de peur sur les routes de l'exode »
(Saint-Loup, *J'ai vu l'Allemagne*, Éditions du Flambeau, 1983,
p. 55). Tout cela est incontestable. Mais Jacques Ploncard
d'Assac ajoute (p. 92) : « Si les Français avaient écouté le Maréchal Pétain et l'avaient suivi sur la voie de la réforme intellectuelle et morale qu'il proposait, cela n'eût pas empêché la
libération du territoire en 1944 **et y eût même probablement
aidé** (*nous soulignons*), mais du même coup les problèmes posés
par la Terreur de 1944-1945 n'eussent pas existé et les causes
des nouvelles défaites françaises ne s'étant pas produites, ces
défaites n'eussent pas eu lieu. » Supposé même que la libération
du territoire se soit produite sans encombre sous un régime
pétainiste, on peut se demander néanmoins si les Puissances
internationales réelles, celles qui avaient provoqué la guerre,
auraient seulement supporté longtemps l'État nouveau du
Maréchal Pétain. Car il est bien clair que la mobilisation mondiale des forces soviéto-libérales ne s'était pas accomplie pour
les beaux yeux de la France. Elle fut même dirigée, dans son
principe, contre l'Europe et contre le magistère planétaire de ses
valeurs traditionnelles. Les régimes du Caudillo et du Docteur
Salazar durèrent bien quelques décennies, mais ils finirent pas
succomber à la pression internationale, et il ne pouvait en être
autrement. Qu'on veuille bien rétrospectivement songer à l'aveu
suivant de Churchill (initié à la loge Studholme de Londres à
27 ans, le 24 mai 1901, voir *Faits & Documents* n° 152) proprement effarant : « Le crime impardonnable de l'Allemagne avant
la Seconde Guerre mondiale était la tentative de détacher sa
puissance économique du système de commerce mondial et de
créer un propre système d'échanges duquel la finance mondiale
ne pouvait plus bénéficier » (cité dans la revue *Écrits de Paris*
n° 613 de septembre 1999, p. 40). Le système libéral est mondial
ou il n'est pas. Qu'une Europe puissante, à vocation autarcique,
puisse se rendre indépendante de la Haute Finance internationale, et c'en est fait du libéralisme lui-même dans les autres

régions du monde, qui ne peut que dépérir (sous le poids de ses contradictions) dès là qu'il est limité, stoppé dans son inflation. Ayant eu la peau de l'« Europe nouvelle », le libéralisme ne pouvait pas ne pas en venir à vouloir la peau des nations anciennes, toujours tentées, lorsqu'elles demeurent fidèles à elles-mêmes (et c'est pourquoi il faut les avilir) de se soustraire à la férule du Gros Argent. Ceux que l'Histoire officielle et les conventions de langage nous obligent à nommer les « Alliés », ne sont nullement intervenus pour « libérer » l'Europe de la « barbarie » hitlérienne. Ils sont intervenus pour dépecer l'Europe traditionnelle — d'autant plus dangereuse pour eux qu'elle était en passe, grâce aux nationalismes adoptés par ses nations traditionnelles par eux enfin redevenues complémentaires et non plus conflictuelles, de redevenir elle-même en se rénovant — au profit des idéologies internationalistes libérale et communiste. Et lorsque nous affirmons que le projet des puissances dominantes depuis 1945 est d'avilir les nations d'Europe, nous en voulons pour preuve cet autre aveu non moins consternant, entre autres : « Il n'y a plus de place dans l'Europe moderne pour des États ethniquement purs. C'est une idée du XIXe siècle et nous, nous préparons la transition vers le XXIe siècle où nous aurons affaire à des États multiraciaux » (Général Wesley Clark, en mai 1999, lors de la guerre contre la Yougoslavie, évoqué par le journal *Rivarol* du 9 juillet 1999). De même que les révolutions libérale (1789) et communiste (1917) durent se faire (ou tenter de se faire) mondiales à peine de dépérir, de même la révolution de l'ordre est à portée universelle à peine d'être écrasée par son entourage hostile. La Révolution nationale du Maréchal Pétain, admirable dans son intention, était-elle possible sans s'associer à la révolution européenne qui lui était contemporaine ? Nous laisserons au lecteur le soin de répondre, selon le témoignage de sa conscience éclairée par sa raison.

D

BRÈVE RÉFLEXION SUR LA QUESTION JUIVE

CE TEXTE est une reprise, légèrement modifiée, et quelque peu complétée, d'un travail plus ancien. L'ouvrage intitulé *Manifeste pour le salut de la vraie Droite* (VHO, 2003) comprenait deux parties, la première rédigée et signée par Vincent Reynouard, la deuxième par Jean-Jacques Stormay.

La question juive est un thème trop chargé de passion pour être abordé sans une immense prudence. Ce thème sera ici traité, sans indulgence et sans haine, dans une perspective très limitée, la perspective des catholiques. Nous pensons, au reste, que c'est la seule perspective légitime, et nous dirons pourquoi. Cela dit, nous ne prétendons évidemment pas épuiser le sujet.

§ 1. Le peuple juif est un peuple artificiel, et le mot ne doit pas être pris en mauvaise part. Le peuple juif fut formé par l'art divin, à partir de rameaux ethniques d'origine sémitique pour l'essentiel, en vue de préparer l'avènement du Christ. Il en est des Juifs par rapport à l'Église comme il en est de la chrysalide par rapport au papillon (la chrysalide meurt à elle-même et laisse place à son fruit qui l'assume en la **niant**). Or les Juifs ont été infidèles à leur vocation. Ils ont confisqué la Révélation, l'adultérant par là. Ils se sont refusés à eux-mêmes en refusant de se sublimer dans ce qui était leur raison d'être. Ils aspirent à un royaume terrestre, à la domination du monde, non au royaume céleste des Chrétiens. Ils n'étaient peuple élu qu'en vue du Christ, et seulement pour le temps de cette attente du Christ. Le peuple élu de la deuxième Alliance, qui se **substitue** à la première parce qu'elle la consomme en la sublimant, n'est autre que la race élue de Jésus-Christ, le peuple des baptisés, par-delà toutes les déterminations raciales et nationales, intellectuelles et sociales, ne retenant d'autre critère de hiérarchie que celui de la sainteté. La réalité nationale du judaïsme, politique et particulière, s'est convertie en réalité spirituelle, ecclésiale, surnaturelle, universelle et religieuse. Les Juifs postérieurs à la fondation, par le Christ, de l'Église catholique, appartiennent donc aux poubelles de l'histoire du Salut.

§ 2. Les païens, comme les Juifs, avaient aussi vocation à faire mourir en eux le vieil homme pour que naquît l'homme nouveau. C'est ce que firent les peuples païens se convertissant au christianisme. Mais il y a une différence entre les païens et les Juifs. L'identité ethnique et culturelle des païens est naturelle, or la nature n'est pas supprimée par la surnature, elle est bien au contraire soignée et surélevée par elle. La vocation naturelle des peuples anciennement païens subsiste dans leur vocation de peuples chrétiens. Mais le constitutif formel de la judaïcité, la différence spécifique du Juif, est d'ordre surnaturel de part en part. Le Juif en tant que Juif n'a donc plus aucune raison d'exister, il ne subsiste rien du Juif dans le Juif converti (s'il l'est vraiment) au catholicisme. Cela ne signifie pas que le christianisme prônerait un génocide des Juifs, ce qui serait stupide et criminel. Cela signifie que les Juifs doivent se convertir.

§ 3. De ces rappels, il résulte que les Juifs ne sont pas une race. Ce sont eux qui, pour des raisons théologico-politiques, veulent se faire passer pour une race. Il convient d'insister lourdement sur ce point, quitte à scandaliser maintes intelligences. Dire des Juifs qu'ils constituent une race, c'est au fond reconnaître au statut de Juif une réalité naturelle et non pas (seulement) surnaturelle. De ce que la grâce (ou surnature) ne supprime pas la nature, il résulte, si l'on soutient la prémisse du caractère naturel de la judaïcité, que la conversion d'un Juif au

christianisme le fait subsister comme Juif même après son bap-
tême. De ce que la grâce, qui plus est, perfectionne la nature en
la restaurant, il résulte, dans l'hypothèse, que le Juif est d'autant
plus juif qu'il est devenu plus chrétien. Mais le contenu du christianisme proclame (et les rabbins sont d'accord avec nous sur ce
point, et c'est pourquoi ils conspirent contre l'Église depuis des
siècles) l'abolition du judaïsme. Dans la perspective chrétienne
de l'économie du Salut, le judaïsme n'était qu'un moment
— lequel, comme tout moment, était appelé à passer, à se supprimer —, ce qui exclut que le Juif puisse théologiquement
demeurer tel en se convertissant :

« Vous avez souffert (…) de la part des Juifs, qui ont tué
même le Seigneur Jésus et les prophètes, et qui nous ont persé-
cutés à notre tour ; *qui ne plaisent point à Dieu, et qui sont les
ennemis de tous les hommes* ; nous empêchant de parler aux Gen-
tils pour qu'ils soient sauvés, afin de combler en tout temps la
mesure de leurs péchés ; *car la colère de Dieu est arrivée sur eux
définitivement* » (saint Paul, I Thess. II 5-16). Il en résulte que, de
ce que le Juif n'est converti que comme supprimant sa judaïcité,
alors cette dernière ne peut être une race, car une race, un donné
biologique, n'est pas supprimé par une conversion spirituelle.
Puis donc que la conséquence de l'hypothèse (caractère racial
de la judaïcité) est absurde, c'est que l'hypothèse est elle-même
erronée. Les Juifs ne sont pas un peuple naturel, et ils ne sauraient former une race, car si la race ne se confond pas nécessairement avec le peuple (les Français ne sont pas une race et ils
sont pourtant un peuple), en retour toute race est destinée par
la nature à se constituer telle la matière d'un ou de plusieurs
peuples. Remarquons encore que si, comme l'enseigne la théologie catholique, il y a incompatibilité entre Juif et chrétien,
alors, si la judaïcité est une race, les Juifs ne peuvent pas se convertir. Ce qui est offenser de nouveau la doctrine catholique qui
veut que le Christ soit principe *universel* de Salut.

§ 4. Notons aussi que, conformément à l'enseignement de saint Paul, les Juifs, théologiquement, se sont choisi, depuis qu'ils ont tué le Christ, le destin d'ennemis du genre humain. Il ne s'agit pas là, par ce pénible rappel, d'incitation à la haine raciale ou religieuse, il s'agit du rappel d'un point traditionnel de théologie catholique, bien éloigné des pitreries théologiques d'un Jean-Marie Aaron Lustiger. Si les observateurs philosémites qui nous lisent prétendent y voir une incitation à la haine raciale, c'est le catholicisme en bloc qu'il faut condamner. Y sont-ils officiellement et publiquement prêts ? Si donc, selon l'enseignement classique de l'Église, les Juifs sont ennemis du genre humain, ils suscitent nécessairement l'hostilité, comme le rappela avec érudition et honnêteté un Bernard Lazare par exemple, tout comme d'ailleurs les frères Lémann et le Père Kolbe (qui ne jugea pas inopportun de faire diffuser les *Protocoles des Sages de Sion*). Mais alors comment, si les Juifs sont un peuple et qui plus est une race, les contempteurs chrétiens du judaïsme peuvent-ils chrétiennement se défendre ? Ils sont condamnés, dans cette perspective fausse, à hésiter entre l'acceptation de la légitimité du sionisme (comme y cédèrent, illogiquement, certains courants des mouvements national-socialiste et fasciste), et la perspective du génocide. Deux solutions — faut-il seulement le préciser ? — inacceptables. La deuxième solution, criminelle, revient au reste, outre son intrinsèque perversité, à donner raison aux maîtres et agitateurs du sionisme international qui exploitent le « *Shoah Business* » (le mot, proféré au plus fort de la polémique sur le carmel d'Auschwitz, est d'un observateur israélite contemporain, Sir Imanuel Jacobovitz, grand-rabbin de Grande-Bretagne), empressés qu'ils sont à cultiver la mauvaise conscience incapacitante du monde entier, du monde indo-européen et chrétien en particulier. Évoquons à présent la première solution.

§ 5. De ce que les Juifs furent infidèles à leur vocation, que résulte-t-il ?

Il en résulte d'abord que le sionisme est une doctrine inacceptable. L'État d'Israël doit, en tant qu'État, être détruit. Reconnaître Israël en tant qu'État, c'est accepter la légitimité de la prétention de sa population à se considérer comme peuple naturel ; c'est reconnaître une raison d'être légitime au Juif en tant que Juif, au refus d'être chrétien qui le constitue dans son identité depuis deux mille ans, ce qui est une offense abominable faite à la Sainte Église. Le nationalisme n'est pas nationalitaire, le nationalisme n'affirme pas le droit de toutes les nations à exister, non plus que l'égalité de ces dernières. Il y a des nationalismes artificiels (la Tchécoslovaquie, la Yougoslavie), il y a des nations qui sont passées, révolues, dans l'appétit de la matière historique des peuples, tout comme les dinosaures sont passé dans l'appétit de la matière biologique, et il serait tout aussi artificiel de prétendre à les faire renaître. Nul nationaliste conséquent n'ignore que la promotion actuelle des régionalismes, d'apparence traditionaliste, qui vise entre autres choses à faire revivre des nations devenues stériles depuis longtemps (parce que les visions du monde et valeurs dont elles furent jadis les vecteurs ont été assumées et dépassées par d'autres), n'est qu'une machine de guerre révolutionnaire dirigée par les mondialistes de tout poil pour faire disparaître les vraies nations. Et la chose vaut tout particulièrement de la nation juive, assumée et dépassée, en esprit et en vérité, par l'Église qui n'est pas une nation, mais qui constitue en droit la Communauté spirituelle universelle enveloppant toutes les nations sans se substituer à elles. Il faut bien comprendre que, loin d'être un abcès de fixation du judaïsme international, le sionisme s'en veut et s'en révèle le quartier général. Jérusalem n'aspire à rien de moins qu'à se substituer à Rome, en commençant par s'introniser capitale de l'État mondial.

Ensuite, il faut comprendre ce qu'il résulte pour le Juif lui-même, de son point de vue, dès lors qu'il se refuse à être chrétien. Envisageant son élection comme actuelle et non comme obsolète, et une élection visant un royaume terrestre, le royaume constitué par la terre entière dont il se veut le peuple prêtre et l'aristocratie, le Juif ne peut que tenter d'affaiblir en les corrompant toutes les nations et tous les empires. Et l'histoire prouve qu'il s'est toujours fait l'instrument privilégié de toutes les subversions (gnostique, musulmane, maçonnique, libérale, marxiste, mondialiste et immigrationniste). Il est absolument nécessaire, quand on est nationaliste français, d'être opposé à l'esprit du judaïsme, et d'être anti-israélien. Et il faut le dire et le proclamer, calmement, sans haine, sans passion, avec tout le poids de la raison : il n'y a aucune hostilité personnelle, il s'agit d'un principe erroné à combattre. Car le Juif domine aujourd'hui le monde en dominant sa puissance principale, l'Amérique du Nord :

Dans l'hebdomadaire français *Rivarol* n° 2571 du 19 avril 2002, p. 1, on est informé de la déclaration suivante d'Ariel Sharon à ses ministres, le 3 octobre 2001 : « Nous contrôlons l'Amérique et l'Amérique le sait » (propos cité par la radio Kol Israël).

C'est au reste à ce titre, en partie seulement (car l'Amérique est aussi protestante, maçonnique et elle aussi entichée du mythe millénariste de la « Nouvelle Jérusalem »), que l'Amérique du Nord est l'ennemi implacable de l'Europe.

Par ailleurs, même en Europe et, au vrai, partout dans le monde, surtout dans les démocraties, le Juif s'efforce par tous les moyens de conquérir une position dominante en compromettant toute velléité de faire retour à l'ordre. Ainsi en France :

– Le RPR et l'UDF ont prêté serment devant l'Ordre maçonnique juif des B'nai B'rith, de ne jamais s'allier au Front National (journal *Le Monde* du 26 mars 1986).

– « Y a-t-il des organisations qui cherchent à peser sur la vie politique de notre pays pour empêcher que la droite traditionnelle ne contracte des alliances avec l'extrême droite ? La réponse est oui » (Déclaration d'Yves Derai dans *Tribune juive* du 20 mars 1997).

De plus, **les Juifs se veulent consubstantiels à Dieu** :
– le 27 avril 2002, au centre catholique de la Baume-les-Aix, se déroula un colloque intitulé : « Tradition, Transmission, Filiation », organisé par le trimestriel *Conférence*. Alain Finkielkraut, invité, se fit remplacer par Jean-Marc Chouraqui, qui déclara que le peuple juif est le « **corps mystique de Dieu** ». Il se veut ainsi, tout en un, l'Église, le Christ (médiateur entre Dieu et l'homme), par là il se veut Dieu même en tant que « répandu et communiqué » (selon l'expression de Bossuet).

Et cette prétention inouïe, proprement folle, de se vouloir consubstantiel à Dieu, ainsi de se substituer à l'Église, arriverait à n'importe quel peuple si un tel peuple se mettait à adopter la position doctrinale du judaïsme. S'il n'y a pas pour les Juifs de médiateur divin (la relation entre Dieu et l'homme ne peut être inaugurée que par Dieu, qui est l'Absolu, par définition l'Irrélatif, car seul l'Absolu peut condescendre à se mettre en relation avec le monde fini sans cesser d'être transcendant) entre l'homme et Dieu, à savoir l'Homme-Dieu que précisément les Juifs prennent pour un imposteur, alors la relation à Dieu est immédiate, et tellement immédiate que le peuple lui-même, s'il est comme « programmé » surnaturellement pour s'unir à Dieu (et tel est bien le cas des Juifs qui sont chrétiens en puissance, déjà engagés mais de manière inachevée dans le processus de leur conversion sublimante à laquelle ils se refusent) s'en trouve monstrueusement déifié. C'est pourquoi le judaïsme, né avec la déchirure du voile du Temple (qui symbolisait, comme l'expliqua saint Ambroise, l'obsolescence du Saint des Saints), ne put, pour spécifier son refus de sa vocation chrétienne, qu'incorporer dans sa doctrine des éléments toujours plus importants de panthéisme et de gnosticisme. Quand on se croit divin, on a, pour le moins, une bonne opinion de soi-même. C'est pourquoi les Juifs se croient tous géniaux, et il est des chrétiens, même des catholiques dits « intégristes », assez masochistes, assez stupides, assez complexés pour le croire, alors que les Juifs sont à peu près d'une stérilité intellectuelle parfaite. Ils ne sont jamais à l'origine même des doctrines subversives dont ils se font fré-nétiquement le vecteur privilégié de diffusion. Pour montrer leur stérilité, on peut évoquer l'exemple d'Albert Einstein.

On impute aux Génies, à l'esprit génial des « Génialeux » — pour les louer ou pour les condamner —, l'invention du marxisme, de la psychanalyse et de la Relativité. En fait, Marx est tout entier dans un hégélianisme tronqué, dénaturé par le prophétisme athée du théologien matérialiste Feuerbach, et plus immédiatement dans les intuitions perverses d'Engels. On laisse volontiers la psychanalyse à Freud, encore que des passages entiers de *Psychologie collective et analyse du Moi* soient des resucées des formules de Gustave Le Bon[1]. Quant à la Relativité, elle ne sortit pas toute cuite de la tête géniale de ce « Génialeux » d'Einstein. Dans ses lettres, Albert parle de « notre travail », évoquant le souvenir de sa première femme qu'il avait engrossée avant de l'épouser (l'enfant mourut, elle abandonna ses études), et à laquelle il donna le montant de son prix Nobel obtenu par lui en 1921 (ils avaient divorcé en 1915). Excellente mathématicienne autant que physicienne émérite, Mileva Einstein, vulgaire goy d'Europe centrale, avait suivi les cours dispensés au « Polytechnicum » de Zurich, et son compagnon d'un moment, « Génialeux » non génial, sut beaucoup profiter de ses talents et de ses géniales intuitions. Le contrat de mariage entre Albert et Mileva est un chef-d'œuvre d'abjection : il stipule d'avance que toutes les découvertes de Mileva seront attribuées à Albert. En fait d'intuitions géniales, on considère dans certains milieux

---

[1] D'aucuns même n'hésitent pas à reconnaître dans Schopenhauer l'inspirateur discret de Freud. Dans *Le Monde comme volonté et représentation*, la sexualité est définie comme « le désir qui forme l'essence même de l'homme », et ce même ouvrage évoque, déjà en un sens psychanalytique, les notions de réminiscence (comme condition de la santé de l'esprit) et de refoulement. Ces thèses ne plaident pas en faveur du génie de Schopenhauer, mais elles prouvent que Freud, comme tous ses coreligionnaires, n'est qu'un plagiaire, autant dans l'ordre du mal que dans celui du bien.

bien informés que le véritable découvreur de la théorie de la Relativité est Henri Poincaré, mort en 1912. Dans une conférence tenue lors du premier congrès de mathématiques réuni à Zurich en 1896, il annonce : « L'espace absolu, le temps absolu, la géométrie euclidienne même, ne sont pas des conditions qui s'imposent à la mécanique. On pourrait énoncer les faits en les rapportant à un espace non euclidien. » Einstein, de l'aveu de son biographe et condisciple Maurice Solovine, avait lu *La Science et l'Hypothèse*, paru en 1902, avant donc 1905. On y trouve, sous la plume de Poincaré, la formule : « loi de la relativité ». Dans d'autres textes, il évoque la courbure de l'espace-temps, le « postulat de la Relativité », l'idée d'une quatrième dimension de l'espace, celle aussi de propagation de la gravitation à la vitesse de la lumière (et non instantanément)[2]. Bien entendu, la voix génialement écrasante des Génies « génialeux » donnés au monde pour sa rédemption étouffa vite le souvenir de l'impertinence « poincaresque ».

Contre l'idée stupide d'une dilection divine à leur égard, ou d'une supériorité naturelle, les Juifs réussissent socialement parce qu'ils savent imposer leur règle du jeu dans la compétition sociale. Les règles de sélection des élites dépendent de la finalité sociale que ces élites sont supposées servir. Les Juifs imposent leur règle du jeu en tant qu'ils cassent les hiérarchies traditionnelles, les avilissent, poussent les hommes à suivre leur mauvaise pente (démocratie, subjectivisme, etc.), la plus facile à suivre (et c'est pourquoi les Juifs sont toujours les plus forts), imposent aux hommes, avec l'infâme complicité de ces derniers,

---

[2] Récemment, le professeur Umberto Bartocci, de l'Université de Pérouse, a révélé que c'est un industriel italien originaire de Vicenza, Olinto De Pretto, qui le premier formula la célèbre équation « $E=mc^2$ », dans un article publié en 1903 par le magazine scientifique *Atte*. Michele Besso, Suisse d'origine italienne, aurait attiré l'attention d'Albert Einstein sur cette formule, dont on allait bientôt, à tort évidemment, lui attribuer la paternité (le « Grand Albert » l'utilisa en 1905).

les forçant à se prendre à leur propre jeu, ainsi les enfermant dans leurs propres mensonges, un système de valeurs qui avantage les Juifs : répandre l'idée que l'homme, que tout homme au fond, est le corps mystique de Dieu, ce qui est le point central de la doctrine maçonnique (cependant que les Juifs se veulent comme la conscience de soi de ce corps), avec tout ce qui en découle, toutes les modalités décadentes d'un paradis terrestre prévu pour la fin de l'histoire. Sur ce point d'une prétention à la déification de l'homme, les Juifs ont une longueur d'avance. Ils commandent aux hommes parce qu'ils leur communiquent l'esprit d'usure, de jouissance et d'orgueil. Mais, pas plus que les maçons, ils ne sont la cause première des décadences. Ils sont trop stériles pour inventer les doctrines perverses, ils se contentent d'amplifier le renoncement à eux-mêmes des peuples naturellement dominateurs et féconds, les peuples indo-européens. Quand cette communication, aux goïm, d'un esprit de pourriture dont les goïm sont les premiers responsables, sera bien consommée, les Juifs eux-mêmes seront balayés par plus corrupteur qu'eux. Il n'y a pas de « Pacte synarchique d'empire », d'« Agartha », de « supérieurs inconnus »… Ces mythologies réductrices et bien-pensantes relèvent de la désinformation, qui dispensent les bien-pensants de faire le procès de leur propre impéritie.

Le « génialisme », maladie honteuse assez contagieuse, n'est ni le fléau ni le sel de la terre. Il est le murmure orgueilleux, rageur et impuissant, issu des poubelles nauséabondes de l'histoire du Salut, qui se transforme en tintamarre assourdissant quand un monde, jadis resplendissant, envenimé par des poisons qu'il n'a laissé personne concocter à sa place, cesse d'être à l'écoute de sa propre mémoire.

§ 6. Tout en se croyant consubstantiel à Dieu, le Juif, non sans contradiction, et comme par une réminiscence de sa vraie vocation, n'en professe pas moins une doctrine du Salut. Mais il se veut être, pris comme peuple, l'immanence de Dieu dans l'histoire, le point de suture entre Dieu et le monde, un Christ, le Christ collectif voué à se substituer à celui des chrétiens. Et de même que le vrai Christ meurt et ressuscite sur la Croix du Golgotha, de même le peuple juif prétend mourir et ressusciter dans la chambre à gaz au nouveau Golgotha d'Auschwitz. Il était dans la logique du judaïsme de professer la religion de l'« Holocauste ».

Sur le site Internet de la *Pravda* en langue anglaise (texte reproduit par le journal *Rivarol* n° 2573 du 3 mai 2002 p. 9), on peut prendre connaissance de l'information suivante :

« Les dernières recherches conduites par des scientifiques de différents pays sur le génocide de masse envers les Juifs et le nombre véritable des victimes attestent de multiples et grossières exagérations et distorsions des événements réels », écrit Serguei Stefanov qui se réfère notamment à la conférence tenue récemment à Moscou sur ce thème, et cite sans le contredire « le chiffre avancé par les révisionnistes » : « Quelque 150 000 Juifs sont morts à Auschwitz (…). La raison principale d'une telle mortalité était les épidémies de typhus. » (…) « Naturellement il est impossible de résumer tout le problème en un seul article. Cependant, le fait que discuter des différentes versions de l'Holocauste soit illégal dans beaucoup de pays européens montre l'importance du sujet… L'État d'Israël naît sur la base du mythe de l'Holocauste car le monde n'aurait jamais permis à Israël d'exister sans ce mythe. »

§ 7. Prolongeons un peu ce trop bref article en rappelant que la constitution d'une pensée hostile au contenu du judaïsme ne saurait se réduire à des états d'âme ou à des slogans. Par passion bêtifiante, d'aucuns, pathologiquement enférocés, en viennent, après avoir réduit la judaïcité au statut de détermination raciale, à cristalliser leur antisémitisme dans l'affirmation, erronée on l'a vu, d'une impossibilité de rédemption chrétienne des Juifs. Ces mêmes personnes, par la même inclination, en viennent à haïr le christianisme en le définissant comme un rejeton du judaïsme, et à embrasser la thèse centrale du judaïsme (le concept contradictoire de peuple théologiquement élu en sa dimension biologique) en la transposant dans l'élément culturel des

Indo-européens : la race aryenne serait le peuple élu... Ce qui, on en conviendra, n'est guère judicieux ni cohérent. C'est même ne rien comprendre du tout. Dissipons ces méprises dans les deux paragraphes suivants.

§ 8. Tout d'abord, ce n'est pas le christianisme qui procède du judaïsme, c'est le judaïsme qui procède du christianisme. Cette proposition doit se comprendre en deux sens.

– Le judaïsme moderne est une religion qui est née du refus du christianisme, il y a deux mille ans ; elle a été fondée par Caïphe, lequel avait parfaitement compris (« mieux vaut qu'un seul homme meure plutôt que la communauté », disait-il pour inciter ses coreligionnaires à condamner Jésus) qu'il était dans la vocation (Caïphe la refusant) du judaïsme ancien de se supprimer avec l'apparition de ce qui était sa raison d'être (le christianisme) ; or ce qui naît d'un refus est postérieur à ce qu'il refuse.

– Même le judaïsme ancien procédait, en un autre sens, du christianisme. Ce qui est premier en intention est ultime en exécution. Ce qui est chronologiquement premier est second selon la causalité. Le christianisme, vérité du judaïsme, se fait provenir de ce dernier qui ne l'anticipe que parce qu'il lui est suspendu comme le moyen (provisoire) l'est à la fin (définitive). C'est d'abord la pensée païenne qui trouve dans le christianisme son accomplissement réel : la métaphysique de Platon et d'Aristote culmine dans l'affirmation du Dieu personnel, et du Dieu qui est Verbe. Les rabbins ne s'y trompent pas, qui désignent dans le christianisme une religion grecque. Et il est bien vrai que c'est dans les catégories de la pensée grecque que le catholicisme a trouvé l'instrument adéquat d'explicitation de ses dogmes. Et c'est la pensée néo-païenne, le paganisme actuel, non le catholicisme, qui renoue sans le savoir (et parfois en le sachant) avec le judaïsme, parce que, comme ce dernier, elle procède de la prétendue « Renaissance », toute pleine de la gnose et des enseignements kabbalistes des Orientaux chassés par la chute de

Constantinople au XVe siècle. Si le christianisme accomplit, comme nous l'affirmons, le meilleur de la pensée païenne, il était cependant logique que le principe surnaturel de cet accomplissement s'anticipât ailleurs que dans le paganisme des Grecs, parce que, la nature étant réellement distincte de la surnature, il était normal que l'opérateur historique de l'œuvre surnaturelle appartînt lui-même à un élément distinct de celui (gréco-latin) en lequel culminait le génie de l'ordre naturel. Il était logique que Dieu fît d'un peuple *artificiel*, et *étranger* à la magnificence de l'ordre naturel rassemblée dans le monde gréco-latin, l'instrument de Son Œuvre de rédemption, puisque cet instrument était voué à passer, comme tout instrument, et que précisément la beauté de l'ordre naturel n'était pas vouée à disparaître.

§ 9. Se faire racialiste (ce que l'hitlérisme ne fut jamais), c'est adopter une vision matérialiste du monde et de l'histoire. C'est se faire le complice objectif des marxistes, des scientistes hallucinés par le mythe du « progrès », des freudiens, et de l'hédonisme individualiste et capitaliste. C'est dénaturer l'ethno-différentialisme, le racisme bien compris, qui n'identifie pas les déterminations ou différences (légitimes et vouées à être préservées) à un déterminisme. Mais se faire racialiste, c'est aussi embrasser la thèse centrale du judaïsme par haine des Juifs, c'est leur rendre hommage : c'est faire l'aveu qu'on veut être Juif à la place des Juifs. Par l'examen des conséquences inattendues d'un tel engagement, on voit qu'il n'est qu'une manière de dissoudre efficacement le judaïsme, c'est de se faire chrétien. On voit aussi que les antijudaïsmes antichrétiens sont objectivement complices du judaïsme. Il convient aussi d'observer qu'adopter une position racialiste revient à alimenter la vie de ce qu'on prétend combattre : en se définissant par rapport à ce qu'on nie, on pose ce qu'on prétend supprimer, puisqu'on a besoin de le nier pour être soi-même, et de le poser pour le nier.

§ 10. Ce qui précède nous permet de conclure : les Juifs ne sont pas une race, et les Juifs convertis (vraiment convertis, car il est vrai qu'à ce sujet la plus grande prudence s'impose, si l'on repense au destin des marranes et d'un Lustiger) ne sont plus juifs. Ils deviennent même d'une grande lucidité à propos de la question juive, témoin le nombre impressionnant d'Inquisiteurs « *conversos* » dans l'Espagne d'Isabelle, et par là de très honorables défenseurs des nations chrétiennes et des valeurs occidentales. Et cela est au fond très heureux pour tout le monde, à tout le moins pour tous les hommes de bonne volonté, quelle que soit leur origine.

E

ENRICO CORRADINI

§ 1. Comme le fait observer Jacques Ploncard d'Assac (qui cite l'auteur de l'article « *Nazionalismo* » de l'*Enciclopedia Italiana*), le nationalitarisme est une idéologie sentimentale née avec les victoires de ce soldat de la Révolution que fut objectivement Napoléon Ier, dans le sillage duquel, sous le Second Empire et selon le principe dit des « nationalités » (droit des peuples à disposer d'eux-mêmes), au nom des valeurs libérales et démocratiques issues au fond de 1789, une telle idéologie s'est proclamée comme principe et substance des États de formation récente, telles l'Allemagne et l'Italie (avec le *Risorgimento*, ou « renaissance », de 1815 à 1870).

§ 2. Après le Traité de Vienne en 1815, qui dégageait l'Italie du « système familial » des Bonaparte par la centralisation et les modernisations administratives duquel la Péninsule s'était soustraite à la féodalité, l'Italie se retrouvait aussi morcelée qu'avant 1789, et le rétablissement de l'Ancien Régime, favorable à l'Autriche, réduisait l'Italie, selon le mot de Metternich, à une « expression géographique ». Le Carbonarisme, libéral et maçonnique, d'abord réprimé par les Autrichiens et les princes italiens, suscita avec Mazzini une vague de prise de conscience nationale dans les classes moyennes et populaires, au point que le pape Pie IX, suivi par le roi Charles-Albert (roi de Piémont), les souverains de Toscane et de Naples, s'apercevant qu'une telle prise de conscience pourrait bien n'être pas intrinsèquement liée au libéralisme démocratique qui l'avait inspirée, fut favorable à l'octroi d'une constitution en 1848. Bientôt Charles-Albert, soutenu par Garibaldi, prit la tête de l'armée d'Indépendance. L'entreprise fut écrasée par l'Autriche. Après son exil, Garibaldi se rallia à partir de 1854 à la Maison de Piémont (royauté constitutionnelle) et à Cavour, soutenus par Napoléon III. En 1870, après Sadowa (retour de la Vénétie aux Italiens) et la chute de Napoléon III, les patriotes italiens entrent dans Rome qui devient la capitale du royaume, et Pie IX se considère comme prisonnier. La « question romaine » reste en suspens jusqu'en 1929 (accords du Latran), et sera réglée, dans l'intérêt de l'Église et de la nation, par cette forme italienne de nationalisme que fut le fascisme. **Le nationalisme, sous ce rapport, est bien une** *réaction* **contre le nationalitarisme**, contre son individualisme libéral et antireligieux ; pourtant le nationalisme n'est pas un retour à l'Ancien Régime, à tout le moins à ses formes historiques obsolètes. C'est à Enrico Corradini, né le 20 juillet 1865 à Samminiatello que nous devons l'essentiel des idées qui deviendront, par les initiatives intellectuelles et politiques de Mussolini, le fascisme.

§ 3. Évidemment, l'inspiration individualiste de toute démocratie nationale (tel l'esprit du *Risorgimento*) fait que cette dernière a tôt fait d'être de moins en moins nationale et de plus en plus démocratique, au point d'en venir à se confondre avec l'universalisme démocratique destructeur des nations. Ce processus s'est vérifié historiquement, et il était conceptuellement prévisible. Aussitôt que l'individualisme essaie de se justifier, il dévoile le subjectivisme comme son inspiration secrète, lequel, réduisant la personne humaine à son petit Moi souverain ou à sa conscience vide, à sa liberté pure sans nature, exclut qu'aucun homme puisse jamais s'éprouver tel un héritier qui aurait des devoirs à l'égard de la réalité nationale au sein de laquelle — parce qu'elle l'informe — il accède en vérité à la conscience de soi. C'est alors que, insurgé contre toute détermination qu'il n'aurait pas choisie, le subjectiviste se débarrasse de la nation charnelle pour y substituer la république universelle des consciences : s'il n'est plus de principe dynastique ou national pour unifier les hommes en une communauté historique déterminée qui a vocation à se pérenniser en communauté de destin, il ne reste plus que le principe de l'unité des hommes au nom de ce qui leur reste de commun, ainsi au nom du fait qu'ils sont tous des consciences, des libertés, et c'est alors que l'individualisme moral, détachant les hommes les uns des autres, se transcrit politiquement, par un mouvement dialectique, en universalisme mondialiste. **La référence nationale, chez les libéraux, n'est nullement la substitution (comme le laissent entendre tendancieusement les monarchistes hostiles au principe national) de la réalité nationale à l'autorité dynastique (comme si la catégorie de nation était consubstantielle à l'idée démocratique). La référence nationale est seulement pour les libéraux le prétexte, vite abandonné, par lequel ils entendent se soustraire à l'autorité des rois, et plus généralement à toute forme d'autorité.**

§ 4. Ce qui peut être vérifié encore par le rapprochement de deux citations, expressif du même glissement en contexte français :

– « L'Assemblée nationale <constituante>, considérant que le droit d'aubaine est contraire aux principes de fraternité qui doivent lier tous les hommes, quels que soient leur pays et leur gouvernement ; que ce droit, établi dans des temps barbares doit être proscrit chez un peuple qui a fondé sa constitution sur les Droits de l'Homme et du Citoyen, et que la France doit ouvrir son sein à tous les peuples de la terre, en les invitant à jouir sous un gouvernement libre des droits sacrés et inviolables de l'humanité, a décrété et décrète ce qui suit : "le droit d'aubaine et celui de la détraction sont abolis pour toujours" » (Décret du 6 août 1790).

– « Quand la Marianne de nos mairies prendra le beau visage d'une jeune Française issue de l'immigration, ce jour-là, la France aura franchi un pas en faisant vivre pleinement les principes de la République » (Laurent Fabius, propos rapportés par le journal *Rivarol* du 30 mai 2003).

§ 5. Nous avons là la vérification expérimentale de la thèse qui précède (§ 3). Sieyès et Kant (après Rousseau) avaient défini l'État comme une simple agglomération volontaire d'individus atomiques décidant, par contrat, de vivre sous des lois communes. Le contrat n'est certes chez Kant qu'un idéal de la Raison pure, un concept rationnel nécessaire à quoi rien d'empirique ou d'historique ne correspond, un principe régulateur de la connaissance et non constitutif de cette dernière, destiné à unifier les connaissances (élaborées par la synthèse catégoriale — ou d'entendement — du divers de l'intuition sensible) en un tout systématique satisfaisant aux exigences transcendantales, ainsi subjectives, de la raison. Nonobstant son caractère idéal, le contrat n'en est pas moins pour Kant le principe de légitimation ultime de l'autorité politique. Dans la perspective, libérale, de Sieyès et de Kant, elle-même issue des Lumières et lointainement du nominalisme de certains théologiens (souvent volontaristes) du Moyen Âge, l'homme est au fond sa liberté ; sa nature est de n'en pas avoir, car une nature strictement singulière et qui plus est inconnaissable (thèse nominaliste) exclut que l'individu se puisse jamais penser telle l'individuation d'une nature commune à tous les hommes. Le nominalisme exclut qu'il y ait pour l'homme une essence paradigmatique à laquelle il reviendrait à la liberté ou à l'existence de se conformer, ce qui en vient à émanciper la liberté de toute norme, et par là à la définir comme l'opérateur de création de sa nature que chacun se donnera par ses actes.

§ 6. Afin de présenter la philosophie politique de Corradini, il nous suffira de reproduire l'excellente synthèse qu'en propose Jacques Ploncard d'Assac (aux pages 108 et 109 de son ouvrage) :

« *L'Idea Nazionale* (le journal de Corradini fondé en 1911) se proposait : 1) de rappeler les Italiens au sentiment et à la connaissance du génie de Rome et de l'Empire ; 2) de libérer la culture universitaire de l'imitation étrangère ; 3) de réveiller le sens et l'autorité de l'État en s'opposant à l'action désagrégatrice des partis et des classes et à l'individualisme chronique des Italiens ; 4) de relever le prestige de la Monarchie et de considérer l'Église comme l'Institut séculaire et glorieux de la vie religieuse nationale et internationale ; 5) de renforcer l'organisation militaire de l'État ; 6) de diriger toutes les énergies vers la conquête coloniale en Afrique pour en faire le terrain d'une émigration italienne non servile ; 7) de combattre dans le parlementarisme et la démocratie maçonnique la corruption et l'extrême décadence des institutions et des forces politiques héritières du *Risorgimento* ; 8) de combattre dans le socialisme la perversion de tout un peuple fait ennemi de la patrie et étranger et hostile à l'État ; 9) de combattre dans la démocratie parlementaire et maçonnique, comme dans le socialisme, deux internationalismes, l'un bourgeois, l'autre prolétarien, mais tous deux ennemis de la Nation ; 10) de considérer la politique étrangère comme la mission la plus importante de l'État ; 11) de promouvoir la solidarité de toutes les classes pour arriver à un plus grand bien-être collectif dans la lutte économique et politique entre les nations » (*Enciclopedia Italiana*, article « *Nazionalismo* »).

§ 7. Comme il est aisé de le constater, la doctrine de Corradini, en tant que nationalisme, récuse à la fois l'esprit maçonnique et l'esprit marxiste, l'individualisme libéral et la lutte des classes, l'athéisme et la démocratie. Elle prône l'unité organique de la Nation au service du bien commun. Elle développe le « *Führerprinzip* » : le « Grand homme », au sens hégélien du terme (que Corradini influencé par Nietzsche nomme le « Surhomme »), est la condition obligée à raison de laquelle l'esprit d'un peuple accède à la conscience de soi et se donne, dans le « Jules César, le créateur de l'Empire », la personnalité par laquelle il se confère le statut de cause efficiente de l'organicité de la Nation, de cette nation en laquelle il convient de reconnaître une « personne spirituelle », un « consentement de générations qui se succèdent pour une mission à accomplir à travers les siècles » (*L'Ombra della vita*). Mais cette mission est « obscure dans les multitudes, claire chez les chefs » (*ibid.*). La doctrine de Corradini, à toute distance de l'égalitarisme et de l'individualisme jacobins, voit très justement dans l'autorité domestique, par laquelle « chaque famille était une dynastie et la nation une société de rois », la préfiguration de l'autorité politique de l'État, lequel consiste dans « la nation organique et active ». Ce qui autorise à identifier en cette doctrine un **traditionalisme**, et une condamnation des principes de 1789 : « Il n'y eut plus de hiérarchie. D'un côté les individus, de l'autre l'humanité ; chaque idée, chaque principe devait courir les aléas de plébiscites selon l'accord ou le désaccord des intéressés » (cité par Ploncard d'Assac, page 112). « Ce qui manque avant tout aux Italiens, c'est la conscience du passé, de la Tradition nationale-romaine, parce que dans l'illusion de conquérir une plus grande liberté individuelle, ils ont détruit l'organisme spirituel qui lie les vivants aux morts et à ceux qui naîtront. On a fait de l'école un lieu d'instruction alors qu'elle était ou aurait dû être un lieu d'éducation » (*ibid.* p. 112). Par ailleurs, Corradini reprend la thèse hylémorphiste d'Aristote en ce qui concerne la distinction de la nation et de l'État : la nation est à l'État comme la puissance l'est à l'acte ou la matière à la forme. L'État, qui sera corporatiste, « doit être assez fort pour susciter, discipliner et conduire avec la plus grande vigueur les énergies productrices, mais sans intervenir dans la gestion des entreprises » (Ploncard d'Assac, p. 111).

§ 8. Corradini inventera aussi le concept fasciste de « nation prolétaire », pour caractériser la regrettable dépendance de son pays, économiquement et moralement, à l'égard des autres nations. C'est ce qui explique le caractère *impérialiste* du nationalisme de Corradini, et plus tard du fascisme. Alors que l'Angleterre et la France menaient concurremment une politique de conquêtes coloniales en cette « Afrique que les Italiens considéraient comme le prolongement historique et naturel de l'Empire romain » (Ploncard d'Assac, p. 106), l'Italie souffrait de cette plaie qu'est l'émigration, et avait besoin de débouchés coloniaux pour nourrir son peuple. De plus, les troupes du général italien Oreste Baratieri, gouverneur général de l'Érythrée, avaient été en 1896 vaincues à Adoua, en Éthiopie, par Ménélik II, ce qui exacerbait chez les nationalistes italiens cet esprit impérialiste (beaucoup moins développé en France) de revendications territoriales destinées à résoudre le problème démographique italien. C'est peut-être cette exacerbation qui explique, chez Corradini, la relation par trop accusée qu'il établit entre vocation nationale et vocation impériale de la communauté politique, et qui lui fait prendre des accents presque « schmittiens » (au vrai, il s'agit là d'une lecture réductrice de la pensée de Carl Schmitt) en lui faisant développer la thèse selon laquelle la cause première de l'éduction des nations serait non tant dans la volonté de leurs ressortissants que dans celles des étrangers, dans les agressions étrangères, comme si la nation avait besoin d'ennemis pour trouver le principe de son unité. Cette relation nous paraît par trop accusée car, outre qu'elle remet en cause l'organicité de la nation (le Tout est ontologiquement positionnel des parties qu'il rassemble, il a en lui-même le principe de son unité), elle en vient à plébisciter la thèse hobbésienne, ainsi libérale, selon laquelle la communauté internationale ne serait qu'un ensemble de Léviathans à jamais hostiles, au point que les nations ne seraient « que la consolidation d'un état de guerre permanent, des unes contre les autres » (Corradini, *L'Ombra della vita*). Dans cette conception du caractère supposé essentiellement polémique et tragique de la vie internationale, il subsiste, nous semble-t-il, quelque trace de romantisme, ainsi de libéralisme, ou encore de nietzschéisme, non adéquatement intégré et sublimé dans le classicisme du préfascisme corradinien. Dans *Le Gai Savoir* (§ 374), Nietzsche substitue, à la notion classique de recherche de la *vérité* objective (en laquelle il ne voit qu'un sous-produit de la recherche de Dieu menée par les « hallucinés des arrière-mondes »), celle de l'expression, en forme d'*interprétations* indépassables, de la Volonté de Puissance dionysiaque. Mais telle est, par le congédiement de toute vérité objective, la reviviscence du *subjectivisme* inspirateur des individualismes démocratiques puis socialistes que le fascisme entendait conjurer. Et de même, si le concert des nations est incapable de dégager, en droit, et du sein même de ses luttes intestines, un ordre mondial expressif d'un Bien commun universel, alors c'est la notion de bien commun qui est remise en cause dès le stade de la nation, puisque le propre du bien commun est que ce dernier est d'autant meilleur, c'est-à-dire d'autant plus lui-même, qu'il est plus commun. Tirant sa bonté de sa communauté même, il ne saurait exister comme principe d'une communauté limitée, s'il lui est interdit d'exister comme principe de la communauté universelle. De sorte que la prétention esthétisante à conférer à *toute nation, en tant même que nation,* une exigence d'impérialisme, en viendrait, par trop affirmée, à compromettre le nationalisme lui-même. Ce qui nous renvoie, comme nous l'avons développé dans l'article que nous avons déjà consacré à Maurras, au thème de la nécessité d'*un* empire, assumé par *une* nation, parachevant les nationalismes développés dans toutes les nations. De même que la personnalité de l'État n'est réelle que dans la personne du monarque lui-même intérieur au tout et assujetti à la primauté de ce tout (dans la forme du bien commun) dont le monarque est la conscience de soi, de même la forme étatique du bien commun universel et transnational n'est réelle que dans celle d'un État suzerain (impérial) lui-même intérieur au tout et assujetti à la primauté de ce tout mondial (dans la forme du bien commun universel) dont un tel État suzerain est la conscience de soi et l'incarnation historique. Il n'est pas question d'État mondial. Nous renvoyons à ce sujet à ce qui fut développé ici dans l'article consacré à Édouard Drumont, relativement au refus du mondialisme.

§ 9. Tout nationaliste doit beaucoup à Corradini, pour cette simple raison qu'il lui doit tous les thèmes qui seront ceux du fascisme, en lequel il est permis de discerner (historiquement mais non absolument parlant) la forme la plus cohérente de théorisation de l'élan nationaliste. Par ailleurs, le paradoxe d'une genèse du nationalisme, ainsi du principe national, à partir du nationalitarisme et en réaction contre lui qui pourtant faisait du principe national son drapeau, nous oblige à méditer quelque peu sur un problème philosophique fort délicat mais essentiel, classiquement nommé **problème de l'individuation**, appliqué à la réalité des peuples. Car c'est ce problème qui, métaphysiquement, gît sous celui de la légitimation du principe national : pourquoi ce principe de la vie sociale qu'est l'*unique* nature humaine exige-t-il de s'exercer dans la communauté humaine en se réfractant en une *pluralité* de nations ? Le lecteur voudra bien nous pardonner la technicité relative des développements qui suivent.

Nous avons observé plus haut (§ 5) que le nominalisme, racine philosophique du libéralisme et de l'individualisme, exclut l'existence d'une nature humaine paradigmatique vouée à exercer l'office de finalité pour la liberté qui se trouve, par là, émancipée de toute norme, qui se voit par conséquent revendiquer le statut — existentialiste — d'opérateur de création de sa nature. Le nominalisme fait l'aveu de son incohérence, si l'on remarque que les existants singuliers, supposés exclusifs de toute communauté ontologique réelle, ont pourtant réellement en commun d'être des singuliers, ou encore que, juger étant comparer, on ne peut apprécier la singularité de tel singulier qu'en le référant à l'idée — par définition universelle — de singulier. Si cette idée, immanente à l'esprit, ne représente rien de réel mais se réduit à un « *flatus vocis* » (thèse nominaliste), alors le jugement du nominaliste, suspendu à cette idée, ne signifie lui-même rien de réel : l'*idée* selon laquelle les idées ne sont que des mots pour désigner des individus qui se ressemblent, et non des natures fondatrices des individus eux-mêmes et de leurs comportements, n'est elle-même qu'un mot non du tout expressif de la réalité, mais seulement de notre manière de nous la représenter ; et si, en retour, le jugement du nominaliste dit la réalité telle qu'elle est, c'est que son idée de singularité, son principe universel de jugement, désigne lui-même quelque chose de réel dans le réel, à savoir précisément la propriété qu'a chaque essence réelle, commune à toutes les essences, de faire la singularité dans les singuliers (la forme fait la singularité du singulier en tant qu'elle confère l'existence à la matière, lui donnant par là son pouvoir d'individuation). Ce qui revient à reconnaître à chaque « nature-cause » le statut de principe ontologique à raison duquel les individus sont rassemblés en une même espèce logique ; Roscelin de Compiègne, Abélard, Guillaume d'Occam, Pierre Auriol, Durand de Saint-Pourçain, Nicolas d'Autrecourt, et leur descendance humienne, ne s'aperçoivent pas que l'idéal ne saurait se réduire au simple résultat d'une série d'expériences singulières, ou que l'idée ne saurait être élaborée seulement par comparaison (ou jugement) entre différentes données sensibles :

Il ne saurait en être ainsi puisque ce jugement comparatif présuppose la connaissance *a priori* de l'idée. Pour rassembler, afin d'en tirer une détermination commune capable de les subsumer, les images ou sensations dont l'idée est supposée n'être que l'édulcoration résiduelle ou la trace, il faut posséder cette idée préalablement : il faut savoir ce que l'on cherche pour chercher à le savoir ; pour chercher la justice dans les choses justes, il est nécessaire de posséder l'idée de justice permettant de rassembler des exemples de choses justes. La possession préalable, par l'esprit, de l'universel, est principe d'acquisition, par ce même esprit, des notions universelles élaborées à partir de l'expérience des singuliers. Mais les catégories et lois de la pensée sont celles du réel pensé, ce qui revient à dire que l'ordre des raisons de connaître est l'ordre des raisons d'être, sans quoi cette espèce d'être qu'est le connaître serait incapable d'être reconnue dans sa différence d'avec l'être dont elle est le connaître, et la question d'une hypothétique inadéquation entre la puissance intellectuelle de connaître (par idées universelles) et les réalités singulières ne se poserait même pas : si la singularité du singulier n'est pas la singularisation d'un universel (si le réel n'est pas réalisation de l'idée qui lui demeure de ce fait immanente), alors l'idée (toujours universelle) qu'a l'esprit du réel n'est pas expressive de ce qu'est le réel, et en particulier l'idée qu'il a de cet être qu'est sa connaissance n'est pas une authentique connaissance de cet être, et l'esprit, s'ignorant lui-même, se prive alors du droit de déclarer que sa connaissance universelle du réel n'est pas une connaissance de ce qu'il y a de réel dans le réel. Puis donc que l'ordre des raisons de connaître est l'ordre des raisons d'être, et que l'universel est principe de connaître, c'est que l'universel est aussi principe d'être : en abstrayant l'intelligible du sensible, on dégage, du sensible, son essence universelle, laquelle a raison de cause du singulier lui-même, plus réelle que la réalité dont elle est l'essence, et de ce fait l'idée ne saurait être réduite à un « *flatus vocis* ».

Au reste le nominaliste, comme le fait observer Hegel (§ 38 de l'*Encyclopédie des sciences philosophiques*), se contredit encore « *in actu exercito* », qui sans vergogne « utilise les catégories métaphysiques de matière, de forme, et en outre celles d'un, de multiple, d'universalité, d'infini aussi (…) et en tout cela ne sait pas qu'il contient et pratique ainsi en lui-même une métaphysique, et utilise ces catégories et leur liaison d'une manière totalement critique et inconsciente ». Le nominaliste conçoit faussement le rationnel pour le mieux réfuter ; « il donne la gale à l'infini pour pouvoir le gratter ». Aussitôt qu'il veut dire son nominalisme, le nominaliste n'est plus nominaliste, puisqu'il convoque, par l'acte de son dire, l'existence de l'universel, alors que le contenu de ce dire est la non-existence de l'universel.

§ 10. Reste à expliquer comment la nature ou essence universelle exerce sa causalité dans chaque singulier, ou encore à rendre raison de la manière dont cette nature se fait individuer.

Nous savons que la nature humaine des aristotélo-thomistes, la nature humaine définie dans une perspective nationaliste cohérente, la nature prise comme principe immanent de genèse, de devenir et d'opérations dans la personne humaine, est incarnée. En tant qu'universelle (d'une universalité de prédication et de causalité), elle exige que les diverses modalités de son incarnation ou individuation soient elles-mêmes plurielles (afin d'être plurifiantes ou particularisantes), mais en même temps capables chacune d'assumer une certaine forme de généralité (inférieure à celle de la nature elle-même). Car s'il existait un mode d'individuation capable de singulariser la nature en un seul acte, ainsi sans la contracter selon des paliers particularisants progressifs et communs à tous les processus d'individuation de la même nature, alors cette nature, comme dans l'ange (qui, selon les principes du thomisme, est son espèce), serait capable non seulement de s'exprimer *tout entière* en un seul individu, mais elle s'y exprimerait *totalement* : si le principe individuant d'une espèce était lui-même ineffable et singulier, il ne serait plus le *principe* d'être d'*un* être, il serait lui-même *un* être, car il n'appartient qu'à un être singulier existant d'être individuel. Mais alors un tel principe d'être *un* être se confondrait avec l'être dont il est le principe, et le principe formel de cet être serait individué par lui-même, à la manière de l'ange qui précisément est son espèce, de telle sorte qu'un tel être épuiserait en sa singularité tous les modes d'individuation de l'espèce. Or l'homme, par nature animal politique, n'est vraiment homme qu'avec d'autres hommes. Donc la nature humaine exclut de s'épuiser tout entière et totalement en un seul homme. Mais on vient de voir qu'une réalité dont l'essence s'exprime en elle tout entière sans s'y exprimer totalement est une réalité dont l'essence s'individue en elle selon des degrés intermédiaires dotés chacun d'une certaine universalité. Il en résulte que la nature humaine exclut de se singulariser, en chaque homme, autrement que par la médiation de déterminations en forme de *types* qui, quoiqu'inférieurs à l'universalité spécifique, sont dotés d'une certaine généralité qui induit, en tous les hommes participant ce type, une communauté de culture et de destin politique que nous nommons *nation*. Et si l'homme est sa liberté, il exclut toute communauté de destin qui, par définition, norme et finalise la liberté. C'est pourquoi le libéralisme philosophique inspirateur du principe des nationalités se consomme lui-même tôt ou tard en refus des nations, ainsi en mondialisme : est français celui qui décide d'adopter la philosophie des « Droits de l'Homme », lesquels ne sont que l'inventaire des modalités, pour des libertés pures, de tenter de coexister. C'est bien « en réaction contre un tel processus de décadence politique et comme antidote aux partis (libéraux) » que surgit le nationalisme, lequel « fut un mouvement commun à toute l'Europe en même temps qu'un mouvement et une doctrine de chaque nation particulière avec des caractères communs et des caractères particuliers correspondant au génie et à la tradition historique des différents peuples » (*Enciclopedia Italiana*, article « *Nazionalismo* »).

Revenons, pour la confirmer en prévenant diverses objections, sur la démonstration qui vient d'être menée dans le paragraphe 10. L'enjeu philosophique est grave. Il est question d'établir que les nations sont dans le vœu de la nature humaine, et qu'à ce titre elles ne sont pas des modes historiques contingents d'organisation de la communauté humaine.

§ 11.1. Si l'on fait du principe d'individuation quelque chose d'ineffable, ainsi quelque chose qui serait déjà par soi individuel, il faut se demander à raison de quoi il est déjà individuel, et l'on est renvoyé à l'infini ; en vérité, la matière est individuante, mais c'est la forme qui lui donne de l'être (car la matière est pure puissance), en tant qu'elle se fait, selon un processus ayant forme de réflexion, provenir de ce à quoi elle donne d'exister. La forme s'identifie réflexivement à elle-même à partir de la particularité (ainsi la non-individualité) de ce dans quoi elle s'anticipe et dont elle se différencie, et c'est cet acte même d'identification à soi qui la fait singulière. L'individu dont l'espèce s'intronise identification à soi réflexive est en quelque sorte *toute son espèce*, puisqu'il a dans lui-même sa différence d'avec

soi : il est le résultat — qui coïncide avec l'espèce même entendue comme l'origine du processus — d'une victoire sur tout ce
qui n'est pas lui et qu'il contient sur le mode de l'être en puissance ; mais il n'est pas *totalement cette espèce* puisqu'il est incapable de se poser lui-même tel le sujet radical de sa différenciation intestine, ou encore de s'approprier, par ses opérations, les
différences à lui intérieures dont il n'est que le résultat (forme
individuée ou substance), de telle sorte que ces différences assumées par lui ne lui appartiennent pas en propre de manière
exclusive et peuvent être assumées par un autre. Les principes
individuants de la forme ne sont jamais individuants *de soi*, puisqu'ils peuvent être les mêmes principes individuants d'une autre
substance, comme dans le phénomène de la gémellité. Les principes individuants de la forme sont dits individuants en ce qu'ils
donnent à la forme de s'individuer par leur médiation obligée.
La nature (ou forme) se fait déterminer par les degrés d'être
inférieurs à elle qu'elle assume en les dépassant, puisqu'elle se
fait provenir de ce en quoi elle *s'anticipe*. Mais le propre d'un
degré d'être est d'appartenir à l'ordre formel, à un ordre partici-
pable par d'autres êtres. **Ainsi, lorsqu'une espèce se réalise en
plusieurs individus, elle les répartit nécessairement en sous-
espèces.** Et c'est bien ce que l'on peut constater dans les règnes
animal et végétal : D.C. Darvis, dans *Ces vieux remèdes qui gué-
rissent* (Robert Laffont, 1976) rappelle que les hommes ont
emprunté aux animaux sauvages, pendant des millénaires, leurs
connaissances. Les canards de barbarie (noirs et blancs) diffè-
rent des canards communs (col vert), les groupes coexistaient
sans se mêler, sauf quand un mâle était privé de femelle de son
espèce, ce qui donnait le mulard, stérile. Il en est de même pour
les oies de Toulouse et les oies à rostre dites de Guinée ; pour le
bardot (cheval et ânesse) et le mulet (jument et âne) ; pour le
zèbre de Grévy (le plus grand, qui braie comme un âne), le zèbre
des steppes (dit zèbre de Grant, au ventre rayé et qui aboie), le
zèbre des montagnes (qui ressemble à un poney et qui hennit) ;
pour les manchots de l'Antarctique, les manchots empereurs, les

manchots à casoar, les manchots dorés : ils se côtoient sans se mêler depuis des millénaires.

De plus, parce que l'homme est libre et doté de raison, il est invité — sinon à poser radicalement — à tout le moins à coopérer à la position, en leur manière spirituelle — ainsi culturelle — d'exister, de ces sous-espèces. Ce qui politiquement se transcrit en et comme le désir d'existence nationale. Et l'essence se fait individuelle, ou se pose comme cette substance-ci, en dépit du caractère non individuant *de soi* de ses principes individuants, en tant qu'elle s'identifie réflexivement à soi dans un acte qui n'est pas numériquement identique à l'acte par lequel elle pose cette substance-là selon une identification réflexive à soi qui peut être qualitativement la même, c'est-à-dire user de déterminations individuantes même strictement identiques (dans le cas des jumeaux). Tel individu est l'espèce tout entière mais non totalement réalisée en lui. Tel autre individu de même espèce est cette même espèce tout entière et non totalement réalisée en lui. Ce qui les fait existentiellement différer l'un de l'autre, ce n'est évidemment pas l'espèce (qui leur est commune), ce ne sont même pas nécessairement les diversités de principes individuants, c'est la réitération, numériquement différentielle, du processus d'identification à soi réflexive de l'essence, laquelle, conservant la mémoire de la manière dont elle s'est déjà concrétisée, choisira de se réaliser en faisant différer — fût-ce imperceptiblement — ses principes individuants à l'origine identiques. La forme spécifique s'anticipe — ainsi se renie — dans la matière qu'elle nie (parce que la matière a raison de privation) en tant qu'elle l'actualise : elle s'identifie réflexivement à soi dans un processus qui a la structure d'une négation de négation ; le terme de ce processus est le singulier concret existant, et à ce titre même il est l'universel de départ : la singularité du singulier, c'est l'universel (l'espèce, qui *unifie* les individus *parce qu'elle est universelle*, ainsi qui donne son unité ou singularité à chacun parce qu'elle les unifie tous en elle) lui-même en tant qu'il se réfléchit sur soi ; mais l'universel inclusif de sa différence d'avec soi, ainsi de son altérité à soi, a raison de totalité, et la totalité est l'unité de l'unité et de la pluralité (ou *particularité*) ; donc l'universel concret de l'espèce, qu'est l'individu (qui cependant n'est pas totalement son espèce, ne l'étant que tout entière), c'est l'universel en tant qu'il se réfléchit par la médiation d'une détermination *particularisante*. De sorte que le principe d'individuation est, tout en un, l'unité de l'universel (pris comme unité) et du particulier. **Parce que le singulier *est* l'universel en tant que réfléchi, l'effort par quoi l'espèce tend à se concrétiser en s'individuant, ainsi en se singularisant, *est* l'effort par quoi elle aspire à se rapprocher au mieux d'un impossible mode d'exister qui serait celui de l'espèce subsistante, et c'est pourquoi ce processus d'individuation passe nécessairement par des degrés de perfection infra-spécifiques mais dotés d'une portée normative, et tels sont les types ou races intérieurs à chaque espèce.** On peut remarquer plus simplement que l'essence, individuée en substance, s'actualise en accidents qui, en tant qu'ils perfectionnent une substance hantée par le désir de réaliser son essence, sont autant de retours inchoatifs en direction de l'essence, et à ce titre, comme autant de différences qui tendent à s'unifier sans parvenir à se fondre dans l'identité dont elles procèdent, définissent des *types* d'être intérieurs à l'espèce néanmoins dotés, en tant que particuliers — c'est-à-dire en tant qu'expressions *actuel*les, ainsi *formelles*, de l'espèce individuée qu'est l'essence — d'une valeur normative.

§ 11.2. En termes techniquement plus hégéliens, nous résumerons la démonstration précédente comme suit :

Être un individu, c'est être un être doté d'une identité exclusive (ou différente) de celle de tous les autres individus. Mais l'identité exclusive de la différence est différente de la différence, et ainsi elle n'est pas l'identité. Elle n'est concrètement identité que comme identité de l'identité et de la différence, par là identification à soi à partir de sa différence intestine d'avec soi. Si donc l'individualité est le fait d'une identité exclusive de toutes les autres, elle en est tout autant inclusive. Ce qui est possible sans nulle contradiction si l'on s'aperçoit que tous les individus, de même essence ou non, sont autant de résultats d'identification à soi réflexive de leurs essences respectives, et qu'en tout processus d'idcntification à soi réflexive l'universel se fait provenir, en s'y singularisant, de ce dans en quoi il s'anticipe. Ainsi, pour expliquer que l'individu soit à la fois inclusif et exclusif de tous les autres, et n'en soit exclusif que parce qu'il en est inclusif, il suffit de remarquer que chaque individu est positionnellement identique à tous les autres dans le moment commun à tous (pure puissance qui est, de soi, une modalité du néant) de réflexion (ou d'anticipation) de leurs essences respectives, et qu'il se différencie de tous les autres par son moment (négation de soi du néant) d'identification à soi. Mais l'éduction, à partir du néant et de la matière, de la forme s'individuant ou s'identifiant à soi à partir de sa différence d'avec soi, passe par des degrés formels à elle inférieurs qu'elle réalise et annihile dans le même acte, ainsi qu'elle assume en se faisant affecter par leurs réalisations particularisantes (ainsi non identiques dans tous les êtres de même espèce, quoique communes à plusieurs individus) qu'elle supprime (saint Thomas dirait que l'âme animale se fait précéder par l'âme végétative qu'elle supprime en l'assumant, et l'âme rationnelle par l'âme animale qu'elle supprime en l'assumant). Et si tous les individus de même espèce ou essence, sont autant de résultats de processus d'individuation assumant les mêmes degrés inférieurs de perfection formelle diversement actualisés, alors, nécessairement, à ces moments intérieurs d'individuation correspondent, spatialement, autant de types ou sous-espèces d'individus de même espèce.

§ 11.3. Mais alors, dira-t-on, si les principes dits d'individuation appartiennent tous à quelque ordre formel, ainsi doté d'une certaine généralité qui exclut qu'ils soient individuants de soi, d'où vient qu'ils soient la médiation *obligée* de l'acte par lequel l'essence s'individue ?

S'il existait un principe d'individuation capable d'individuer l'essence humaine, tout entière et totalement, en un seul individu, alors cet individu serait le genre humain à lui tout seul. De ce que la chose est impossible, il résulte que l'essence s'individue en chaque homme en ce sens qu'elle y est présente tout entière et non totalement, se réservant des modalités de présence différentes en d'autres individus. Mais le processus à raison duquel l'universel s'individualise doit assumer un moment de *particularité*, ainsi des déterminations qui, quoique moins universelles que celles de la nature humaine, sont tout de même communes à un certain nombre d'hommes, autrement, le mode de chaque processus individuant étant supposé incommensurable à tous les autres non seulement dans son terme (l'individu) mais encore dans ses moments, alors les individus participant d'une même nature communieraient dans la même espèce mais non point dans le même genre, ce qui est absurde. En effet, le genre est *intérieur* à l'espèce ; si le genre englobe l'espèce dans l'ordre de l'extension (l'homme et le singe appartiennent au genre animal), en revanche *l'espèce englobe le genre dans l'ordre de la compréhension* (laquelle est raison de l'extension) : l'homme (espèce) est bien dit animal (genre) raisonnable (différence spécifique) ; ce qui revient à dire que la raison (différence spécifique) s'anticipe dans l'animalité générique pour s'en faire procéder tel cet homme substantiel : la raison (différence spécifique) s'anticipe dans l'animalité (genre) pour s'en faire surgir comme tel homme ; et cela illustre au passage que la forme syllogise de la raison, ou chemin qu'emprunte la raison pour savoir ce qui est, est identique au chemin qu'emprunte l'idée des choses pour être la réalité. Et si, dans l'ordre de l'extension, le genre est d'une plus grande universalité logique que l'espèce, en retour, dans l'ordre de la compréhension, le genre désigne une universalité ontologique (ou de causalité) plus faible que celle de l'espèce : l'animalité se dit bien du singe et de l'homme, son extension est plus grande que celle de l'espèce humaine, mais l'animalité en chaque homme n'est qu'une modalité, suspendue à la causalité de l'espèce, du processus d'individuation de la nature humaine

en tel homme. Pour que la nature soit tout entière et non totalement en chaque individu de même espèce, il faut que le principe
individuant de cette nature soit un mode *particulier* — ainsi non
universel — de concrétisation de cette nature (car s'il était principe universel d'individuation, il donnerait à l'individu d'être
son espèce) ; un tel principe particulier d'individuation doit par
là être non exclusif d'autres modes mais, en retour, en tant qu'il
est particulier, il n'est pas singulier (car un principe singulier
d'individuation, comme nous l'avons vu plus haut dans le paragraphe 10, n'est pas du tout un principe d'individuation, puisqu'il est un individu), et par là il détermine une pluralité d'individus d'une même sous-espèce. Le principe d'individuation de
l'essence exige donc, comme nous l'avons dit, que les individus
communient, non seulement dans l'espèce ou nature commune,
mais encore dans des *types* infra-spécifiques actualisés et expri-
més biologiquement par les races, et manifestés historiquement
par les cultures, ce qui induit politiquement des *nations.*

§ 12. Concluons.

Les nations, comme on vient de le voir, sont dans l'« *intentio
naturae* ». Mais le nationalitarisme est contre nature, puisqu'il
répute par son individualisme (source de son libéralisme)
l'homme non naturellement animal politique. Et pourtant le
nationalitarisme fut l'instrument à raison duquel l'ère des
nations put se frayer une voie en s'émancipant des modes
dynastiques d'organisation des peuples d'Europe. Au vrai, le
nationalitarisme ne fut que par accident l'accoucheur des
nations, car sa logique était, comme on l'a vu (§ 5), de les
détruire aussitôt que parvenues à l'existence. Et il eût été préférable que les dépositaires monarchistes et princiers des autorités
d'Ancien Régime en fussent venus à comprendre d'eux-mêmes
la nécessité de se réformer et de réformer leur régime, afin de
prévenir l'insurrection libérale que leurs crispations ne pouvaient pas ne pas susciter. Antoine de Rivarol, qu'on ne saurait

soupçonner d'avoir jamais intentionnellement nourri des sym-
pathies révolutionnaires, disait lui-même que la Révolution était
trop nécessaire pour que les tenants de l'Ancien Régime et de
ses valeurs essentielles pussent se dispenser de la faire eux-
mêmes, car en ne la faisant pas, ils en laissaient l'initiative aux
tenants de valeurs erronées, c'est-à-dire à des hommes qui, en
débarrassant la royauté de ce qu'elle avait d'historiquement
obsolète et de doctrinalement inachevé, se débarrasseraient de
la royauté et de principes moraux et religieux les plus légitimes.
Et c'est bien ce qui s'est passé, en France comme en Italie. Aussi
ne pouvons-nous cautionner les propos suivants de Corradini
réclamant en 1915, avec tous les « interventistes », « une guerre
nationale, continuatrice de celle qui nous a donné la liberté et
l'unité, une seule guerre populaire reprise avec la même religion
de Giuseppe Mazzini et avec la même épée que Giuseppe
Garibaldi ». Il reste que la pensée de Corradini, continuée par
celle de Mussolini, est foncièrement, ou doctrinalement, en tant
même que nationalisme, à la fois un classicisme et un traditionalisme, en dépit des ancêtres douteux dont il lui arriva de
revendiquer la paternité. Contre l'aigreur et les procès d'intention des monarchistes antinationalistes, il faut dire que le nationalisme n'a combattu les monarchies que parce qu'elles étaient
elles-mêmes infidèles aux injonctions des valeurs qu'elles
étaient supposées promouvoir en les développant, ainsi infidèles
à leur propre essence par fixation passionnelle et romantique sur
certains caractères accidentels périmés de leurs institutions historiques. Les dynasties, certes, ont fait les nations. Mais il ne
faut pas confondre les caractères contingents du processus de
genèse d'une réalité avec les caractères de cette même réalité en
tant qu'elle est parvenue, sous l'injonction de son essence, à sa
maturité qui rend manifeste cette essence. L'essence du régime
monarchique, exprimée dans son souci du bien commun, est la
promotion d'une conception organique et nationale de la
société, qui fait que la dynastie et le roi sont eux-mêmes des
fonctions du tout, subordonnées à lui. Et cela est vrai nonobstant le fait que le processus historique d'éduction des nations fut

mené par les trônes et les dynasties. C'est cela que l'Ancien Régime n'a su ni comprendre ni favoriser. Il n'est par là pas étonnant que les tenants actuels du légitimisme royaliste, par haine du nationalisme, se retrouvent objectivement, non toujours mais souvent, depuis bientôt un siècle et en dépit de leurs dénégations réactionnaires, du côté des « antifascistes », et pour cette raison du côté des principaux acteurs de la Subversion. Toute réaction n'est pas réactionnaire. Et même, il n'est de véritable réaction, de réaction véritablement effective et féconde, que révolutionnaire.

F

BENITO MUSSOLINI, DUCE DU FASCISME

§ 1. Il existe trois fascismes, ou trois moments d'un même fascisme. Celui de la Marche sur Rome, celui de la Diarchie, celui de la République de Salo. Benito Mussolini est né le 29 juillet 1883, d'un père socialiste et d'une mère catholique fervente. Selon certains, c'est Vilfredo Pareto, machiavélien, qui lui donna les moyens conceptuels de passer du socialisme internationaliste au fascisme nationaliste. Ploncard d'Assac y voit une sorte d'empirisme organisateur, ce qui est peut-être à nuancer, comme on le verra. Mussolini a beaucoup lu : Marx, Nietzsche, Georges Sorel, Schopenhauer, Machiavel, mais aussi Kautsky, Kropotkine, Max Stirner, autant d'auteurs que lui fait connaître une maîtresse ukrainienne d'origine juive, Angelica Balabanoff. Dès 1914, lorsqu'il lance son *Popolo d'Italia*, son socialisme est déjà nationaliste. Au rebours de Lénine qui escomptait de la défaite militaire de la Russie la victoire du socialisme, c'est de la victoire de l'Italie qu'il escompte l'avènement de la Révolution. Il attend de la guerre qu'elle engendre « une nouvelle aristocratie révolutionnaire » (expression de 1915, lors de la fondation des premiers « Faisceaux d'Action », qui signent l'abandon du concept marxiste de lutte des classes et annoncent dans l'État le principe de leur réconciliation) en développant les vertus d'abnégation et de courage propres aux combattants. Le fascisme est un nationalisme, en ce que, à l'opposé du nationalitarisme ou principe des nationalités qui prétend créer la nation, il entend réformer la nation déjà existante mais mal consciente d'elle-même et devenue décadente sous l'effet corrupteur de mouvements et d'idées qu'elle n'avait pas su combattre du fait même de son incapacité passée à accéder à la conscience de soi : « [le fascisme] est né d'un profond, d'un perpétuel besoin de notre race aryenne et méditerranéenne, qui, à un moment donné, s'est sentie menacée dans l'essence de son existence par une tragique folie, par une folie mythique » (Mussolini, en 1921 ; cité par Ploncard d'Assac, page 123). Le nationalisme de Mussolini se réfère à la tradition de l'Empire romain, et déborde de beaucoup, en en changeant intrinsè-quement l'inspiration nationalitaire et libérale, le cadre de la défense de la monarchie italienne menée cinquante ans aupara-vant par Garibaldi. L'État fasciste, de ce fait, sera pensé comme l'instrument d'une vocation impériale.

§ 2. La guerre développera le sentiment nationaliste dans le peuple italien, mais le compromis de la conférence de Londres (qui abandonnait la Dalmatie aux Slaves) décevra les « interven-tistes » qui, dégoûtés tant par l'esprit d'abandon de la bourgeoi-sie que par la solution léniniste qu'offraient les socialistes pour leur pays, entendirent, en tant que fascistes, continuer la guerre d'une autre façon, c'est-à-dire faire servir la dynamique guer-rière éveillée par les luttes irrédentistes au profit — politique — d'une révolution nationale : « celle d'une révolution contre la bourgeoisie parasitaire, sceptique et neutraliste, contre la monarchie qui était jugée comme germanophile et liée à la Triple Alliance, contre les Empires centraux, comme représen-tants de l'autocratie » (Gioacchino Volpe, *Histoire du mouve-ment fasciste*). C'est dans ce contexte que prend place l'affaire de Fiume en 1919, déclenchée par d'Annunzio rejoint par les fais-ceaux. Et Ploncard d'Assac, qui rapporte la formule de Volpe, d'ajouter : « Il y a un certain jacobinisme incontestable dans ce mouvement. » La chose est indéniable si l'on tient compte du « risorgimentisme » résiduel des prémisses du fascisme, mais ce dernier devenu conscient de lui-même reniera, en dépit de sa fâcheuse décision d'instaurer un calendrier fasciste rivalisant de fait avec le calendrier chrétien, les origines libérales qui

n'avaient été qu'autant de causes accidentelles de sa genèse :
« (…) le fascisme est contraire à toutes les abstractions indivi-
dualistes, à base matérialiste, genre XIXᵉ siècle ; c'est pourquoi
aussi il est contraire à toutes les utopies et à toutes les innova-
tions jacobines » (Mussolini, *La Doctrine du fascisme* I-6, Paris,
Éd. du Trident, 1987). Et de même : « Nous représentons un
principe nouveau dans le monde, nous représentons l'antithèse
nette, catégorique, définitive de la démocratie, de la ploutocra-
tie, de la maçonnerie, en un mot, de tout le monde des immor-
tels principes de 1789 » (*ibid.* p. 63, Mussolini, *Pour l'installation
du nouveau Directoire national du Parti*, 7 avril 1926 ; dans *Scritti
e Discorsi*, vol. V, Milan, Hoepli, 1934, p. 307). Par ailleurs,
l'antigermanisme des nationalistes italiens ne doit pas être interprété comme une haine de la germanité en tant que telle, mais
comme un réflexe nationaliste de rejet de la sujétion à l'égard de
la politique antinationale de l'Autriche.

§ 3. D'aucuns, quand d'autres parlent d'empirisme organisateur à son sujet, ont beaucoup glosé sur le « romantisme » fasciste. Et il est vrai que le premier fascisme, vouant un véritable
culte à la « volonté humaine active et consciente » (Mussolini),
fut plus animé par le sentiment que par la raison, mais cela vient
du fait qu'il est rationnel que la raison s'anticipe dans le sentiment. Et plutôt que d'empirisme, nous préférerons parler de
non-constructivisme. Plutôt que de romantisme, nous évoquerons volontiers un élan passionnel en quête du classicisme en
lequel se cherchait là le génie de la latinité qui, loin d'abhorrer
l'esprit germanique, sait se faire féconder par lui, afin d'attester
la profondeur bouillonnante dont le calme sens de la mesure et
de l'harmonie, qui définit la latinité, se révèle la sublimation.
Car il nous semble que l'inspiration profonde du fascisme, préfiguré dans les intuitions d'Enrico Corradini, est d'abord de type
idéaliste, et plus précisément de cet idéalisme *hégélien* qui est un
réalisme autant qu'un idéalisme, en ce qu'il tient infiniment plus
de l'idéalisme platonicien (seule l'Idée est « réellement réelle »)
et de l'organicisme aristotélicien (le Tout est ontologiquement

antérieur à ses parties qu'il pose comme autant de moments de son propre avènement) que de l'idéalisme subjectif de Kant et de son contractualisme individualiste. L'hégélianisme est l'identité concrète, par la médiation du néo-platonisme proclien, de l'aristotélisme et du platonisme ; tout son tort, qui exigerait qu'il fût repensé (en direction d'une *philosophie* thomiste distinguant plus adéquatement entre nature et surnature que ne le fit le génie *théologique* de l'Aquinate), est d'avoir été développé en climat luthérien. Pour Hegel, l'Idée du réel, créatrice de ce dernier, est l'identité concrète, en forme de Sujet ou Cogito divin, de l'Un et du Tout, et la négativité du logique (lequel est substance de l'Idée) est immanente à la réalité mondaine, ce qui induit une conception du politique faisant de l'État-Sujet (ou du Tout se posant comme personne en et comme le monarque qui en est la conscience de soi) un « *divin terrestre* ». C'est seulement au sens où un saint Thomas définissait le bien commun plus « divin » que le bien particulier, qu'il convient ici de prendre le mot « divin », car dans l'expression hégélienne, c'est le mot « terrestre » qui est le plus important. Si la contingence temporelle et spatiale n'a d'être que par l'Absolu dans le sillage duquel elle est placée, il est rationnel qu'elle tende à lui ressembler, et qu'ainsi elle tende à faire système, puisque, aussi bien, l'Absolu, comme identité concrète — en forme de Moi — de l'Un et du Tout, comme sublimation du divers et de la différence qu'il assume en tant qu'identité de l'identité et de la différence, est lui-même et d'abord Système (trinitaire), le Sujet du processus en et par lequel il se constitue comme Sujet, le résultat de sa propre et intemporelle activité, ainsi ce qui se pose soi-même et repose sur soi-même. S'il est vrai que la contingence spatio-temporelle tend à conjurer le non-être dont elle est grevée par son effort inchoatif de se rédempter dans l'esprit humain qui la sublime en tant qu'il en assume tous les degrés (minéral, végétal et animal), alors c'est en lui qu'elle se rassemble au mieux et s'efforce à se conférer la forme systématique définitionnelle de l'être subsistant, de l'être qui n'est tel que dans son adéquation à son concept, de l'être qui n'est vraiment tel qu'en tant qu'il est esprit. Mais l'individu humain n'est pas, en tant qu'individu, sa nature ou son concept : l'humanité est tout entière en chaque homme, chaque homme porte en lui la marque entière de l'humaine condition (Montaigne), mais elle n'y est pas totalement (elle se réalise en d'autres hommes de manière chaque fois unique) ; cela dit, en tant qu'elle est tout entière en lui, elle se veut en lui et l'invite à s'excéder en tant qu'individu pour faire se réaliser au mieux toutes les potentialités de sa nature. Cela se produit chronologiquement dans l'engendrement de petits d'hommes (éternité spécifique). Cela se produit synchroniquement dans la genèse de la Cité : Moi collectif, unique forme possible par laquelle la nature humaine accomplit son vœu de réalisation de soi *tout entière et totalement* en une même entité analogiquement personnelle, laquelle est l'État. Ainsi est-ce dans l'État que l'homme réalise son concept, dans cet État rationnel de type hégélien, mais débarrassé du libéralisme résiduel dont le luthérianisme et les relents gnostico-panthéistes (Jacob Boehme) sont la cause, et dont Hegel n'était pas parvenu à s'émanciper. Mais tel est **l'État fasciste** :

§ 3.1. « Pour le fascisme, le monde n'est pas ce monde matériel qui apparaît à la surface, où l'homme est un individu isolé de tous les autres, existant en soi, et gouverné par une loi naturelle qui, instinctivement, le pousse à vivre une vie de plaisir égoïste et momentané » (*Doctrine du fascisme, op. cit.* p. 10).

§ 3.2. « Le fascisme est une conception historique, dans laquelle l'homme n'est ce qu'il est, qu'en fonction du processus spirituel auquel il concourt, dans le groupe familial et social, dans la nation, et dans l'histoire à laquelle toutes les nations collaborent » (*id.* p. 13 et 14).

§ 3.3. « Anti-individualiste, la conception fasciste est pour l'État, et elle est pour l'individu, en tant que celui-ci s'harmonise avec l'État, conscience et volonté universelle de l'homme dans son existence historique » (*id.* p. 15).

On notera au passage que c'est dans l'unique mesure où le politique se confère la forme hiérarchique d'un Moi collectif qu'il est possible à chaque homme de se *reconnaître* en lui, de l'aimer tel le meilleur et l'*essentiel* de lui-même, ainsi de l'aimer tel un bien auquel il se veut rapporté, par là de l'aimer tel un *bien commun*. Le fascisme, sous ce rapport, est la doctrine qui exprime au mieux, le concrétisant le plus radicalement, le souci rationnel du bien commun entendu comme raison du bien propre.

§ 3.4. Le fascisme veut bien même se dire « démocratique » (Mussolini qui condamne la démocratie dans son essence voulait parler d'organicité et d'idéalisme), « si le peuple est conçu, ainsi qu'il doit l'être, sous l'aspect qualitatif et non quantitatif (*ce qui prouve bien qu'il est question d'organicité et non de démocratie*), s'il signifie l'idée la plus puissante parce que la plus morale, la plus cohérente, la plus vraie qui s'incarne dans le peuple comme conscience et volonté d'un petit nombre et même d'un seul, tel un idéal qui tend à se réaliser dans la conscience et dans la volonté de tous » (*id.* p. 17).

§ 3.5. « Le fascisme nie que le nombre, par le seul fait d'être le nombre, puisse diriger la société humaine ; il nie que ce nombre puisse gouverner, au moyen d'une consultation périodique ; il affirme l'inégalité irrémédiable, féconde et bienfaisante des hommes, qui ne peuvent pas devenir égaux par un fait mécanique et extrinsèque tel que le suffrage universel. On peut définir ainsi les régimes démocratiques : ceux dans lesquels on donne de temps en temps au peuple l'illusion d'être souverain, alors que la souveraineté véritable et effective réside dans d'autres forces, parfois irresponsables et secrètes. La démocratie est un régime sans roi, mais avec de très nombreux petits rois parfois plus exclusifs, plus tyranniques et plus ruineux qu'un seul roi qui serait un tyran » (*id.* p. 32 et 33).

§ 3.6. « Ce n'est pas la nation qui crée l'État, comme dans la vieille conception naturaliste, qui servait de base aux études des publicistes des États nationaux du XIXᵉ siècle. Au contraire, la nation est créée par l'État, qui donne au peuple, conscient de sa propre unité morale, une volonté, et par conséquent une existence effective. (…) L'État peut ainsi être assimilé à la nature de la volonté humaine, qui ne connaît pas de limites à son développement, et prouve son infinité en se réalisant » (*id.* p. 18 et 19). Et l'État fasciste, en tant qu'incarnation de l'Idée et positionnel de la matière nationale dont il est l'origine et la fin — ainsi en tant qu'il est le Sujet du processus en forme d'identité réflexive à soi en laquelle il s'accomplit — est « la forme la plus élevée et la plus puissante de la personnalité », il est « une force spirituelle, une force qui résume toutes les formes de la vie morale et intellectuelle de l'homme » (*id.* p. 19). « Le principe essentiel de la doctrine fasciste est la conception de l'État, de son essence, de son rôle, de ses fins. Pour le fascisme, l'État est l'absolu devant lequel les individus et les groupes ne sont que le relatif. Individus et groupes ne sont concevables que dans l'État » (*id.* p. 40 et 41).

§ 3.7. S'il en était encore besoin, notons la teneur éminemment hégélienne de la formule suivante : « L'État est le garant de la sécurité intérieure et extérieure, *mais il est aussi le gardien et le transmetteur de l'esprit du peuple, tel qu'il s'est formé au cours des siècles dans la langue, dans les coutumes et dans la foi. L'État n'est pas seulement le présent, mais aussi le passé et surtout l'avenir. Car c'est l'État qui, dépassant les étroites limites des vies individuelles, représente la conscience immanente de la nation* » (*id.* p. 41 et 42). Faut-il rappeler que Giovanni Gentile, théoricien du fascisme, était un hégélien d'extrême droite (certes non innocent, pour un catholique, des équivocités et des travers de l'hégélianisme lui-même) ?

§ 4. Le fascisme n'est pas un constructivisme, parce qu'il ne prétend ni créer un « homme nouveau » à partir du terrorisme de la subjectivité souveraine, ni même créer l'esprit d'un peuple. Il entend seulement se faire l'incarnation du *Weltgeist* individué dans un *Volksgeist* lui-même expressif de la volonté *objective* de la multitude (ainsi de la *nature de la volonté droite ou rationnelle* irréductible aux caprices des volontés individuelles et raison des subjectivités), et assurer les conditions de son expression historique. Mais il n'est pas pour autant un empirisme puisqu'il reconnaît à l'Idée, raison d'être et d'intelligibilité du réel, une priorité à la fois logique et ontologique sur l'expérience et sur l'image, sur la volonté et sur le sentiment (à la différence de Barrès par exemple). Et, à toute distance du romantisme, c'est bien tel un universalisme, ainsi un **classicisme**, que se révèle le fascisme (Margarita Sarfati dira que l'évolution de la doctrine fasciste de l'État se résout dans « la notion classique ») : « Le fascisme a désormais, dans le monde entier, l'universalité qu'ont toutes les doctrines qui, en se réalisant, représentent une époque dans l'histoire de l'esprit humain » (*id*. p. 47). C'est pourquoi, comme le fait remarquer à juste titre Ploncard d'Assac (page 131 des *Doctrines*), la violence n'est pas consubstantielle au fascisme qui « s'est développé dans le climat de guerre civile imposé à l'Italie par les socialo-communistes qui cherchaient à s'emparer du pouvoir par la force ». Au reste, on peut se demander si l'opposition du classicisme et du romantisme n'est pas elle-même la dégradation d'une totalité concrète dont le classicisme historique avait vocation à accoucher.

§ 5. Si le premier fascisme, celui d'avant la « Marche sur Rome » (octobre 1922), est encore à la recherche de lui-même et non dégagé, en sa forme républicaine, de certaines tendances libérales issues du « *Risorgimento* », celui de la maturité (ou de la Diarchie) est monarchiste : « il faut avoir le courage d'être monarchiste », dit Mussolini. « La Monarchie, c'est la continuité. Sa tâche est grande. (…) Abattre la superstructure du socialisme démocratique suffit. » Ce qui nous donne l'occasion de faire observer que le totalitarisme revendiqué par le fascisme n'est rien d'autre qu'une prétention à l'organicité. Un tel totalitarisme n'a rien de commun avec cette tyrannie de tous sur tous, que dénonce Mussolini (voir ici notre paragraphe 3.5), et qui n'est autre que la démocratie, en particulier l'esprit de la démocratie théorisé par Jean-Jacques Rousseau. Maurras nous semble être dans l'erreur, qui crut discerner dans le national-socialisme, certes différent du fascisme par plusieurs points importants mais non aussi radicalement opposé à lui qu'on a complaisamment voulu le dire, un avatar des divagations de Jean-Jacques. Car on ne saurait nier, au passage, que Mussolini fut à bien des égards un important maître à penser pour Hitler. Dans *Mein Kampf*, Hitler n'hésite pas à déclarer : « J'avoue ouvertement qu'en ces années (de 1919 à 1925) j'ai conçu la plus grande admiration pour le grand homme né au sud des Alpes, qui, animé d'un amour brûlant pour son peuple, n'a pas pactisé avec tous les ennemis intérieurs de l'Italie, mais s'est efforcé de les anéantir de toutes ses forces et par tous les moyens. Ce qui rangera Mussolini parmi les grandes figures de l'Histoire, c'est la détermination avec laquelle il a refusé de partager l'Italie avec le marxisme et l'énergie avec laquelle il a poursuivi l'anéantissement de l'internationalisme pour sauver sa patrie de son emprise. » Et les maurrassiens nous semblent encore se tromper qui affirmèrent : « Le fascisme est lui-même un parti, comme les précédents, vicié d'esprit révolutionnaire » (*L'Action française* du 28 octobre 1922). À y regarder de près, le fascisme était beaucoup plus facilement susceptible de se sublimer, sans perdre son organicité, en monarchie, que le nationalisme de Maurras n'était capable de se faire organiciste. Les lecteurs voudront bien à ce sujet consulter l'article que nous avons consacré à Maurras, et le comparer à ce que nous disons ici du fascisme dans notre paragraphe 11.

§ 6. Comme l'écrit judicieusement Ploncard d'Assac, selon le fascisme le peuple est le corps de l'État et l'État est l'esprit du peuple, ce qui exprime de manière ramassée l'essentiel de l'organicité, elle-même condition du service du bien commun. Et cette vue théorique, selon Mussolini, se réalise dans l'État, « *système de hiérarchies* » par la médiation du Parti et de la Corporation. Le Parti « *introduit le peuple dans la vie de l'État* » qui en exprime la volonté objective, nous voulons dire la volonté *de la raison* (au génitif subjectif), la raison voulante en droit immanente à tout homme mais à laquelle de fait peu d'hommes savent se conformer, et qui plus est la raison appropriée au génie particulier du peuple, en l'occurrence le peuple italien. La Corporation, nous dit Mussolini, « est l'institution grâce à laquelle le monde économique, jusque-là isolé et déréglé, reprend sa place dans l'État » (cité par Ploncard d'Assac, page 144).

L'État « doit se manifester dans l'élite d'une société déterminée et doit être le guide des classes inférieures » (*id.* p. 145). L'État n'a d'autre maître que le bien commun lui-même, cause finale de la société, et c'est ainsi que lorsque la hiérarchie se dérègle, l'État, « au moyen d'une révolution, (...) remplace ou ranime les hiérarchies décadentes ou insuffisantes » (*id.* p. 145). Et redéfinir l'État comme système de hiérarchies, c'est évidemment prendre le contre-pied des principes de 1789, lesquels consistent, comme le dit Ploncard d'Assac, « dans la négation du principe hiérarchique ». Ploncard d'Assac ajoute magnifiquement : « **Le fascisme fut une réaction brutale, totale, contre l'anarchie démocratique. Ce qu'il a d'apparence mazzinienne, romantique, cède vite devant cette réalité foncière de son caractère : il est une hiérarchisation totale de la nation.** »

§ 7.1. Lucidement, Mussolini discerne dans l'aspiration à l'empire, qui habite une nation, le signe de la vitalité de cette dernière. S'il est vrai que toute nation ou manière d'être homme est à la fois, sous des rapports différents, l'élément en lequel se déploie une culture, celui en lequel elle prend naissance, sa cause et son résultat, il demeure que toute culture est un ensemble de valeurs, elle est la projection de la manière dont une communauté d'hommes s'efforcent à exprimer ce que selon eux doit être l'Homme ; la nature humaine s'exprime tout entière, quoique non totalement, dans une culture. Il serait vain de penser qu'une culture puisse limiter ses prétentions à la communauté qui l'a conçue, car une culture n'est telle, c'est-à-dire ce qui cultive et féconde spirituellement, qu'en tant qu'elle est normative ; or une norme ne saurait coïncider avec ce dont elle est la norme. Elle doit le transcender. Mais il en résulte alors que toute valeur est universelle, et qu'elle est ainsi, constitutivement, avec la nation qui l'incarne, une prétention à l'hégémonie. Et c'est pourquoi toutes les nations sont virtuellement antagoniques. L'un des nombreux mérites du fascisme est d'avoir eu le courage et l'honnêteté de le rappeler. Une « *société des nations* » n'est jamais que la « Sainte-Alliance des nations ploutocratiques du groupe franco-anglo-saxon pour s'assurer (...) l'exploitation de la plus grande partie du monde » (Mussolini, cité par Ploncard, page 152), et la chose est encore plus vraie aujourd'hui qu'il y a soixante-dix ans. Face à cet antagonisme en quelque sorte structurel ou congénital des nations, plusieurs attitudes peuvent être adoptées.

§ 7.2. On peut souhaiter la victoire d'une seule nation (la sienne plus volontiers) qui se substituerait à toutes les autres en leur imposant les valeurs de sa culture propre, comme c'est aujourd'hui le cas avec les États-Unis qui américanisent la planète. Mais ceci constitue un appauvrissement sans pareil du monde car, supposé même que la nation dominante soit la plus spirituellement achevée (ce qui évidemment n'est pas le cas de la Babel carthaginoise moderne), elle ne réalise que le degré le plus élevé dans l'échelle des perfections culturelles, et l'ordre et la beauté du monde veulent que tous les degrés de perfection soient réalisés.

§ 7.3. On peut envisager la constitution d'une Société des Nations ou d'une ONU, mais c'est réintroduire dans le macrocosme du concert des nations la démocratie délétère destructrice de chaque microcosme national. Aussi bien au niveau de la communauté mondiale qu'au niveau de la réalité nationale, la vie du tout, organiquement immanente à ses parties, n'exerce jamais l'efficience volitive de la causalité qu'elle est, ainsi ne se fait unifiante, qu'en se médiatisant dans l'*imperium* singulier d'une personne, d'un Chef.

§ 7.4. On peut encore déclarer indépassable l'antagonisme des nations, mais c'est transposer au niveau international une vision du politique qui est celle du « *bellum omnium contra omnes* », typique du nominalisme mécaniste de Hobbes, et se présente alors la difficulté suivante : si le primat du bien commun, qui répute l'homme animal politique par nature, n'a de valeur qu'au niveau national, on compromet la raison même de ce primat, qui tient dans le fait de la communauté ou diffusibilité du bien ; le bien commun se subordonne le bien particulier à raison même de sa communauté qui fait de lui le meilleur des biens, la part la meilleure du bien particulier. On adopte de plus une espèce de vision héraclitéenne de la vie politique mondiale, qui voudrait que l'ordre mondial ne fût qu'un équilibre précaire en perpétuel devenir, et on s'aperçoit vite qu'un tel ordre n'en est plus un : disposition des choses en vue d'une fin, l'ordre conjure le devenir qui n'est qu'une dégradation de l'être, le stigmate d'une non-coïncidence avec soi ou d'un désordre ; et si l'ordre mondial est impossible, alors l'ordre national l'est aussi, qui en dépend comme la partie dépend du tout. Au reste, déclarer que le devenir est l'essence de l'être est contradictoire, car le devenir supposé subsistant *est*, et puisqu'il est de l'être c'est que dans l'hypothèse il devient lui-même, et le devenir ne peut devenir que le contraire de lui-même, à savoir de l'être immobile ; substantifier le devenir, c'est l'exténuer.

§ 7.5. On peut encore, supposant que le politique trouve sa limite au niveau national, en appeler à une autorité spirituelle non politique, telle l'Église, dont l'office, moral, serait d'arbitrer les différends entre nations. Il s'agirait là en fait d'une théocratie subsumante, dotée en vérité d'un pouvoir politique direct. Il s'agirait d'un pouvoir moral politisé, en tant qu'un tel pouvoir moral se subordonnerait le politique. Ce qui contrevient aux exigences de la droite raison au moins sous deux rapports. Tout d'abord une philosophie du bien commun (et telle est la philosophie du nationalisme en général et du fascisme en particulier) répute le bien commun meilleur que le bien particulier en vertu de sa communauté même. Or la morale, qui vise à rendre l'homme vertueux, concerne le bien particulier. Dût-elle, dans la saine philosophie d'Aristote, adopter méthodologiquement la démarche d'une analyse des mœurs visant à dégager la finalité qui naturellement inspire de droit leurs conduites, la morale ne vise pas le bien commun « *primo et per se* ». Et subordonner le politique à la morale revient à subordonner le bien commun au bien particulier, ainsi à détruire le bien commun. Par ailleurs, le défaut de toute théocratie, en hypertrophiant indûment le pouvoir temporel de l'Église, est d'indifférencier la distinction réelle entre ordre naturel et ordre surnaturel, et tendanciellement à naturaliser l'ordre surnaturel, soit à rendre la grâce exigible, soit à réputer contradictoire l'ordre naturel qui pourtant est le support obligé de la surnature, et derechef cela revient à compromettre l'ordre surnaturel lui-même. On dira que la souveraineté théologique de l'Église, à raison de laquelle elle se subordonne à bon droit l'ordre politique tout entier comme la surnature se subordonne la nature, comprend une part de magistère moral qui interfère avec celui du politique, et que, le politique ou salut temporel étant pour le salut éternel, alors la religion réhabilite la morale pour en faire la fin du politique. Mais l'objection ne vaut pas, parce que la religion ne traite pas de morale naturelle à la manière dont en traitent la science et l'art politiques. La politique assume l'ordre moral en vue du bien commun naturel visé comme fin. La religion assume la morale en vue de la grâce. Et ces deux manières de l'assumer ne se rencontrent que par accident. Lorsque l'Église exige du politique (au point exceptionnellement d'excommunier un roi et par là de soustraire les peuples à son autorité) qu'il se réforme moralement, elle ne subordonne pas la politique à la morale, elle restitue au politique la dimension morale qu'il devrait assumer et qui lui demeure intérieure. En assumant la morale en vue de la grâce, l'Église ne court-circuite pas l'autorité politique, elle replace le politique dans sa fin tout en transfigurant cette fin naturelle qu'elle prolonge en fin surnaturelle, ainsi elle se subordonne le politique sans s'y substituer et sans prétendre avoir la compétence requise pour le diriger directement ; et c'est en cela que la religion est dotée d'un pouvoir politique indirect. Car l'ordre politique proprement dit ne concerne pas positivement et directement l'Église. Il la concerne seulement négativement : elle doit elle-même, en tant qu'État, jouir, contre tout césarisme, de la souveraine indépendance qu'elle requiert pour exercer sereinement et efficacement sa fonction apostolique. Lorsque les hommes d'Église, par cléricalisme, prétendent faire positivement de la politique en se substituant à l'autorité naturelle des chefs des nations, ils procèdent à un abus d'autorité qui dessert et le politique et la religion. Ils ne parviennent, en affaiblissant le politique, qu'à promouvoir une démocratie chrétienne qui, parce que démocratique et de ce fait contre nature, ôte à la surnature son support obligé, et finit par se résoudre en politique antichrétienne.

§ 7.6. Il ne reste ainsi qu'une solution au problème que nous avons posé plus haut (§ 7.1). Si le primat du bien commun national ne se comprend que par référence au primat du bien commun mondial, si les nations indépendantes sont antagoniques, si la pluralité des nations est nécessaire à l'ordre du monde, si nulle autorité supranationale (démocratie des nations ou magistère ecclésial) ne peut régler les différends, c'est qu'il appartient à une nation d'assumer, en même temps que son rôle propre, celui de guide hégémonique des autres nations, tel un suzerain par rapport à ses vassaux. Mais une telle nation impériale, afin de faire cesser l'antagonisme des nations pourtant expressif — en tant que consécutif à leurs aspirations spirituelles — de leur légitime vitalité, doit hypostasier en tant que nation la pointe spirituelle ultime, en laquelle toutes se rassemblent, des prétentions à l'universel dont chacune est l'expression particulière. Le tout impérial fait ainsi de chaque nation un moment, dont il préserve l'identité, de son déploiement total, et chaque nation reconnaît en lui sa propre vérité.

§ 7.7. Ce qui peut être justifié comme suit :

Si toutes les cultures, dont les nations sont les incarnations, sont constitutivement autant de prétentions à l'expression de l'universel de la nature humaine, elles sont antagoniques en tant que chacune se croit l'expression *universelle de cet universel*, cependant qu'elle n'en est de fait qu'une réalisation particulière. L'antagonisme est conjuré dans deux conditions seulement.

Ou bien la nation exerçant une vocation impériale diffuse dans toutes les autres la négation, dont elle fait sa différence spécifique, de toute culture, et elle supprime les conflits dans un collapsus consumériste promouvant le « Dernier Homme » nietzschéen, socialo-libéral de fait, tel un américano-socialisme (horizon logique du devenir de la nation « *Wasp* ») destructeur de l'humanité dans l'homme, ainsi tel un économisme qui tendanciellement, cependant qu'il se targue (et il y réussit en effet) de pacifier le monde grâce à l'esprit de commerce et d'interdépendance à lui consécutif, réduit l'homme à l'animal. Tel est le chemin que l'histoire semble avoir pris depuis la chute historique des fascismes.

Ou bien la nation à vocation impériale parvient elle-même effectivement, à tout le moins le moins mal possible, à l'expression universelle de l'universel, de telle sorte que cette acmé de spiritualité invite les nations porteuses d'une expression particulière de l'universel à se reconnaître dans la première, à reconnaître en elle la vérité de leur intention propre, et à se hiérarchiser sous l'égide de sa suzeraine politique. C'est alors seulement que les diverses nations sont aptes à se hiérarchiser sans se renier. Il ne nous appartient pas de désigner la nation européenne qui serait susceptible de remplir aujourd'hui ce rôle. On voudra bien cependant noter à ce sujet qu'il est dans la logique du nationalisme, et en particulier du fascisme, de s'accomplir en impérialisme, non au sens où toutes les nations organiques devraient sempiternellement nourrir un projet impérial (car alors elles se détruiraient les unes les autres), mais au sens où elles sont toutes invitées à envisager la possibilité d'un renoncement de leurs souverainetés respectives au profit d'une totalité impériale prenant conscience d'elle-même en une seule nation suzeraine. En refusant l'idée d'empire, ou — ce qui revient au même — en n'y consentant que dans la mesure où la nation du nationaliste s'arroge le privilège d'assumer cette vocation impériale, le nationaliste fait retour au nationalitarisme qu'il prétendait conjurer, et il donne raison aux contempteurs de l'idée nationale. C'est là une difficulté, déjà aperçue chez Corradini, non de l'essence du fascisme, mais du fascisme *italien*. Il y a donc bien quelque chose de vrai dans l'accusation portée par Jacques Ploncard d'Assac à l'encontre du régime de Mussolini : le fascisme italien n'a pas su se dégager totalement de toute tendance jacobine. À propos des nationalismes oublieux du bien commun universel, José Antonio Primo de Rivera parlera, non sans raison, d'individualisme des peuples.

§ 8. La difficulté qui vient d'être évoquée est corrélative de cette autre, à savoir que Mussolini ne sut pas se dégager de la tentation machiavélienne. Machiavel nous guérit des antiennes rousseauistes relatives à la thèse imbécile de la bonté naturelle de l'homme, et Mussolini le rappelle avec bonheur : « Machiavel éprouvait un pessimisme aigu en face de la nature humaine. De même que tous ceux qui ont eu l'occasion de pratiquer un commerce vaste et continu avec leurs semblables, Machiavel est un contempteur des hommes et aime à les représenter sous leur aspect le plus négatif et le plus humiliant » (cité par Ploncard d'Assac, page 154). Mais Mussolini ne s'aperçoit pas que le machiavélisme est le contraire du rousseauisme, et que les contraires sont des extrêmes ne s'opposant qu'en tant qu'ils appartiennent au même genre qui, de ce fait, les rend complices l'un de l'autre. Car tous deux excluent (et au reste Rousseau saura revendiquer l'héritage de Machiavel en désignant sa philosophie comme celle des vrais républicains) que l'homme puisse trouver en lui-même le principe naturel de sa sociabilité. Pour Rousseau, l'homme est par nature un solitaire. Pour Machiavel, il n'existe aucune valeur qui soit d'elle-même unitive des membres d'une communauté donnée, ce qui lui enjoint de chercher dans l'exploitation rusée des intérêts privés antagoniques le principe toujours précaire de cette unité. Et c'est bien ce que dit Mussolini : « (…) la politique est l'art de gouverner les hommes, c'est-à-dire d'orienter, d'utiliser, d'éduquer leurs passions, leur égoïsme, leurs intérêts en vue de buts d'ordre plus général qui, se projetant dans l'avenir, dépassent de ce fait la vie des individus (…) ». Mais s'efforcer à obtenir le bien commun en exacerbant des passions égoïstes dont le propre est de l'exclure, et en les faisant jouer les unes contre les autres pour l'obtenir, c'est exclure que ce bien commun se puisse préfigurer dans le cœur des biens particuliers comme le meilleur bien des biens particuliers. Aussi est-ce exclure qu'il soit vraiment commun, sinon comme bien d'un tout qui ne serait qu'accidentellement commun, puisqu'il ne serait pas aussi le bien des particuliers formant ce tout. C'est promouvoir un bien commun à côté des biens particuliers, un bien particularisé par eux, un bien qui se réduit au fond, ultimement, au statut de condition de possibilité de la somme des biens particuliers, c'est ainsi faire dégénérer le bien commun en intérêt général, c'est détruire l'organicité de la nation.

§ 9. Il demeure que Mussolini, comme tous les vrais nationalistes, se voulut corporatiste. « C'est parce qu'il a rompu avec le matérialisme historique que le **socialiste** Mussolini va trouver (*dans l'union corporative des producteurs*) la réponse **fasciste** à l'antagonisme des classes » (Ploncard d'Assac, p. 159). Contre le déterminisme marxiste selon lequel la conscience serait déterminée de part en part par le conditionnement de la vie économique et sociale, ainsi selon lequel la superstructure (art, religion, philosophie) ne serait qu'une expression mystifiée et mystifiante des contradictions entre forces productives et rapports de production, Mussolini déclare : « Le fascisme croit encore et toujours à la sainteté et à l'héroïsme, c'est-à-dire aux actions dans lesquelles n'agit aucun motif économique proche ou lointain » (*Enciclopedia Italiana*, article « Fascismo »). Ce qui au passage relativise le pessimisme machiavélien dont le Duce faisait profession : Mussolini sait les hommes pécheurs, il ne les répute pas naturellement ou intrinsèquement mauvais, il a confiance, sinon dans l'homme, à tout le moins dans la nature humaine qui n'est que blessée et non essentiellement corrompue ; si elle était intrinsèquement pourrie, il faudrait avec Luther nier le libre arbitre, prôner le fidéisme aveugle, et hypertrophier la subjectivité devenue volontariste du croyant, par là promouvoir un subjectivisme objectivement porteur d'esprit démocratique. Tout autant, la profession de foi corporatiste de Mussolini enracine le fascisme, en dépit d'attaches (inconscientes, lâches et somme toute assez accidentelles) avec le jacobinisme par lui officiellement répudié, dans la grande tradition contre-révolutionnaire née au XIXᵉ siècle. Loin d'être des associations privées destinées à soutenir les seuls intérêts catégoriels des travailleurs, les corporations sont des organes de l'État. Ce qui n'empêche pas l'État fasciste de promouvoir l'initiative privée, la propriété privée (en laquelle il voit un complément obligé de la personne humaine, un droit et par conséquent un devoir, mais aussi, de la manière la plus classique qui soit, *une fonction sociale*), la responsabilité individuelle, et de condamner la flaccidité de l'État-providence redistributeur : « L'État corporatif considère l'initiative privée dans le domaine de la production comme l'instrument le plus efficace et le plus utile de l'intérêt de la nation (…). L'intervention de l'État dans la production économique a lieu seulement lorsque l'initiative privée fait défaut ou est insuffisante ou lorsque les intérêts politiques de l'État sont en jeu. Cette intervention peut revêtir la forme d'un encouragement ou d'une gestion directe » (Mussolini, cité par Ploncard d'Assac, page 161). Mais en retour : « l'organisation privée de la production étant fonction de l'intérêt national, la direction de l'entreprise est responsable de l'organisation de la production vis-à-vis de l'État » (*id.*). L'État ne prétend pas se substituer aux initiatives privées, il les coordonne, il les fait habiter par un principe régulateur (la corporation) qui, comme nous avons tenté de le rappeler en évoquant le programme politique du Maréchal Pétain, fait servir au bien commun (exprimé dans le domaine économique par la justice distributive) les échanges régis par la justice commutative, ainsi prévient l'économisation d'une société qui, en tant même qu'organique, ne saurait être finalisée que par des biens spirituels. « Dans ce siècle, on ne peut admettre que la misère et l'indigence ne puissent être évitées : c'est déjà trop que de subir la triste fatalité de la misère physiologique. Le fait absurde des famines artificiellement provoquées ne peut durer. Elles dénoncent la criante insuffisance de l'ancien régime économique » (*id.* p. 163).

§ 10. Les quelques caractéristiques du fascisme précédemment rappelées concernent le fascisme de la Diarchie. Il reste à parler de celui de la République de Salo. En tant qu'il se dit monarchiste, le fascisme est un classicisme, et il est selon nous le vrai fascisme, car un fascisme incapable de se pérenniser en monarchie tend immanquablement à dégénérer, par le biais du républicanisme, en démocratie. Mais le type de monarchie qu'il lui fallut historiquement adopter ne convenait pas à sa nature, parce que cette monarchie était libérale. C'est pourquoi il était dans la vocation du vrai fascisme de se débarrasser — fût-ce par un retour momentané à la république — de cette forme monarchique d'oligarchie bourgeoise, de surcroît maçonnique, afin de reconstituer, à partir d'une nouvelle aristocratie fondée sur le mérite et non héréditaire, une monarchie organique. Ce que, comme chacun sait, Mussolini n'eut pas le temps de réaliser.

Lorsque Mussolini avait voulu « donner au Grand Conseil Fasciste le droit d'intervenir dans les questions de succession au trône » (Ploncard d'Assac, p. 165), le roi lui avait, assez logiquement sur ce point, fait observer qu'une telle ingérence était incompatible avec le système monarchique. Jacques Ploncard d'Assac fait judicieusement observer qu'il y avait conflit entre l'Idée et l'Hérédité, conflit que les monarchies libérales avaient réglé en confiant le pouvoir réel aux assemblées dont ne pouvait se satisfaire l'antiparlementarisme, ainsi l'antidémocratisme du fascisme. Ce qui, une fois de plus, place le révolutionnarisme fasciste du côté de la vraie tradition. Quand, le 22 juillet 1943, les aigris du fascisme complotèrent contre Mussolini au sein même du Grand Conseil Fasciste, et provoquèrent l'arrestation du Duce par un roi gagné aux intérêts des ploutocraties, la crise mit en évidence le caractère inévitable, pour le fascisme, de son besoin d'en finir avec les formes de tradition dont le contenu, complice des subversions, s'oppose aux vertus, restauratrices quant au contenu parce que révolutionnaires dans la forme, du fascisme : Victor Emmanuel III, roi franc-maçon, fit traîtreusement, déguisé en maréchal, arrêter Mussolini après l'avoir fraternellement embrassé, puis il attribuera à Joseph Staline le collier de l'Annonciade. Dans cette trahison, il perdit sa couronne, au profit des socialo-communistes. Le monarchisme et plus généralement le traditionalisme antifascistes se révèlent bien, tant doctrinalement qu'historiquement, tels des fourriers du communisme et de la démocratie chrétienne qui, au fond, ne vaut guère mieux que ce dernier.

§ 11. Mussolini se reprochera plus tard de n'avoir pas rendu le fascisme totalitaire jusqu'au sommet de l'État. Ce qui lui fera écrire que la Patrie « ne peut ressusciter et vivre que sous l'étendard de la République » (*L'Histoire d'une année*). Le fascisme peut-il subsister longtemps en cette forme ? Nous en doutons. Car c'est l'esprit totalitaire du fascisme qui induit la forme monarchique du régime qu'il appelle, à peine soit d'aller chercher dans le suffrage du peuple (solution qu'exclut son antidémocratisme foncier) les conditions de transmission du pouvoir personnel du Duce, soit de dégénérer en régime aristocratique (démocratie restreinte exclue pour les mêmes raisons), soit de favoriser les luttes pour le pouvoir, ruineuses, au sein du Parti. Il nous semble que, après une période de république (si l'on y tient, mais au sens où la dictature propre au régime républicain des Romains saurait s'émanciper de la république elle-même à moyen terme) nécessaire tant à l'éviction de la monarchie gangrenée par le libéralisme qu'à la réforme des institutions dans un sens organiciste lui-même générateur d'une nouvelle et authentique aristocratie, le fascisme appelle de faire se sublimer le Parti en monarchie héréditaire. Mais il s'agit d'une monarchie pensée

comme organe directionnel de la nation, comme fonction intérieure au tout, à la manière dont l'âme d'un vivant, forme et acte
du corps en langage aristotélicien, se donne la tête et le cerveau
et prend conscience d'elle-même par leur médiation, et non à la
manière dont un artisan construit de l'extérieur une maison qu'il
n'habite pas. À la manière des lois fondamentales du royaume
d'Ancien Régime auxquelles s'assujettit librement le roi comme
aux conditions de l'exercice de son pouvoir, ou encore à la
manière dont le pape, qui est au-dessus du droit canon, s'engage
librement à le réformer (selon les exigences d'un travail jurispru-
dentiel d'explicitation permanente) sans jamais le violer, on
conçoit que le roi d'un régime fasciste, au-dessus du Parti, le
définisse comme le cadre qu'il s'engage librement à respecter :
ce qui limite un pouvoir n'est pas ce qui d'abord le transforme
en délégué d'un autre pouvoir qui lui serait antérieur (comme
dans le cas des monarchies constitutionnelles qui sont des
démocraties déguisées) ; *ce qui limite un pouvoir est d'abord ce qui
le fait être, et plus précisément ce en quoi il se fait être, s'affirme en
sa souveraineté, en tant qu'il se donne en cette limite les conditions
de son exercice concret.* Dans la perspective que nous suggérons
ici, le Parti procède proleptiquement du roi. Tout pouvoir,
métaphysiquement parlant, est une puissance, et une puissance
est essentiellement relative à son acte qui la limite par là qu'il la
détermine, de sorte qu'elle s'affirme elle-même dans la position,
opérée par elle, de sa propre limite. Mussolini ne déclarait-il pas
lui-même, certes à la veille de la diarchie : « Si l'on est monarchiste, il faut avoir le courage de l'être complètement. Pourquoi,
nous, sommes-nous républicains ? **En un certain sens, parce
que nous voyons un monarque pas suffisamment monarque** »
(*La Nouvelle Revue d'Histoire*, numéro 6, mai-juin 2003, p. 48).
Quoi qu'il en soit, venons-en aux caractéristiques de la République sociale italienne ou République de Salo, dont les principes essentiels sont consignés dans le « Manifeste de Vérone »
(14 novembre 1943).

§ 12. La monarchie libérale, parce que libérale et non comme monarchie, n'a pas voulu de Mussolini. Ce dernier eut la faiblesse d'y voir une hostilité de la monarchie en tant que monarchie à l'endroit du fascisme. Ainsi se laissa-t-il renvoyer, sinon dans les errements de sa jeunesse socialiste, sinon même sur les voies de garage de la démocratie, à tout le moins du côté d'une tentative, par l'appel à une constitution formellement démocratique, pour le moins maladroite et équivoque de légitimation du fascisme. Il devait exister une Constituante composée des membres représentatifs des valeurs de la nation, définie comme « pouvoir souverain d'origine populaire » et vouée à prononcer la déchéance de la monarchie, en même temps qu'elle proclamerait la République sociale et nommerait le « Chef » dont la réélection aurait lieu tous les cinq ans. Mussolini entendait renvoyer dos à dos tant la démocratie parlementaire des régimes bourgeois (et surtout dans sa forme de suffrage universel) que l'excessive rigidité, à ses propres yeux, de la hiérarchie caractéristique du fascisme de la Diarchie. Il entendait lui substituer un « régime mixte » conjuguant la dictature du chef (maître du pouvoir exécutif) et l'élection des représentants à la Chambre. Ploncard d'Assac résume ainsi la nouvelle formule : « Ainsi Mussolini ne revient pas sur sa méfiance à l'égard de la démocratie. S'il faut un chef élu à sa république — il n'a pas oublié la trahison du Grand Conseil — du moins entend-il tempérer l'élection par l'action du Parti, "gardien de l'idée révolutionnaire". »

Ce virage à gauche consistait donc à substituer, à la Diarchie bancale, une aristocratie (les membres du Parti), ainsi une démocratie à suffrage restreint, destinée à orienter le vote populaire pensé non comme expression d'un mythique « souverain », mais comme acte de reconnaissance par le peuple de l'autorité souveraine du chef lui-même pensé comme conscience de soi de la volonté objective de la multitude. Il s'agit selon nous d'un virage à gauche en soi malencontreux (mais provisoire et peut-être opportun et prudent compte tenu des circonstances), en tant

qu'il avait pour souci de faire appel à la démocratie afin d'éva-
cuer toute possibilité de retour à la monarchie libérale, mais tout
en étant soucieux de soigner par la démocratie les vices consubstantiels à la démocratie. Mussolini désirait, semble-t-il, conjurer
les dangers de la démocratie populaire ou totale par une démocratie restreinte ou aristocratique, et en même temps conjurer
les frondes démo-aristocratiques par l'appel à la fidélité du
peuple à l'égard de son chef. Pour ingénieuse qu'elle paraisse,
cette solution était difficilement viable, qui divisait les pouvoirs
afin de les rendre inoffensifs (dans l'intention de laisser son
indépendance au Chef), qui par là risquait de compromettre
l'unité politique de la nation et avec elle son organicité. Mais un
tel virage à gauche était tempéré par diverses mesures de salut
public, dont une (religieuse), proprement essentielle, qui l'ancre
définitivement à droite : « Le point 6 du Manifeste proclamait
la religion catholique apostolique romaine "religion de la république". Le point 7 retirait la nationalité italienne aux juifs et
ajoutait que, pendant toute la durée de la guerre, ils seraient con-
sidérés comme "appartenant à une nationalité ennemie" »
(Jacques Ploncard d'Assac). À l'idée impériale du fascisme diar-
chique se substituait l'idée de « communauté européenne », à la
fois anti-anglaise, anti-ploutocratique, et partisane d'une exploitation des ressources africaines en collaboration avec les nations
arabes concernées. Très légitimement, Ploncard d'Assac fait
observer qu'il se fût agi d'une nouvelle Diarchie Hitler-
Mussolini, avec les travers qui grèvent toute diarchie. Dans le
domaine social, le troisième fascisme entendait confier à l'État
toute activité économique excédant l'intérêt privé. Ce socialisme d'État, non ablatif de la propriété privée, fut choisi non
comme idéal, mais pour briser la puissance financière d'une
bourgeoisie qui avait trahi l'inventeur du fascisme. Nul ne sait
en fait ce que fût devenu le fascisme si les forces de l'Axe avaient
gagné la guerre.

§ 13. Des considérations qui précèdent, il ressort que le fascisme, en tant que pensée de Troisième Voie, n'a pas eu le temps

d'accoucher doctrinalement de lui-même, et qu'il reste à inventer. Il serait vain de faire ici l'inventaire détaillé de ses immenses mérites, et des promesses dont il demeure éminemment porteur. Il nous semble que si Mussolini fut romantique, ce ne fut pas en tant que doctrinaire, mais en tant qu'homme d'action. **Selon nous, le principal mérite du fascisme est d'ordre théorique. Il est d'avoir tenté, le premier et en fait *le seul*, de fonder le nationalisme non sur le sentiment, non sur la raison expérimentale, mais sur la raison *métaphysique*, ainsi sur la raison vraiment rationnelle, sur le réalisme absolu qui sait que l'Idée est raison du réel.** Nous proposerons en conclusion de cette brève évocation critique le jugement suivant (p. 175) de Jacques Ploncard d'Assac :

Mussolini, à partir de 1944, ne renie pas son œuvre de vingt ans, « mais quelque chose n'a pas marché et il ne voit pas pourquoi. Il ne lui vient pas à l'idée que ce puisse être sa propre impatience, la tension excessive qu'il a demandée et imposée à son peuple, les difficultés qu'il a provoquées par sa politique extérieure qui ont dressé contre lui des forces indifférentes ou même sympathiques au départ. Il a manqué de prudence, de sens de la mesure et maintenant il accuse son système corporatif d'être insuffisant, il veut serrer davantage l'étreinte de l'État sur l'économie, il rêve d'un État syndicaliste ». Il nous semble que ce socialisme d'État tient plus aux circonstances (trahison de la monarchie bourgeoise et économie de guerre) qu'à l'essence du fascisme. Un nationaliste français ne saurait se dispenser de s'inspirer du fascisme. Si le XXe siècle ne sut pas honorer le génie de Mussolini, il demeure que le fascisme fut bien, selon le mot de ce dernier, l'Idée du XXe siècle. Le fascisme sera même l'idée du XXIe siècle et, s'il ne l'est pas, le XXIIe siècle ne sera pas humain. Aujourd'hui comme hier, mais aujourd'hui plus que jamais, l'espérance politique est fasciste.

G

L'ÉGLISE ET LE NATIONALISME

§ 1. Alors que nous relisions le chapitre consacré à Adolf Hitler, en vue d'en proposer un examen critique, nous fûmes arrêté dans notre démarche par l'observation suivante de Jacques Ploncard d'Assac (pages 203 et 204 de ses *Doctrines*), qui nous plongea dans la perplexité : « Hitler est un produit du nationalitarisme du XIXe siècle. C'est en quoi il diffère essentiellement de Mussolini pour qui l'État vient en premier lieu comme élément créateur de l'Empire au sens romain du mot, alors que pour Hitler, c'est la communauté de race qui forme l'État et l'État ne peut la dépasser : *"Ein Volk, ein Reich, ein Führer"*. » Il nous a paru opportun, pour des raisons que nous exposerons ci-après, d'interrompre notre analyse critique et de nous interroger, sur la notion même de nationalisme, plus rigoureusement que nous ne l'avons fait jusqu'à présent. **Car il se trouve que les initiatives de Pie XII, en fait d'explicitation d'un tel concept, n'ont pas peu contribué à brouiller les données d'un problème qui n'est déjà pas simple, et à fausser le jugement de maints observateurs sur la question.** De même que Pie XII fut selon nous dans l'erreur lorsqu'il condamna, avec une brutalité et une unilatéralité sans pareilles, la NSDAP identifiée à un « spectre satanique » (*Allocution au Sacré Collège du 2 juin 1945*), de même il commit une regrettable faute dans sa manière de traiter de la réalité nationale en général, dans son *Message pontifical de Noël 1954*. **C'est ce que nous voudrions établir dans le présent article.** Rappelons aux catholiques, dont nous sommes nous-même, que le magistère ordinaire n'est infaillible que dans les conditions définies par l'encyclique *Satis cognitum* de Léon XIII : « Jésus-Christ a institué dans l'Église un magistère vivant, authentique et de plus perpétuel, qu'Il a investi de Sa propre autorité, revêtu de l'Esprit de vérité, confirmé par des miracles, et Il a voulu et très sévèrement ordonné que les enseignements doctrinaux de ce magistère fussent reçus comme les Siens propres. (...) **Toutes les fois que la Parole de ce magistère déclare que telle ou telle vérité fait partie de l'ensemble de la doctrine divinement révélée**, chacun doit croire avec certitude que cela est vrai ; car si cela pouvait en quelque manière être faux, il s'ensuivrait, ce qui est évidemment absurde, que Dieu Lui-même serait l'Auteur de l'erreur des hommes. » Or il est évident que les textes de Pie XII, relatifs tant au national-socialisme qu'à la réalité nationale en général, ne prétendent pas définir une vérité qui ferait partie de la doctrine divinement révélée, pas plus d'ailleurs que ceux — assez lamentables — en lesquels il fait l'apologie quasiment inconditionnelle du développement technique moderne, de la télévision et de la démocratie chrétienne.

§ 2. Le rappel de quelques points d'histoire est nécessaire à l'intelligence de ce qui suit. Nous nous permettrons de nous citer nous-même :

a) « Bien qu'il eût cessé d'exister en 1806 par la faute de Napoléon, le Saint-Empire romain germanique, en la personne de l'empereur d'Autriche, continua de faire l'objet des attentions de la Sainte Église qui longtemps le considéra, même après sa disparition officielle, comme le bras armé privilégié de l'Église. Dans la grande litanie des intercessions du Vendredi Saint par exemple, l'Église prescrivit, jusqu'en 1950, que l'on priât pour le Saint-Empire. C'est alors que le pape Pie XII réforma, de manière très regrettable, la liturgie en abolissant de telles prières. Quatre mois après la défaite de l'Allemagne de 1945, Pie XII tenta, infructueusement, de ressusciter le Saint-Empire dont l'institution résiduelle, la couronne d'Autriche-

Hongrie, avait été enterrée en 1918, avec la victoire maçonnique de la France. Il était question dans l'esprit de Pie XII de réunir l'Autriche et la partie catholique de l'Allemagne de l'Ouest. Évidemment, les "Alliés" s'y opposèrent, qui, à la place d'un ordre chrétien, entendaient établir un gouvernement mondial maçonnique dont l'ONU est comme le prototype. Mais cette tentative avortée révèle un souci constant de l'Église. La grande erreur politique de Pie XII fut de consentir, pressé qu'il était par les chantages du Cardinal Maglione (secrétaire d'État) et du soviétophile Montini, eux-mêmes instruments du bellicisme de Roosevelt et du Cardinal Spellman, à une interprétation "large" de l'encyclique de Pie XI, *Divini redemptoris*. Cette dernière, comme on sait, déclarait le communisme intrinsèquement pervers, de telle sorte que quiconque soucieux même de sauver la civilisation chrétienne ne saurait, pour quelque prétexte que ce fût, collaborer avec lui. Mais Roosevelt voulait la peau de l'Europe en s'alliant avec Staline, et maints catholiques américains, sensibles à l'enseignement de Pie XI, étaient réticents. Il fallait lever leurs scrupules. En septembre 1942, Pie XII révéla que le Vatican, à la requête de Roosevelt, avait retenu ses polémiques contre le régime communiste. Dans le même esprit, il se refusa en plein conflit à consacrer la Russie au Cœur immaculé de Marie, selon la demande de Fatima, ce qui eût été désigner en Hitler — ce qu'il était en vérité — le Führer du camp de la chrétienté. Pie XII ajouta en 1942 : "puisse Dieu accorder que le monde libre n'ait pas à regretter un jour mon silence". Rappelons que, le 12 septembre 1938, Hitler prononça à Nuremberg un violent discours contre la Tchécoslovaquie de Beneš : les Tchèques opprimaient 3 millions d'Allemands. Il termina son discours sur une évocation du Saint-Empire romain germanique dont les insignes, à l'occasion du congrès de la NSDAP, avaient été apportés de Vienne à Nuremberg » (Deuxième partie du *Manifeste pour le salut de la vraie Droite*, publié par Vincent Reynouard qui est en même temps l'auteur de la première partie).

b) « Osons au passage rappeler, comme l'établit récemment Robert Faurisson, que tel fut, en dépit de très timides encouragements du Saint-Siège à l'égard des soldats luttant sur le front de l'Est, le jugement politique de Pie XII, qui appuya diplomatiquement, dès 1939, les puissances anti-allemandes, ainsi qui objectivement rangea l'Église dans le camp de Staline et de la judéo-maçonnerie américaine, selon une stratégie dont le moins qu'on puisse dire est qu'elle ne fut pas très catholique. **C'est au reste ce qui explique l'hostilité, beaucoup plus politique que religieuse, des dirigeants allemands et italiens à l'égard du Vatican, et la circonspection des autorités politiques fascistes et nationales-socialistes à l'égard des religieux catholiques toujours susceptibles, sous les instances du Vatican, de jouer le rôle de cinquième colonne** (presque toutes les informations qui suivent sont tirées de la brochure de Robert Faurisson intitulée *Le Rôle de Pie XII devant l'histoire. Favorable aux Alliés et secourable aux Juifs, Pie XII était aussi révisionniste*, publiée le 2 mai 2002 par les soins de La Vieille Taupe) :

Pie XII reçut, le 30 juin 1944 — alors que le maréchal Pétain (lequel, il est vrai, ne sut pas répondre favorablement à l'invitation d'Hitler qui, le 8 novembre 1942, proposant à la France de déclarer la guerre à l'Angleterre et aux États-Unis, s'engageait à marcher avec la France *"durch Dick und Dünn"* : contre vents et marées, pour le meilleur et pour le pire) était encore officiellement au pouvoir —, le général de Gaulle selon le protocole réservé aux chefs d'État ; il ne s'émut pas de la répression exercée par les Alliés (épurations, déportations, mascarades judiciaires, pillages) après la guerre. Il complota en 1939-1940 contre Hitler en acceptant d'assurer un lien entre le gouvernement britannique et la résistance allemande, puis il avertit les Alliés en mai 1940 de l'imminence de l'offensive allemande. Roosevelt et Churchill trouvèrent en Pie XII l'appui dont ils avaient besoin pour étouffer dans leurs pays respectifs toute opposition (respectueuse de l'encyclique *Divini redemptoris* de 1937 déclarant le communisme "intrinsèquement pervers") à la guerre. **"Aussi l'armée allemande allait-elle voir ses propres**

soldats, souvent catholiques, et des aumôniers de la Wehr-macht se faire tuer à l'Est par des armes américaines fournies aux communistes avec la secrète bénédiction du pape. En Allemagne, l'exercice du culte catholique était libre (*il n'y avait pas, comme en France, de séparation de l'Église et de l'État*)**, il était généreusement financé par l'État ; des processions ou des pèlerinages mobilisant des milliers de fidèles en présence des autorités religieuses civiles et militaires se déroulaient librement ; des églises étaient construites ; des soldats en uni-forme pouvaient assister aux offices et y communier. Tout cela ne comptait apparemment plus aux yeux de Pie XII qui, sollicité par les Américains, avait décidé de choisir Staline contre Hitler"** (Robert Faurisson). Ajoutons à cela, comme le rappelle Henri de Fersan dans ses brochures, qu'un service de cars avait été organisé dans le Reich pour permettre aux soldats installés dans les casernes d'assister aux offices religieux domi-nicaux, que 2500 églises ou temples furent construits ou recons-truits en Allemagne entre 1933 et 1945, qu'Hitler accorda le bâton de maréchal à deux généraux d'origine juive (Manstein, né Lewinski comme l'insignifiante Monica…, et Milch, ce der-nier ministre de l'Aéronautique de 1933 à 1944 et inspecteur de la Luftwaffe de 1938 à 1945), que 77 officiers supérieurs de la Wehrmacht (dont 25 généraux) étaient d'origine juive, tout comme l'un des gardes du corps d'Hitler lui-même, colonel dans la SS, et qu'à ce compte-là il est assez difficile d'imputer à Hitler le plébiscite d'un matérialisme biologique inconditionnel » (*L'Universalité du danger gnostique, vrai ou faux ?*, par Jean-Jacques Stormay, publications Vincent Reynouard).

Ajoutons que les lois raciales du IIIe Reich étaient beaucoup moins restrictives que les lois raciales de l'actuel État d'Israël : pour les autorités juives contemporaines, est juif un fils de juive (conformément aux exigences du Talmud, et au rebours de la loi d'origine selon laquelle la judaïcité était transmise par le père), tandis que, pour le Reich, n'était juif que celui comptant trois aïeux sur quatre d'origine juive ; Heydrich avait une grand-mère juive...

Retenons de ces rappels historiques que le grand défenseur de la foi que fut le pape Pie XII (nous pensons à *Humani generis* et à *Mystici corporis*) fut en même temps un piètre politicien.

§ 3. Jacques Ploncard d'Assac, qui range, un peu vite selon nous, le national-socialisme dans le genre des nationalitarismes, tempère lui-même son propos en observant : « L'idée nationale allemande jaillira avec un irrésistible bouillonnement lorsque le relâchement de la politique des Traités de Westphalie et, plus tard, l'affaiblissement de la Sainte-Alliance auront permis aux États allemands de **sentir** leur éparpillement et de **désirer** en sortir » (p. 187). Car c'est un fait que « si l'Allemagne — de même que l'Italie — est restée si longtemps émiettée, ce n'est pas qu'une mystérieuse fatalité l'ait voulu. (…) Ces sortes de prédestinations sont purement imaginaires. (…) **l'unité était dans leur nature** autant que le particularisme » (Jacques Bainville). Bainville impute cette non-unité de l'Allemagne au fait qu'elle ne sut pas trouver dans le principe monarchique cette continuité d'action par laquelle d'autres pays furent constitués en États qui deviendraient des nations. Le grand interrègne allemand, qui dura de 1250 à 1870, au cours duquel l'Allemagne fut divisée en deux mille enclaves (principautés, républiques, évêchés, margraviats, commanderies), fut d'abord le fait des Français qui toujours contribuèrent à empêcher la naissance de la nation allemande. Bainville le reconnaît pour s'en réjouir, nous le reconnaissons pour le déplorer. Et nous le déplorons parce que cette genèse de la nation allemande était dans la nature des choses, par là nécessaire au bien tant des Allemands qu'à celui de la communauté universelle. Ploncard d'Assac ajoute (p. 186) : « Sans doute, il ne pouvait pas y avoir de nationalisme allemand puisque le nationalisme vient après la nation et qu'il n'y avait pas de nation allemande, mais le nationalitarisme allait la créer. » Mais tout cela revient à faire l'aveu que la nation allemande (comme au reste la nation italienne) était déjà là en puissance sinon en acte, non comme une occurrence contingente mais comme l'effet d'un appétit naturel des peuples, et que la nation des nationalistes, celle dont la réalité n'est pas l'effet d'un volontarisme constructiviste, cherchait naturellement à parvenir à l'existence, par la médiation, inadéquate et contingente, du principe des nationalités définitionnel du nationalitarisme. C'est par accident seulement que la genèse historique de la nation allemande fut *précédée* par la conscience de la nécessité de préserver l'identité nationale. Car en fait l'identité nationale allemande, le « *Deutschum* », existait bien évidemment. Nous faisons nôtre la définition de la nation, *définition nationaliste et non nationalitaire*, qu'en propose Mœller van den Bruck, l'auteur du fameux *Das Dritte Reich* : « **Une nation est une communauté de valeurs en continuelle évolution et le nationalisme est la conscience de ce processus évolutif ; vivre dans la conscience de la nation, cela veut dire vivre dans la conscience de ses valeurs et de son histoire ; le nationalisme comprend les nations par la mission qui leur incombe, par les oppositions entre les peuples et attribue à chacun d'eux une mission spéciale ; il est d'une certaine manière universaliste et s'adresse à tout Européen** » (cité par Ploncard d'Assac page 189 des *Doctrines*). Comme on le voit, cette définition de la nation est *idéaliste*, en ce sens qu'elle est définie par des valeurs, dont les conditions de pérennité historique requièrent une incarnation dans un peuple que forge l'Idée et qui définit son territoire comme la condition de possibilité de son épanouissement. Car la réalité géographique d'une nation n'est pas *a priori* inscrite dans un ciel des intelligibles. De plus, cette définition est *finaliste* en tant même qu'idéaliste ; dans tout processus, c'est le but, en tant qu'Idée, qui est le moteur du mouvement lui-même, selon l'acception aristotélicienne de la notion de mouvement : acte de ce qui est en puissance en tant même qu'en puissance (le but, acte ou entéléchie, est ultime en exécution mais c'est à lui, en tant qu'acte *moteur*, ainsi en tant que premier en intention en sa manière idéelle d'exister et de causer, que s'assimile la puissance du mobile ; il n'est pas question d'héraclitéisme, mais du deve-nir-soi-même, ou de l'advenir *politique* de soi de ce qui fut tou-jours). Ernst von Salomon, auteur de *Die Geächteten* (*Les Réprouvés*) dira, constatant que « à cette époque (*le lendemain de la défaite*), les associations patriotiques sortaient de terre comme des champignons », et que « des croyants appartenant à toutes les classes de la société bouleversée s'y réunissaient » : « L'Alle-magne brûlait sourdement dans quelques cerveaux hardis » (textes cités par Ploncard d'Assac, p. 192 et 193). Van den Bruck le confirme : la guerre et la défaite ont appris aux Allemands qu'ils sont solidaires dans leur destin et elles « leur ont fait pres-sentir pour la première fois qu'il y avait là un peuple qui voulait être une nation » (*id.* p. 189).

§ 4. Notre propos, avons-nous dit, est de nous interroger sur le véritable statut du nationalisme dans son rapport avec le nationalitarisme. Rappelons donc que René Johannet, dans son *Principe des nationalités*, fait observer en 1918 que le mot « nationalisme » fut inventé sous Napoléon III par Prévost Paradol, afin de désigner les tenants du **principe des nationali-tés, c'est-à-dire le principe démocratique du droit des peuples à disposer d'eux-mêmes**. Johannet invente lui-même le terme de « nationalitarisme » pour désigner ce principe démocratique, et réserve le terme de « **nationalisme** » **pour la désignation du devoir des peuples de rester eux-mêmes**. C'est selon la préci-sion sémantique de Johannet que nous usons, quant à nous, de ces deux vocables. Le nationalitarisme est démocratique en ce sens que, sans exiger que toutes les nations adoptent un régime démocratique, il pose le principe de l'égalité politique des nations dans le concert international de la vie des peuples, et exclut qu'une quelconque autorité autre que celle des nations, ainsi désignées comme sources de tout droit et comme autant de souverains, puisse être le principe de toute autorité interna-tionale. Les personnalités nationales sont ainsi, à l'égard de la communauté internationale, comme les citoyens d'un État démocratique à l'égard de leur président qui n'est que le délégué de la volonté populaire. Mais en fait le principe des nationalités appelle de lui-même la démocratie à l'intérieur de chaque nation, car d'une part ceux qui en appellent à un tel principe se réservent le droit de créer une nation *ex nihilo*, par là présupposent l'idée, intrinsèquement démocratique, de contrat social ; d'autre part parce que l'idée d'une égalité entre nations ne se comprend au fond que si les hommes en général sont réputés égaux : car déclarer l'égalité des nations, c'est déclarer l'égalité des systèmes de valeurs dont elles sont autant d'incarnations, et cela n'a de sens que si la valeur des valeurs est elle-même suspendue à la valeur supposée égale des auteurs de ces valeurs. Et il est bien clair que ni Hitler ni Mussolini n'ont jamais défendu, sinon par rhétorique diplomatique qui ne trompait personne (et surtout pas eux), le principe d'une égalité des nations. Ils n'ont par ailleurs nullement prétendu défendre la thèse d'une *création*, *d'une production ex nihilo*, des nations allemande et italienne, comme nous l'avons vu dans notre paragraphe 3. Ces nations existaient en puissance, et en puissance active. Et Hitler et Mussolini furent sereinement antidémocrates. Pour ces deux dictateurs, il existe des nations faites pour commander et des nations faites pour obéir. **Ils sont selon nous des nationalistes, tout simplement.** Mais les choses se compliquent lorsqu'on se met à adopter une conception du nationalisme telle que celle, malheureuse, soutenue par Pie XII. Et ce sont ces acceptions papales, à notre sens erronées, de la nation et du nationalisme, qui ont enjoint à divers penseurs politiques catholiques, tel Jacques Ploncard d'Assac, de se soustraire aux condamnations papales en identifiant au nationalitarisme, qu'à bon droit ils désapprouvaient, certains aspects de l'authentique nationalisme, autant d'aspects qu'il nous appartient aujourd'hui de nous réapproprier, dès lors que nous sommes assurés de ne point contrevenir aux exigences de l'autorité de l'Église en en refusant ce qui, de la part des gens d'Église, ne relevait que de l'opportunisme (qu'on veuille bien se reporter à notre paragraphe 2) et de l'abus d'autorité. De fait, comme l'établira (pour s'en réjouir) Marcel Clément dont il sera bientôt question,

REFLEXIONS SUR LE NATIONALISME

Pie XII condamnait l'essence du nationalisme, même maurrassien ou barrésien, qui fait de la vie nationale une détermination
politique.

§ 5. Dans son message pontifical de Noël 1954, qui fit couler
beaucoup d'encre dans les rangs des nationalistes français,
Pie XII commence, avec une grande naïveté, par se réjouir des
initiatives européistes menées dans le cadre de la démocratie
chrétienne dont il s'était fait le promoteur : « Pendant la dernière décade (*il conviendrait de parler de décennie*), celle de
l'après-guerre, un grand souffle de rénovation spirituelle soule-
vait les âmes : unifier fortement l'Europe, à partir des conditions
naturelles de la vie de ses peuples, dans le but de mettre un terme
aux rivalités traditionnelles qui les opposaient l'un à l'autre et
d'assurer la commune protection de leur indépendance et de
leur développement pacifique. (...) On était en outre persuadé
que l'Europe trouverait facilement en elle-même l'idée anima-
trice de son unité. » (*in Enquête sur le nationalisme*, NEL, 1957,
p. 18, de Marcel Clément). Nous parlons de naïveté à propos de
Pie XII, car enfin, comment pouvait-on penser que les vrais
maîtres de l'Europe, les puissances financières et les Loges, les
crypto-marxistes et les Juifs, eussent pu laisser se reconstruire
une Europe chrétienne respectueuse de l'identité de ses nations,
alors que ces mêmes forces n'avaient mis toute leur industrie à
abattre le national-socialisme que pour affaiblir cette même
Europe ?

Puis le pape Pie XII déplore, avec l'explosion des nationalismes en Asie et en Afrique (dialectiquement manipulés selon
la stratégie de Lénine et conformément à sa théorie du maillon
le plus faible de la chaîne : « faites de la cause du peuple la cause
de la nation, et vous ferez de la cause de la nation la cause du
peuple »), le regain de nationalisme en Europe que ces insurrections anticolonialistes ont suscité. Et Pie XII de déclarer « per-
nicieux » l'État nationaliste, « fermé sur lui-même, concentrant
ses efforts et instable dans le choix de ses alliances ». Puis il
ajoute : « **Mais le fond de l'erreur consiste à confondre la vie**

nationale au sens propre avec la politique nationaliste : la première, droit et gloire d'un peuple, peut et doit être développée ; la seconde, source de maux infinis, ne sera jamais assez
rejetée. La vie nationale est, dans sa nature, l'ensemble actif
de toutes les valeurs de civilisation qui sont propres à un
groupe déterminé, le caractérisent et constituent comme le
lien de son unité spirituelle. Elle enrichit en même temps, par
sa contribution propre, la culture de toute l'humanité. *Dans
son essence, par conséquent, la vie nationale est quelque chose de
non politique* ; c'est si vrai que, comme le démontrent l'histoire et l'expérience, elle peut se développer côte à côte avec
d'autres, au sein d'un même État, comme elle peut aussi
s'étendre au-delà des frontières politiques de celui-ci. La vie
nationale ne devint un principe dissolvant pour la communauté des peuples que *lorsqu'elle commença à être exploitée
comme moyen pour des fins politiques, à savoir quand l'État
dominateur et centralisateur fit de la nationalité la base de sa
force d'expansion*. On eut alors *l'État nationaliste*, germe de
rivalités et source de discordes* » (*ibid.* p. 19). Tel est le texte
central que nous nous proposons de commenter, et au vrai de
réfuter.

§ 6. Pie XII, comme on le voit, redoute que la cohésion de
l'Europe démocrate-chrétienne, dont il attendait tant (il n'en est
sorti en fait qu'un affaiblissement sans précédent de l'Europe
des nations réelles, et Vatican II...), ne devienne fragile sous la
pression de la reviviscence des nationalismes européens. Mais
Pie XII ne se rendait pas compte que l'Europe unie et pacifiée,
solide et chrétienne, capable d'écraser *et* le monde soviétique,
et l'Internationale maçonnique, *et* l'univers judéo-anglo-saxon
(autant de fléaux que Pie XII reconnaissait comme tels, fût-ce
sans le proclamer trop fort), qui plus est capable de mettre de
l'ordre dans le Tiers-Monde, n'eût été possible que par la reconstitution, fasciste et nationale-socialiste, d'une Europe carolin-
gienne en forme d'Empire pour mille ans, de cette Europe qu'il

avait précisément, par ses manœuvres anglophiles entreprises dès 1939, contribué à rendre impossible.

Ce qui très légitimement gêne Pie XII, et à quoi une conscience chrétienne ne peut souscrire, c'est la prétention que pourrait avoir le pouvoir politique de s'émanciper de l'ordre naturel et de se refuser à servir le bien commun universel : « La vraie notion de l'État est celle d'un organisme fondé sur l'ordre moral du monde ; et la première tâche d'un enseignement catholique est de dissiper les erreurs, celles en particulier du positivisme juridique qui, en dégageant le Pouvoir de son essentielle dépendance à l'égard de Dieu, tendent à briser le lien éminemment moral qui l'attache à la vie individuelle et sociale » (*Lettre aux Semaines sociales de France*, du 14 juillet 1954). Non, à la vérité, que le politique serait subordonné à la morale, puisque, selon la philosophie thomiste dont le même Pie XII se voulait le serviteur (fidèle ?), le bien commun l'emporte sur le bien particulier. Mais dès lors que le bien commun ne dépasse et ne se subordonne le bien particulier qu'en l'assumant, ainsi en le respectant, de même le politique ne dépasse et ne se subordonne les exigences de la morale qu'en commençant par la respecter, elles sont organiquement incluses dans le bien commun du politique, et évidemment elles tiennent à l'ordre naturel et non au décret de la volonté des hommes, elles relèvent du droit naturel, divin par là même que naturel. De sorte que l'État s'écarte de lui-même, se rend inadéquat à son concept, dès là qu'il s'écarte de la morale et du droit naturels. Et puisqu'il est contre nature de refuser la foi (comme l'établit saint Thomas d'Aquin : *Somme Théologique* II^a II^{ae} q. 10 a. 1), il est contraire aux véritables intérêts même naturels de l'État que de se soustraire à sa finalité ultimement surnaturelle, laquelle exige la soumission à l'autorité de l'Église. On ne peut, sous ce rapport, embrasser la position que dans son amertume (au reste affectivement bien compréhensible) Ernst von Salomon définit comme suit : « Aucun peuple qui veut se réaliser jusqu'à la limite de sa force ne renonce à la prétention de dominer aussi loin qu'il peut s'étendre. **Je ne me sens d'autre responsabilité qu'envers cette seule force** » (*Les Réprouvés*, cité par Ploncard d'Assac, page 194). On ne peut non plus, cependant qu'on peut tenir compte du contexte, accepter à la lettre la définition du droit que propose le ministre Frick, en 1933, au Congrès des Juristes à Leipzig : « Les nationaux-socialistes disent que le droit est ce qui sert le peuple allemand ; l'injustice est ce qui lui porte dommage » (cité par Ploncard d'Assac, page 251). *Cela dit, tout le problème est pour nous de savoir si tout nationalisme induit nécessairement, en tant même que nationalisme, un tel positivisme juridique, et une telle sacralisation de la nation la déconnectant de sa finalité ultime, qui est surnaturelle. C'est ce que prétend le pape Pie XII. C'est ce que nous contestons.*

§ 7. Pie XII refuse au fond, dès son encyclique *Summi Pontificatus*, que l'État puisse être jamais légitimement le « *mandataire de la nation* » entendue comme base d'une politique absolutiste, intérieure et extérieure. S'il faut entendre par là que l'État ne doit pas verser dans l'idolâtrie de la nation, dans l'égoïsme national qui induit le positivisme juridique et substitue la force au droit, nous n'avons rien à redire à la formule pontificale. *Mais est-ce à dire que la vie nationale serait, dans son essence, quelque chose de non politique ? Car c'est là que tout se joue. Si Pie XII le professe, c'est parce qu'il pense que la politisation de la catégorie de nation serait nécessairement porteuse d'une divinisation de la nation, elle-même porteuse d'une déification de l'homme. Si donc la vie nationale, comme le prétend Pie XII, est essentiellement non politique, alors le nationalisme, qui comme nous le verrons bientôt enseigne le contraire, souffre de tous les travers que les nationalistes catholiques reconnaissent au nationalitarisme (subjectivisme, refus de tout ordre naturel, souveraineté du peuple pensé comme l'origine première des valeurs morales), et alors il ne reste aux nationalistes catholiques qu'à cesser d'être nationalistes, et même, depuis les injonctions de Léon XIII et de Pie XII en faveur de la démocratie chrétienne, à se faire eux-mêmes démocrates (c'est bien ce que, en même temps qu'il se convertissait au modernisme, fit au reste Marcel Clément). Une telle exigence aurait de quoi faire perdre la foi au catholique le plus intègre. On ne rappellera jamais assez que la soumission filiale à l'Église ne se confond pas avec le cléricalisme. Le Père Calmel, peu suspect de modernisme, dans sa* Brève Apologie de l'Église de toujours, *a fort opportunément rappelé que l'obéissance n'est jamais inconditionnelle, sinon à Dieu seul. Toute obéissance est prudente, elle n'est jamais aveugle, elle n'est jamais inspirée par la crainte servile ou la démission.*

§ 7.1. Rappelons d'abord, avec Maurras (une fois n'est pas coutume...), que la nation ne se distingue pas réellement, « *materialiter* », de la patrie : « La distinction entre patrie et nation, patriotisme et nationalisme ne tient pas. Le culte de la patrie est le respect, la religion de la terre des pères ; le culte de la nation est le respect et la religion de leur sang (...). À mon sens, il ne faut pas distinguer entre nation et patrie ; tout le mal que vous pensez de l'une tomberait sur l'autre, tout le bien qui justifie patrie pourra justifier nation ; l'un et l'autre par définition ressortissent au IVe commandement, qui n'a jamais signifié pourtant que l'on doit voler ou assassiner pour honorer ses père et mère » (*Lettre à Henri Massis*). Or la nation n'est pas les seuls morts, ni les vivants, elle n'est pas non plus ce que définissent les vivants par plébiscite, elle ne se réduit pas à tel territoire défini à un moment donné. Lorsque Treitschke déclare, lors de l'annexion de l'Alsace et de la Lorraine : « Le pays allemand que nous réclamons est nôtre par la nature et par l'histoire. (...) Nous, Allemands qui connaissons l'Allemagne et la France, nous savons ce qui convient aux Alsaciens mieux que ces malheureux eux-mêmes. (...) Nous voulons, contre leur volonté, leur rendre leur être propre », il rappelle opportunément que l'essence de la nation n'est pas réductible à la volonté, qui peut être faussée (tout comme la conscience qu'ils ont d'eux-mêmes : aujourd'hui les Français se définiraient par les Droits de l'Homme et la Révolution française), des seuls vivants, et plus

généralement des décrets subjectifs ; nous ne voulons pas signifier par là que l'Alsace et la Lorraine seraient en droit des terres
allemandes, nous voulons dire que même si les Bretons de l'an
2010 décidaient par plébiscite de se rattacher à la Grande-
Bretagne, ils ne cesseraient pas d'être Français pour autant, et
l'État français serait fondé à récupérer son bien par la force. Une
nation est un ensemble de valeurs incarnées en un peuple, elle
est une manière d'être homme, elle est la réalisation, qui ne peut
être que collective, d'un idéal-type humain. Toute nation est
constituée par un ensemble de valeurs de civilisation propre à
un groupe d'individus déterminé. Mais le propre de toute valeur
de civilisation, ou de toute culture, est d'exprimer une certaine
manière dont un groupe d'hommes, ayant conscience d'être
voués à un destin commun, se représentent ce qu'ils doivent être
en tant qu'hommes ; toute culture est l'expression extériorisée
de la nature humaine. Donc toute nation est un groupe particulier de personnes habitées par une certaine Idée de l'homme en
général. C'est l'Idée qui, se préfigurant dans la matière adéquate
de son éduction formelle (un patrimoine biologique déterminé,
qui n'est pas nécessairement une race ni même une ethnie parfaitement homogène), fait historiquement la nation, et c'est la
nation qui forge historiquement son territoire. Puis donc que la
nation se confond avec la patrie ; que la nation est une Idée de
l'Homme s'incarnant, se révélant culturellement et se déployant
dans et par un peuple, alors le caractère processuel de manifestation de cette Idée prenant conscience de soi en lui, induit le
caractère mouvant de la patrie entendue comme entité géographique. On ne peut donc, avec Ploncard d'Assac, déclarer,
à propos du IIIᵉ Reich : « Au nationalisme appartiendraient
toutes les idées de dépassement des contradictions des partis et
des classes, d'unité profonde de la nation, d'État organique, de
conception hiérarchique, du socialisme même. Mais appartien-
drait au nationalitarisme la notion d'inachèvement de l'unité
territoriale » (*Doctrines*, p. 194). Car faire de la volonté d'achever son unité territoriale un effet de la prétention, de la part d'un

groupe d'individus, à créer leurs valeurs *ex nihilo* et à faire exister leur communauté par contrat (ce qui est l'essence du nationalitarisme, comme nous l'avons montré au paragraphe 4), c'est confondre l'ordre chronologique de genèse et l'ordre ontologique de causalité, que nous avons ici distingués plus haut (§ 3).

§ 7.2. Si, comme il vient de l'être rappelé, la nation est un ensemble d'hommes définis par le fait d'être habités par une identique manière de se représenter ce que doit être l'Homme, cette expression particulière de définir l'homme se veut d'emblée, pour eux, *la* manière d'être homme. **C'est une expression se voulant universelle de cet universel qu'est la nature humaine, à tout le moins la plus adéquate, autrement un tel groupe d'hommes renoncerait immédiatement à cette représentation paradigmatique de leur essence commune, elle s'éclipserait dans l'acte même de naître, et les hommes adopteraient celle de leurs voisins. On ne saurait déclarer sans erreur que les valeurs nationales sont vécues par un peuple comme ne valant que pour lui, compte tenu de sa psychologie et du territoire où il vit (autant de déterminations supposées conditionner le corpus de valeurs et en limiter la portée), puisque ce territoire et cette psychologie, loin d'être causes premières des valeurs adoptées, sont la conséquence, comme nous l'avons montré plus haut (§ 7.1), de l'information, par ces valeurs qui cherchaient leur expression et leur concrétisation en lui, du peuple considéré. C'est toujours l'Idée, ou Forme, qui pose les conditions adéquates de son éduction, ou qui ne choisit que celles qui lui conviennent, et qui les fait évoluer, autant que le permet leur plasticité (qui a certes une limite) en vue de son propre avènement. L'infrastructure matérielle (nécessités économiques induisant des migrations par exemple, influence des climats, etc.) n'est jamais, à peine de faire profession de matérialisme, la cause première du comportement des hommes et des idées dont ils font habiter leurs intelligences. Elle n'est que cause seconde, cause matérielle précisément. Ce n'est pas la Souabe qui a créé le génie de**

l'âme allemande, c'est le génie de l'âme allemande qui a trouvé en Souabe les conditions, psycho-géographiques, de son éduction historique concrète et de son épanouissement. Il y a certes, entre valeurs nationales et peuple, causalité réciproque au niveau de l'individu (la manière française d'être homme convient au Français parce qu'il fut élevé en France), mais la réversibilité ne saurait être absolue ; ce n'est pas la psychologie de Monsieur Dupont qui explique la France, c'est l'Idée française de l'Homme qui explique la psychologie de Monsieur Dupont, même si cette dernière contribue à faire subsister l'Idée française. Et de ce que les valeurs culturelles définitionnelles de la vie nationale sont constitutivement exigitives d'une prétention à l'universalité, il résulte deux choses fort importantes (§ 7.3 et 7.4) :

§ 7.3. Tout d'abord, de ce que l'État, catégorie essentiellement politique, est par son droit et ses institutions, quelque chose de normatif et au besoin de coercitif, il est une instance expressive d'un certain idéal qui a raison de fin, il est à prétention universelle, mais par là il est lui-même l'expression d'une certaine manière de concevoir ce que doit être l'homme, ce qu'est l'Homme. Or telle est, comme on l'a vu plus haut (§ 7.2), la nation. Il en résulte que la différence de l'État et de la nation n'est pas de l'ordre de la différence qui existerait entre une fonction gestionnaire et le corps qu'elle a vocation à gérer ; ce n'est pas, selon le vocabulaire scolastique, une différence réelle majeure. Il n'y a pas plus d'indifférence entre État et nation (comme si leur rencontre pouvait être accidentelle) qu'entre forme et matière ou acte et puissance. De même que, aux dires d'Aristote (*Physique* I) la matière désire la forme comme la femelle désire le mâle, de même la nation désire l'État. La nation est à l'État comme la puissance est à l'acte, comme la matière est à la forme ; la vie nationale en acte n'est autre que l'individuation de la forme étatique, l'État est l'acte de la nation, **il est la nation en acte**. Et puisque l'État est essentiellement politique, **alors la vie nationale relève de la vie politique**. De même que la matière sans la forme se décompose et se disperse en retournant au néant, de même la nation sans l'État se résout en régionalismes sentimentaux et bientôt en habitudes vouées à disparaître, elle perd cette exigence d'universalité qui, comme manière paradigmatique d'être homme, lui donnait d'être une communauté de destin ; mais si la nation n'est nationale que par l'État qui est de nature politique, alors la nation est nécessairement politique. Plusieurs nations peuvent bien être actualisées par un même État, comme peuvent l'être plusieurs matières par une même forme (on a alors un empire), mais une nation éclatée en plusieurs empires est impossible à long terme, cette situation répugne à l'essence naturelle de la nation : le contre-exemple du peuple juif n'est pas probant, parce que la judaïcité est de nature théologique, ainsi non naturelle précisément (nous prenons ici le mot nature dans son sens d'antonyme de la surnature). Une nation éclatée en plusieurs États appelle d'elle-même, même si cela prend des siècles, son unité de destin dans un État qui actualise cette unité. Ou bien les parties éclatées d'une telle nation, activement ou de guerre lasse, sont bientôt en passe de se fondre dans une autre nation, de servir d'élément matériel à cette autre nation qui la transforme, la change intrinsèquement en l'intégrant, et qui se fait actualiser par un autre État. Notons que la thèse ici soutenue n'est nullement nationalitaire, elle n'est pas une resucée jacobine de l'État-nation, puisqu'elle admet la possibilité, et même enveloppe celle de l'inéluctabilité d'un rassemblement de plusieurs nations en un seul État. On peut discuter sur la vocation historique de telle communauté nationale concrète : les Wallons et les Canadiens du Québec sont-ils appelés à revenir dans le giron de la nation française, ou sont-ils comme les anciens Français de Louisiane voués à l'intussusception par le monde anglo-saxon ? Les « nations » basque ou kurde ont-elles vocation à faire s'éclater les États en lesquels elles sont actuellement réparties, ou bien ne sont-elles (ce que nous pensons en fait quant à ces deux dernières), parce que passées dans l'appétit naturel des peuples, que des éléments matériels destinés à s'intégrer en s'y fondant dans d'autres nations ? C'est l'histoire qui tranche dans ces cas-là, mais cela ne remet pas en cause le raisonnement qui précède.

§ 7.4. Deuxième conséquence : il serait ridicule de fixer à la nation un territoire *a priori* déterminé, et qui serait supposé définir la limite d'extension légitime d'une culture ou vie nationale. La nation obtient ce territoire par la force ou par la diplomatie. Ainsi que l'ont rappelé, à juste titre, Corradini et Mussolini, les nations, chacune étant porteuse d'une vocation culturelle qui est prétention à l'universalité, sont virtuellement en conflit permanent (la chose s'est au reste vérifiée aussi bien avec le principe héréditaire qu'avec le principe national) aussi longtemps qu'elles n'ont pas trouvé le moyen de se penser comme autant de particularisations d'un même universel qui les rassemble organiquement dans un empire. Pour illustrer notre propos, nous évoquerons la figure du rapport homme-femme, en nous souvenant des développements féconds que proposa naguère à ce sujet le Père Gaston Fessard s'inspirant librement de la dialectique hégélienne de la maîtrise et de la servitude. Ce rapport conjugue l'attirance et l'hostilité, ou plutôt une attirance qui relève de l'oblation et une attirance qui relève de la captation ; en termes scolastiques : un amour de bienveillance et un amour de concupiscence. Car de même qu'il existe dans la relation amoureuse une dimension d'aliénation dans le don de soi-même à l'autre, de même il existe une dimension de conquête dans le désir de posséder l'autre, et tout cela est naturel et conforme à l'ordre. L'homme et la femme, dans le jeu polémique de la séduction, ne se réconcilient que dans l'enfant (raison du conflit amoureux qui ne la précède qu'en tant qu'elle s'anticipe en lui) qui pose concrètement leur identification l'un à l'autre sans les abolir dans leurs différences nécessaires. Et de même, les nations ne s'appréhendent comme complémentaires, ainsi non rivales et respectueuses les unes des autres, que par la position d'un principe impérial d'unité qu'engendre l'assomption de leur conflit (au sens où une telle assomption *révèle* ce principe, se sublimant en lui, car c'est lui, dont elles procèdent proleptiquement, qui se cherchait depuis le début en elles), et qui les identifie les unes aux autres par le meilleur d'elles-mêmes qu'elles visent intentionnellement, sans les abolir dans leurs différences organiques. Si les hommes étaient des saints, qui plus est tous dotés d'une lucidité parfaite, un tel antagonisme entre nations, sans cesser d'être naturel et par là non peccamineux, serait réglé et dépassé pacifiquement. Les nations vouées à être dominées plébisciteraient leur vassalité, les nations destinées à être colonisées se feraient éduquer de bonne grâce, les peuples mus par le seul souci du bien commun universel assomptif de leurs biens particuliers nationaux procéderaient à une reddition de certains territoires superflus, les nations suzeraines seraient toujours respectueuses de l'identité des nations soumises, les partages territoriaux, induits par les exigences matérielles de concrétisation de l'esprit de chaque peuple, se feraient sans guerre et sans haine ; et les vestiges de nations passées dont le génie propre s'est trouvé réassumé par des nations plus récentes renonceraient d'eux-mêmes à eux-mêmes. Mais il n'en est pas ainsi depuis le péché originel. La violence, en son sens d'activité contre nature, est entrée dans le monde. Et le conflit virtuel entre nations, leur antagonisme lui-même naturel et sain, se résout désormais dans la violence, en son sens trivial de conflit sanglant. Ce qu'il convient de noter, c'est que le désir charitable d'éradication de la violence sanglante, souci légitime, ne saurait prendre la forme d'un désir d'éradication des antagonismes, qui sont inhérents à l'intentionnalité universelle constitutive de toute véritable culture, ainsi de toute nation. Et c'est pourtant ce que nous propose Pie XII.

§ 8. Persuadé que tout conflit entre nations politisées — entendons par là entre États reconnaissant à la catégorie de nation une connotation politique, ainsi entre États nationalistes — serait intrinsèquement mauvais parce que contre nature, le pape Pie XII en vient à juger que de tels conflits seraient sans fin et inflationnistes, que par là ils en viendraient nécessairement à sacraliser les nations au point de les déifier, et qu'il les soustrairait à leur finalité ultime, les faisant périr d'intumescence en leur faisant développer un positivisme juridique substituant la force au droit. Il nous semble que cet enseignement papal, irénique, confond l'accident avec l'essence. Il nous semble aussi que l'enfer est pavé de bonnes intentions. La nation ne peut pas ne pas être exploitée (car tel est précisément son vœu le plus naturel) comme moyen pour des fins politiques, elle aspire à être exhaussée par l'État au statut de valeur politique ou publique ; l'État ne peut pas ne pas faire de la nationalité la base de sa force, l'État véritablement État ne peut pas ne pas être nationaliste, au moins de manière implicite (et tous les États historiques le furent toujours de manière avouée ou non), puisque l'État, comme la forme aristotélicienne, n'est pas sans la puissance nationale qu'il actualise. Si l'État n'est pas, en effet, le mandataire de la nation (car l'acte n'est pas le mandataire ou le délégué instrumental de la puissance, c'est elle qui est pour son acte), il en est l'actualisation, il est solidaire de sa dynamique universaliste, il la consacre. L'État assure les conditions de possibilité de genèse, de développement et d'expression du génie national dont, en retour, il est le principe d'actualisation et la fin. En prenant soin de la nation, il ne fait que prendre soin de lui-même.

Il n'est pas, comme on l'a vu (§ 7.4), de limite *a priori* assignable à la vie nationale d'un peuple. Il en résulte que cette vie tend de soi à se communiquer et à s'imposer *ad extra*, par la diplomatie, par la conquête, par l'émigration, par le prestige culturel, par la puissance économique, par la colonisation, par la poussée démographique, etc. Supprimer les possibilités de guerres, ce serait supprimer l'Histoire, ce serait supprimer la culture, et les nations et la vie même. Mais par là que la vie nationale tend d'elle-même à se communiquer *ad extra* aussi longtemps qu'elle ne s'est pas intégrée dans une totalité impériale dégagée par l'assomption même de l'antagonisme entre nations, alors la nation a d'elle-même une portée politique. Car il n'est pas indifférent à l'État de subir ou de faire subir des entreprises de conquête, de colonisation, etc. Prétendre avec Pie XII que la vie nationale serait essentiellement d'ordre non politique, c'est au fond déjà souscrire aux injonctions d'un Jean-Paul II invitant les nations riches à faire leur place, en leur sein, aux nations pauvres, sous l'égide d'un État qui serait de soi indifférent aux évolutions nationales qu'il se contenterait de subsumer, puisque dans cette perspective le principe d'unification et d'organisation de la multitude (l'État), est supposé être de soi indifférent à la nature de la vie nationale qu'il régit. Prétendre que la vie nationale est quelque chose de non politique, c'est interdire à l'État de toucher à la nation. En vérité, la vie nationale est une catégorie qui relève de la raison politique, mais par là le nationalisme qui le professe n'est pas intrinsèquement mauvais, et la dimension polémique qui lui demeure consubstantielle n'est pas l'effet d'un nationalitarisme orgueilleux, mais l'expression d'une tension féconde inscrite dans la nature des choses, laquelle tension n'est que par accident génératrice de violences et d'iniquités. Car prendre acte de la dimension politique de la vie nationale, c'est en effet prendre le risque de voir un État faire de la nation le prétexte à une multitude de revendications illégitimes, en limitant les valeurs dont cette vie nationale est porteuse aux intérêts exclusifs du peuple dont il est l'État, ainsi en privatisant de telles valeurs. Mais en procédant ainsi, l'État violente les valeurs dont il dit se faire le champion, et il se contredit lui-même. Que la reconnaissance du caractère politique des valeurs nationales puisse induire une corruption, par subjectivisme investi dans une volonté de puissance déréglée, de ces mêmes valeurs, n'autorise pas à s'opposer à cette reconnaissance ; c'est comme si l'on professait que la reconnaissance du bien commun comme raison des biens particuliers devrait être proscrite, sous le prétexte qu'elle risque de favoriser une déification de la vie politique. Le national-socialisme, comme nous le verrons, ne s'est pas toujours immunisé contre de telles tentations subjectivistes, mais ce n'est pas la politisation de la vie nationale, en tant que telle, qui doit être condamnée en lui.

Faire de la vie nationale quelque chose d'essentiellement non politique, c'est au fond, subrepticement, adopter une conception du bien commun qui n'est plus celle d'Aristote et de saint Thomas. Pour ces derniers, le bien commun n'est pas la simple disposition des parties d'une société permettant à chacune d'elles de tendre vers son bien propre, et l'État n'est pas le simple gestionnaire subordonné à la prospérité, matérielle et spirituelle, des membres de la société ; le bien commun est pour eux le meilleur du bien particulier lui-même, sa raison immanente et sa fin (nous nous sommes assez expliqué sur la question dans nos articles précédents consacrés au nationalisme). Mais c'est pourtant à un rôle subordonné que le réduit Pie XII, puisqu'il exclut que la vie nationale puisse être politique. Faire en effet de la vie nationale une réalité non politique, une réalité à laquelle le politique n'aurait pas le droit de toucher (sauf pour corriger ses aspects éventuellement immoraux) et qu'il n'aurait pas le droit de se subordonner, ainsi qui vivrait de sa vie propre déconnectée de la vie de l'État en tant qu'État, c'est au fond cantonner la vie nationale à la sphère du privé (lequel vise des biens privés). C'est réduire le bien de la vie nationale au bien de ceux qui l'engendrent pour se la subordonner, ou qui se font vivre en elle, c'est faire de la vie nationale l'instrument des particuliers au profit de leur élévation morale et spirituelle. Mais faire des valeurs de civilisation, qui sont de soi universelles, l'instrument des individus, c'est subordonner l'universel au singulier, et *a fortiori* cela revient à subordonner le bien commun, parce qu'il est universel, ainsi le bien politique et étatique, aux singuliers. Cette conception instrumentaliste du bien commun ne comprend pas qu'un bien puisse être le bien propre d'un individu non en tant que cet individu le rapporterait à soi, mais en tant qu'il lui est rapporté.

§ 9. Pour mesurer ce qu'il peut y avoir de contestable dans la thèse de Pie XII, nous nous permettrons d'évoquer l'admirable figure de José Antonio Primo de Rivera dont, au rebours du national-socialisme allemand, le classicisme politique et la catholicité fervente ne sauraient faire l'objet d'une quelconque discussion.

« La Patrie est ce qui, dans le monde, configure une entreprise collective. Sans entreprise, il n'y a pas de patrie ; sans la présence de la foi en un destin commun, tout se dissout en provinces natales, en saveurs et couleurs locales » (*Textos de Doctrina Politica*, cité par Ploncard d'Assac dans ses *Doctrines*, page 277). La nation n'est pas « une entité géographique, ni ethnique, ni linguistique ; elle est essentiellement une unité historique. Un agrégat d'hommes sur un morceau de terre n'est une nation que si elle l'est en fonction de l'universalité, si elle accomplit un destin propre dans l'Histoire (*on est très proche de Mœller van den Bruck*) ; un destin qui n'est pas celui des autres » (*id.* p. 277). De même que « la véritable unité juridique est la personne, c'est-à-dire l'individu considéré non dans sa qualité vitale, mais comme porteur actif ou passif des relations sociales que le Droit règle », de même « le peuple dans sa forme spontanée n'est rien d'autre que le substratum (*ainsi la « matière »*) de la société politique. Il convient déjà d'user pour se comprendre du mot **nation** qui veut dire justement : la société **politique** (*nous soulignons*) capable de trouver dans l'État sa machine opérante ». Les nations, « unités de destin dans l'universel », sont des **réalités politiques** en tant que puissances expectantes à la forme politique de l'État qui confirme leur universalité en leur conférant l'unité qui les distingue des autres et accuse leur caractère insubstituable.

§ 10. Concluons.

D'abord le **nationalitarisme** n'est pas, « *primo et per se* », le caractère d'un régime (national-socialiste par exemple) qui se proposerait d'accoucher de la nation déjà présente dans les flancs de l'Histoire et de l'appétit naturel des peuples, dont la seule hostilité des nations voisines — qui plus est — a compromis la naissance. Le nationalitarisme est une idéologie démo-cratique qui ne porte l'étendard de la nation que pour se sous-traire à l'autorité des dynasties et plus généralement à toute autorité, et qui se résout dans la négation du principe national lui-même.

Deuxièmement, le **nationalisme** n'est pas par essence le caractère d'un régime qui mépriserait le droit naturel en divini-sant la nation, et qui se soustrairait égoïstement, se faisant de manière obligée fauteur de guerres, au devoir de viser un bien commun universel transcendant le bien commun de la nation. Il est le caractère d'un État prenant acte du fait que l'État est à la nation comme la forme est à la matière, il est ainsi le caractère d'une conception hylémorphiste de la réalité politique. Et c'est pourquoi la vie nationale est quelque chose qui, comme cause matérielle adéquate de l'État, relève déjà de l'ordre politique. C'est pourquoi, tout autant, le nationalisme est une doctrine qui prend acte de l'antagonisme fécond, générateur de guerres seu-lement par accident, entre les vies nationales, entre les nations dont la vitalité induit les antagonismes comme leur caractère obligé.

H

ADOLF HITLER, FÜHRER DU TROISIÈME REICH

§ 1. Est-il besoin de préciser qu'il est très difficile aujourd'hui de parler d'Adolf Hitler ? Aux yeux du monde moderne, il est devenu l'incarnation du mal absolu. On a forgé les mensonges les plus éhontés sur le phénomène hitlérien. On a fait supprimer ou rendu impossible l'accès aux sources historiques susceptibles de l'éclairer. On a même réussi à faire revendiquer, par les nostalgiques décadents d'un national-socialisme de sex-shop, les actes et thèses controuvés qu'on lui a plus tard imputés. On a instauré des lois aussi iniques que coercitives pour conjurer toute possibilité d'analyse honnête de l'œuvre historique d'Adolf Hitler et de sa doctrine.

Mais nous n'aimons pas le monde moderne, auquel nous n'appartenons que par accident. Nous n'aimons pas le monde moderne, non parce qu'il est moderne, non du tout par nostalgie stérile, mais parce que sa modernité est factice ; elle n'est, comme collapsus de toutes les énergies proprement humaines, ainsi spirituelles, qu'un retour, précipité (au sens chimique du terme) par les acquis culturels dont cette même modernité est l'héritière et qu'elle retourne contre elle-même en les réduisant à leur dimension technico-scientifique, aux origines indifférenciées de l'humanité déchue. C'est pourquoi nous parlerons de la doctrine hitlérienne avec la bienveillance critique qu'appellent méthodologiquement toutes les analyses se voulant objectives :

il n'est qu'une manière logique de réfuter une idée qui, comme le remarquait Rivarol, ne se combat pas à coups de canon ; c'est de l'épouser afin de la laisser faire l'épreuve, en la soumettant au critère immanent de son propre contenu, de sa cohérence interne ; ainsi de la laisser, si tant est qu'elle soit grevée de tous les travers qu'on lui suppose, faire l'aveu de sa propre inconsistance qui la supprime, en la faisant se contredire elle-même par elle-même. Qu'il soit bien dit cependant que nous n'avons nullement l'intention de condamner à tout prix la doctrine d'Adolf Hitler. Si elle doit être condamnée, elle le sera par elle-même. Et nous verrons qu'elle ne se condamne qu'en partie. Plutôt qu'à feindre, comme les histrions de la Nouvelle Droite, de critiquer ostensiblement les idées d'Hitler pour en retenir sournoisement les positions les moins recevables (et au reste attribuées après sa mort, telles les pitreries gnostiques et occultistes, paramaçonniques et antichrétiennes, à un Hitler mythologisé et commercialisé que le véritable Hitler eût très vraisemblablement repoussées de toutes ses forces en enfermant ses faux adorateurs en maison de fous), nous préférerons, en nous cantonnant au domaine des idées, mettre en évidence l'incontestable grandeur de son combat théorique, afin d'en signaler les difficultés réelles.

§ 2. « Je le proclame ici devant l'avenir : de même que la connaissance de la rotation <*il veut parler de révolution*> de la Terre autour du Soleil a valu une révolution dans notre conception de l'Univers, de même la doctrine du sang et de la race soutenue par le mouvement national-socialiste provoquera une transvaluation de notre conception de l'Histoire du passé de l'humanité ainsi que des anticipations de son avenir » (Hitler, *Discours du 30 janvier 1937*). La culture anarchique, quoique réelle, d'Adolf Hitler, lui fit ignorer ce que nous apprend l'épistémologue Pierre Duhem, catholique comme Adolf Hitler, à savoir que la véritable science expérimentale, dégagée des préjugés scientistes qui la retardent, ne peut que confirmer les intuitions métaphysiques et intemporellement vraies de la vraie philosophie, et que par là il n'est jamais de révolution radicale ou de nouveauté absolue dans la conception de l'univers, pas plus dans l'ordre biologique que dans l'ordre astronomique : un certain François de Meyronnes par exemple, scotiste contemporain de Duns Scot, évoque dans son *Commentaire des Sentences de Pierre Lombard* (lib. II, dist. 14, q. 5) qu'un certain Docteur non nommé par lui affirme, au XIIIe siècle, que si la Terre était en mouvement et le ciel en repos, cette disposition serait meilleure — comprenons par là qu'elle serait plus conforme, paradoxalement, à l'esprit de l'Écriture. De même que la Relativité et la mécanique quantique se contentent de redécouvrir à leur manière (ce n'est pas le lieu de l'établir ici) les thèses aristotéliciennes sur le temps et sur l'espace, de même l'héliocentrisme confirme que la Terre est plus que jamais le centre de l'univers, mais son centre métaphysique : la création a vocation à imiter son Modèle jusqu'en la césure, définitionnelle du Modèle, entre créé et incréé, de sorte que la centralité physique du Soleil lui confère, cependant qu'il est finalisé par la Terre, la valeur symbolique de représentation du Modèle imité. Une révolution dans notre conception de l'univers n'est ainsi jamais que la redécouverte, par le moyen d'une révolution de nos préjugés, d'une vérité oubliée. Et il en est de même pour cette redécouverte hitlérienne de l'importance du patrimoine biologique dans la constitution et la préservation pérenne d'une culture donnée. Quand on ignore qu'on ne fait que redécouvrir en révolutionnant, on a tendance à durcir, à absolutiser sa trouvaille, et tel est bien le défaut de la doctrine raciste d'Adolf Hitler : il l'a rendue intenable et caricaturale, pour l'avoir systématisée au point de risquer de la réduire, objectivement, à un déterminisme biologique de type matérialiste.

La déclaration naïve d'Hitler, pleine de cet optimisme scientiste dont il ne sut pas se préserver, révèle, en vertu même de cet optimisme, sinon qu'Hitler fut un homme immensément bon (comme l'écrivit Alphonse de Châteaubriant dans *La Gerbe des Forces*), à tout le moins qu'il fut un brave homme, certes passablement exalté, petit bourgeois excédé par la décadence de son peuple en laquelle il prévoyait, à juste titre (et l'histoire lui a donné raison), l'anéantissement de la race blanche et de la civilisation européenne tout entière, et avec elle du christianisme qui la requiert comme la condition naturelle obligée de sa propre mise en forme dogmatique et de sa diffusion universelle. Le réductionnisme raciste, pour erroné qu'il soit, non parce qu'il affirme la causalité des races mais en tant qu'il hypertrophie cette causalité au détriment d'autres déterminations en soi plus importantes, ne fut pas l'effet d'une perversité intrinsèque du Führer, mais de préjugés scientistes partagés par une grande partie de l'intelligentsia de son temps. Hitler, quoique lecteur assidu de Schopenhauer, n'était pas métaphysicien. Il crut, dans son « œuf de Christophe Colomb » (la solution raciste), dégager le principe d'explication des décadences culturelles, mais par là aussi le principe de réfection de ces mêmes cultures. Il reste qu'il fut animé par un grand amour, mal éclairé, de son peuple et de la civilisation indo-européenne. Et nous lui savons gré de cet amour. Si Hitler avait gagné la guerre, il en fût résulté, pour les valeurs de la civilisation occidentale, pour les peuples européens, mais aussi pour tous les peuples dits aujourd'hui du Tiers-Monde, pour la gloire de la Sainte Église catholique et romaine encore, un mal de beaucoup moindre que celui qu'ils subissent aujourd'hui et dont, à vue d'homme, ils ne se dégageront pas. Les anathèmes de Pie XII lestés de mélasse démocrate-chrétienne, ceux des monarchistes maurrassiens stupidement et pathologiquement germanophobes, ceux des légitimistes irrationnellement augustiniens en politique, n'y changeront rien : Hitler fut la dernière chance de l'Europe, face aux ennemis de ses peuples, les ennemis juifs, marxistes, capitalistes, mondialistes, francs-maçons et œcuménistes. Il fut la dernière occasion, qui nous eût épargné le cataclysme qui seul nous pourra désormais sortir du marasme, pour l'Europe, de se débarrasser des fléaux issus de la Révolution française. Que les contempteurs bien-pensants et anti-hitlériens de la modernité ne viennent donc pas se plaindre aujourd'hui. Comme Napoléon en son temps, et sans vouloir procéder à une comparaison qui serait

surfaite, Hitler a ramassé la couronne du pouvoir dans le ruisseau. Il en a fait ce qu'il a pu en faire, compte tenu de ses qualités
propres, qui n'étaient pas immunes de déficiences graves, et des
conditions qui lui étaient imposées par son temps. Les premiers
responsables des erreurs hitlériennes, et plus généralement des
travers du fascisme, ce sont les élites démissionnaires incapables
d'avoir procédé aux réformes qu'appelait le monde vermoulu
des trônes ; ce sont les nationalismes étriqués qui n'avaient pas
pris la mesure de la décadence dont ils se voulaient le remède
bavard ; ce sont les gens d'Église confondant la majesté du
Corps mystique du Christ avec leur volonté de puissance ecclésiastique ; c'est tout ce monde qui fut responsable de la genèse
de l'hitlérisme dont il rendit malgré lui, par le fait de son
égoïsme et de son impéritie, la démesure au moins sporadiquement nécessaire. C'est qu'il n'était pas question de tenter de
remettre de l'ordre dans les seules nations européennes, le mal
dans le monde entier était trop avancé. Quels que soient ses
défauts, c'est au seul Hitler qui reviennent le mérite et la lucidité
d'avoir compris que le salut des nations européennes passerait
par une domination de l'Europe entière sur le monde, et que
cette hégémonie appelée par l'ordre même des choses exigeait
que l'unité de l'Europe fût elle-même préalablement accomplie.

§ 3. La doctrine raciste d'Hitler est issue de celle de Houston
Stewart Chamberlain, écrivain anglais très influencé par un professeur allemand de Cheltenham, Otto Kuntze, lui-même gagné
aux idées du Français Gobineau, selon lequel la décadence des
civilisations n'est imputable ni à des phénomènes climatiques,
ni directement aux effets de l'immoralité, ni à la programmation
providentielle d'une volonté divine (ainsi que le pensa Bossuet),
mais au mélange du sang des « *Aryans* », population mythifiée
d'Asie centrale, avec les sangs de races supposées inférieures. Le
rôle civilisateur de la race germanique ou aryenne se manifeste
selon lui dans le caractère dominateur des peuples d'Europe,
de l'antiquité grecque jusqu'aux grands esprits tels Dante,
Shakespeare ou Descartes, et il tient le Juif pour le corrupteur

par excellence. Hitler sut voir, dans sa jeunesse, grâce à la position d'observateur des luttes nationales que lui conférait son statut de Germano-Autrichien, combien le monde germanique pouvait être menacé en Europe de l'Est et du Sud-Est. Hitler s'opposera à la monarchie en tant qu'elle introduit du sang étranger, par sa logique dynastique et non nationale, dans la communauté nationale de destin. « Si l'on est monarchiste, déclarait Mussolini, il faut avoir le courage de l'être complètement. Pourquoi, nous, sommes-nous républicains ? **En un certain sens, parce que nous voyons un monarque pas suffisamment monarque** » (*La Nouvelle Revue d'Histoire*, numéro 6, juin-juillet 2003, p. 48). Adolf Hitler ne fut républicain qu'en ce sens.

Jacques Ploncard d'Assac fait d'Hitler un produit du nationalitarisme du XIXᵉ siècle : « C'est ce en quoi il diffère essentiellement de Mussolini pour qui l'État vient en premier lieu comme élément créateur de l'Empire au sens romain du mot, alors que pour Hitler, c'est la communauté de race qui forme l'État et l'État ne peut pas la dépasser » (pages 203-204 de ses *Doctrines*). La chose nous paraît contestable. Nous nous sommes expliqué sur la question dans notre article précédent (*L'Église et le nationalisme*), dont nous conseillons la lecture en tant qu'il contient sur le phénomène hitlérien des informations utiles dont le rappel ici eût alourdi l'exposé. Afin de confirmer notre hostilité à toute tentative de rejeter l'hitlérisme dans les ténèbres extérieures du modernisme (sport favori des monarchistes de toutes espèces, et des catholiques confondant soumission à l'Église et cléricalisme), nous nous permettrons d'en appeler à l'autorité d'un grand historien contemporain qui, au passage, évoque de manière voilée les raisons pour lesquelles il est si difficile aujourd'hui d'aborder un tel sujet de manière sereine :

Dans un entretien très intéressant avec Dominique Venner (*Nouvelle Revue d'Histoire*, mai-juin 2003, n° 6, p. 8 à 10), Ernst Nolte tient les propos suivants : « (…) on ne doit pas opposer un

Maurras contre-révolutionnaire à un Hitler révolutionnaire. **Ils appartenaient tous les deux au grand courant contre-révolutionnaire né en opposition à la Révolution française.** Mais ils s'étaient approprié tant de traits révolutionnaires qu'ils paraissaient souvent plus semblables à leurs ennemis qu'à leurs amis conservateurs — Maurras d'une manière voilée, Hitler, de façon plus évidente. (…) Les articles de Hitler, dans les années 1920, prouvent que sa hantise et sa haine du bolchevisme étaient devenues sa principale motivation. La forte présence de militants juifs parmi les promoteurs de la Révolution de 1917 et dans l'appareil international du Komintern était une thèse largement répandue à l'époque, par exemple par Churchill. Cette idée des Juifs inventeurs d'une révolution d'anéantissement qui menaçait tout le monde occidental, c'était le noyau de l'idéologie de Hitler. (…) Hitler estimait que le communisme et le marxisme influençaient 40 % de la population allemande. Désigner le communisme comme l'ennemi, l'aurait contraint à combattre presque la moitié de ses compatriotes. Alors que désigner les Juifs comme l'ennemi permettait d'ébranler et d'attirer les communistes eux-mêmes, tout en donnant à l'ennemi un visage concret, beaucoup plus efficace que celui d'un ennemi abstrait. (…) [Quant aux directions de recherches ouvertes dans *La Guerre civile européenne*, ouvrage de Nolte, ce fut là] une voie secondaire où je ne pouvais pas produire de conclusions, mais seulement formuler des questions et, pour une large part, des questions sur des questions qui n'étaient pas posées. J'ai lu des livres qu'on n'a pas vraiment le droit de lire, et je me suis aperçu, à mon grand étonnement, que je ne tombais pas toujours sur de "vieux nazis", mais parfois sur de purs libertaires et anciens détenus des camps de concentration, et que certains de ces auteurs avaient une connaissance des choses si complète que je n'avais rien trouvé de comparable dans la littérature "établie". Bref, j'ai emprunté cette voie secondaire parce qu'aucun autre historien reconnu ne l'empruntait. Et j'ai formulé en toute clarté mes interrogations référencées aux questions qui n'avaient pas été posées. En tant que savant, j'ai défendu le caractère de notre discipline qui est celui d'une recherche critique et équilibrée. Et en tant qu'homme, je me suis opposé à l'édification d'une nouvelle quasi-religion. »

Intelligenti pauca… La vérité historique ne concerne que de très loin les contempteurs partiaux du national-socialisme, y compris les maurrassiens trop heureux d'alimenter leur esprit de chapelle franco-française et leur ivresse germanophobe.

§ 4. Les idées philosophiques et politiques d'Adolf Hitler tiennent pour l'essentiel dans son ouvrage *Mein Kampf.* L'idée la plus déterminante est le racisme. La nature ou volonté de vivre est soumise à la loi fondamentale de la séparation des espèces, qui veut qu'un animal s'accouple avec un être de même espèce que lui. Toute dérogation à ce principe est sanctionnée par le fait que les espèces abâtardies sont privées de la faculté de se reproduire, soit directement, soit par leur incapacité à résister à la sélection naturelle. La volonté de la nature est de tendre à élever le niveau des êtres, et cette « *intentio naturae* » s'accomplit par la sélection. « Le rôle du plus fort est de dominer, et non point de se fondre avec le plus faible (…) le combat est toujours le moyen de développer la santé et la force de résistance de l'espèce et, par suite, la condition préalable de ses progrès. » Si la nature n'entretenait en son sein une polémique sélective permanente, les moins bons se mettraient à l'emporter en nombre sur les meilleurs qui, de ce fait, seraient bientôt marginalisés au détriment de l'ensemble. Tout métissage des Aryens (on parlerait aujourd'hui des Indo-européens), ensemble de peuples dominateurs et source de civilisation, a toujours engendré et toujours engendrera la ruine du peuple civilisateur. Il y a donc une téléologie dans la nature (les espèces ne sont pas le produit du hasard et de la nécessité), et les caractères physiques sont corrélatifs de caractères intellectuels et moraux (les valeurs spirituelles s'anticipent dans les races comme dans leurs conditions matérielles de possibilité, et elles font se sélectionner ces dernières en vue de leur propre manifestation). On peut ainsi parler d'**idéalisme**, s'il faut entendre par là une causalité de l'esprit antérieure à celle de la matière en tant que matière, et qui dirige les comportements de cette dernière. Mais partout où il existe un projet positionnel des conditions de sa concrétisation, c'est que ce dernier préexiste dans un entendement créateur : toute violation des lois de la nature « n'est autre chose que pécher contre la volonté de l'Éternel, notre Créateur ». Et qu'il soit doté de liberté et de raison n'empêche pas l'homme d'être un animal, assujetti aux lois de la nature expressives de la volonté de la Providence créatrice. « Le péché contre le sang et la race est le péché originel de ce monde et marque la fin d'une humanité qui s'y adonne. » Une régénération progressive est possible qui, en rétablissant les lois de la nature qu'une culture égalitaire et contre nature a violées, laisse les plus forts reprendre la place (celle des maîtres) que la nature leur avait assignée. Notons que pour Hitler les meilleurs ne sont pas tels parce qu'ils sont les plus forts, ils sont au contraire les plus forts parce qu'ils sont les meilleurs. La force dont ils sont en droit dotés, et qu'ils ne perdent qu'en tant qu'ils se refusent librement à eux-mêmes, est induite par l'excellence des valeurs dont ils sont les instruments d'éclosion et de diffusion. Toute civilisation dépend des hommes et non ceux-ci de celle-là. Par suite, « pour conserver une civilisation déterminée, il faut conserver l'homme qui l'a créée ». Supposé que des peuples immigrés se substituent progressivement, comme c'est le cas aujourd'hui en France et en Allemagne, aux populations indo-européennes qui ont fait la France et l'Allemagne, alors, quand bien même ces peuples auraient parfaitement assimilé la culture et la religion des autochtones, tôt ou tard cette culture tendrait à dégénérer : le métissage des corps induit celui des esprits. Il n'y a, de fait, ni déterminisme ni matérialisme dans cette conception raciste de l'homme ; il y a bien plutôt aristotélisme, dans cette réhabilitation de la doctrine de l'individuation (de la forme ou essence, ainsi de l'âme) par la matière. Aristote faisait déjà observer que la nature sanctionne par la stérilité les membres d'une espèce infidèles aux lois de pérennité de l'espèce : le mulet est stérile (chapitres 8 et 9 du livre Z de sa *Métaphysique*). Et le processus de sélection, qui ni ne crée les espèces et les races ni ne naît du hasard, mais qui bien plutôt les révèle en tant qu'il est dirigé par le projet spirituel dont elles sont le résultat et la condition de manifestation culturelle, se poursuit au niveau individuel à l'intérieur de chaque race. La nature est profondément inégalitaire : « Une doctrine qui, écartant l'idée démocratique de la masse, tend à donner cette terre au meilleur peuple, c'est-à-dire aux individus supérieurs, doit logiquement se conformer au même principe aristocratique à l'intérieur de ce peuple et conserver aux meilleures têtes le commandement, et l'influence. Au lieu d'édifier sur l'idée de majorité, cette doctrine se fonde ainsi sur la personnalité. »

§ 5. Non content d'établir une distinction et une hiérarchie entre les races, Hitler va jusqu'à déclarer que toute civilisation humaine est le produit du génie aryen, et que l'Aryen est le type primitif de ce qu'il faut entendre sous le nom d'homme, ce qui revient à faire du non-Aryen, quant au corps sinon quant à l'âme, un intermédiaire entre l'homme et la bête. Jacques Ploncard d'Assac ajoute en commentaire : « La nature n'est pas impartiale, elle a sa race élue : la race aryenne » (*Doctrines*, p. 217). Politiquement, Hitler considère qu'un même sang appartient au même empire, et que cet empire constitué a le droit de conquérir les terres dont il a besoin pour sa survie. Le vieil empire d'Autriche souffrait de n'avoir pas de base nationale. Le mouvement pangermaniste avait selon Hitler raison de développer un antisémitisme de type racial, et de promouvoir le principe nationaliste d'une régénération allemande, mais son tort fut de négliger la question sociale et la question raciale (les pangermanistes voulaient germaniser les Slaves d'Autriche) et de s'attaquer à l'Église catholique (von Schœnerer, chef des pangermanistes, voyait dans le catholicisme un sous-produit du judaïsme et lui reprochait d'avoir « empoisonné l'esprit allemand ») ; le mouvement social-chrétien de Karl Lueger, bourgmestre catholique de Vienne admiré par Édouard Drumont, eut les défauts et les qualités inverses de ceux du pangermanisme. Mais c'est à Karl Lueger qu'Hitler doit le plus. Le nationalisme d'Adolf Hitler est racial, il met de côté les fidélités dynastiques, les États historiques et les considérations religieuses. C'est la race qui fait la nation, c'est la nation qui fait l'État. Il n'est pas utile d'insister sur les différences qui séparent le national-socialisme et le fascisme. Il n'est pas non plus opportun de les opposer de manière trop radicale :

Le national-socialisme reconnaît que « les hommes sont le produit de leur éducation » (*Discours du 10 décembre 1940*). Le déterminisme racial ne concerne donc que les potentialités d'un peuple, l'aptitude de ce dernier à engendrer, à adopter et à transmettre une certaine culture. Lorsque F. Jacob déclare : « L'hérédité ne détermine pas la culture, contrairement à ce qu'ont prétendu les racistes. L'hérédité détermine la capacité à adopter une culture » (cité par Alain de Benoist, *Les Idées à l'endroit*, Éd. libres Hallier, 1979, p.150), il ne sait pas que son propos est beaucoup moins éloigné qu'il ne le croit des vraies positions d'Adolf Hitler. Et Jacques Ploncard d'Assac est semble-t-il excessif quand il parle de matérialisme biologique et de loi d'airain de la race comme les marxistes parlent de loi d'airain du capitalisme. Car jamais Hitler n'a enseigné que l'esprit serait une émanation du corps, ou que l'esprit n'existerait pas, ou que le système des besoins biologiques et les contradictions de l'économie seraient l'infrastructure de l'art, de la religion et de la philosophie, ou même que le patrimoine biologique serait cause principale de la culture. Il a seulement dit que les dispositions corporelles sont autant de conditions matérielles d'éduction de facultés spirituelles fécondes elles-mêmes induites par la causalité d'une âme qui est, de soi, spirituelle, ou encore que l'esprit humain dépend du corps quant aux conditions sensibles de son individuation et de ses opérations. Ce dont un philosophe thomiste s'accommode volontiers, qui sait distinguer entre cause dispositive et cause principale. Ce qu'une philosophie spiritualiste, qui plus est catholique, ne saurait accepter dans cet aspect du national-socialisme, c'est la réduction du péché originel au péché contre la race, c'est la négation du bien commun universel des nations au profit du seul bien particulier de la race supérieure, c'est l'euthanasie, c'est la stérilisation des tarés, c'est l'avortement (qui au reste était légalement proscrit sous le Troisième Reich). Il resterait aux historiens à s'enquérir de manière sereine des preuves indubitables concernant l'euthanasie, la stérilisation des tarés et l'avortement. Car pour ce qui concerne le bien commun de chaque nation et le bien commun de l'ensemble des nations, Hitler, anticolonialiste, n'entendait pas promouvoir un égoïsme national visant à transformer les peuples non allemands en esclaves : que les meilleurs commandent est dans l'intérêt de tous, car « ce n'est certes ni la domination des imbéciles et des incapables, ni, en aucun cas, le culte de la masse qui servira cet intérêt de tous ; il faudra nécessairement que des individus supérieurement doués prennent les choses en mains ». Hitler, comme Mussolini, fut élitiste et antidémocrate ; sa formule malheureuse : « vraie démocratie allemande », ne signifiait rien d'autre que l'idée selon laquelle le chef est la conscience de soi de la volonté *objective* de la multitude, c'est-à-dire de son destin à elle prescrit non par l'ensemble des subjectivités mais par la nature humaine (qui trouve son origine en Dieu) en sa manière d'être nationale et politique. Comme lui, il fut totalitaire, c'est-à-dire organiciste et corporatiste, spiritualiste à sa manière, antilibéral et profondément anticommuniste. Comme lui, il tenta de fonder, par une révolution conservatrice, une aristocratie populaire et guerrière, finalisée par le bien commun et plus généralement par l'avènement d'un ordre des choses dont la volonté humaine n'est pas créatrice. En ce qui concerne la rigidité de son racisme et sa prétendue hostilité de principe à l'égard de l'Église, qu'on veuille bien se reporter aux informations que nous communiquons dans notre article précédent (G). Hitler fut antidémocrate : « Ce n'est pas la masse qui crée, ni la majorité qui s'organise ou réfléchit, mais toujours et partout, l'individu isolé. » « Toute l'organisation de l'État doit découler du principe de la personnalité, depuis la plus petite cellule que constitue la commune jusqu'au gouvernement suprême de l'ensemble du pays. Il n'y a pas de décisions de la majorité, mais seulement des chefs responsables, et le mot "conseil" doit reprendre sa signification primitive. Chaque chef peut bien avoir

à son côté des conseillers, mais la décision est le fait d'un seul. »
Hitler fut anticommuniste, non parce que le communisme cons-
tituait une sorte de révolution rivale de la sienne, comme si le
national-socialisme et le marxisme étaient des contraires appartenant au même genre (interprétation fallacieuse soutenue
aujourd'hui tant par les mirliflores la Nouvelle Droite que par
les « bien-pensants » du catholicisme bourgeois), mais parce
qu'Hitler était spiritualiste et réactionnaire autant qu'il était
révolutionnaire (il se disait lui-même « révolutionnaire anti-
révolution ») : « La révolution bolchevique imprime son caractère non seulement d'une façon extérieure à l'un des plus grands
pays de la terre, mais elle met en opposition intime, absolue,
avec les conceptions philosophiques et religieuses des nations
qui l'entourent, à l'humanité, à la politique et à l'économie qui
s'écroulent et qui ensevelissent sous leurs débris ceux qui les
incarnaient, partis, organisations et États, non, c'est un monde
d'idées métaphysiques qui tombe en ruines, c'est un Dieu que
l'on détrône, des religions et des églises qu'on extermine, un au-
delà qui se vide, pendant que ce monde, voué à d'innombrables
tourments, est proclamé comme la seule réalité existante » (*Discours du 7 mars 1936*). On pourrait multiplier les citations : la
révolution nationale-socialiste était conservatrice, il n'était nullement question de créer un « Surhomme », de se faire le tenant
nietzschéen d'une « création des valeurs », ou d'extirper de
l'âme des masses toute idée de transcendance au nom d'une
détestation des « arrière-mondes ». Hitler eut l'imprudence de
laisser proliférer au sein du Parti les lamentables pitreries philo-
sophico-religieuses d'un Rosenberg, parce qu'il avait besoin
d'appuis contre les vestiges des vieilles aristocraties vermoulues
et les réticences bourgeoises des catholiques politiquement
timorés, mais il rappela avec fermeté que sa doctrine n'était pas
celle des gnosticismes fumeux que les néo-nazis décadents lui
prêtent aujourd'hui. Lorsque se déchaîna, en 1936, le combat
avec les Églises mené par Rosenberg, Himmler et les Groupes
S.S., Hitler mit en garde, durant un congrès des gauleiters à
Munich, les dirigeants du parti : « Le livre de M. Rosenberg, *Le*

Mythe du XXᵉ siècle, n'est pas une publication officielle du Parti. Au surplus, je vous affirme que l'Église catholique possède une force vitale qui se prolongera bien au-delà de notre vie à nous tous réunis ici. » Il n'est pas douteux que le racisme hitlérien eut quelque chose de tout à fait excessif. Mais il est permis de penser qu'Hitler lui-même, une fois au pouvoir, se mit à y croire de moins en moins. Otto Skorzeny ne fut sûrement pas indemne de « contamination » biologique slave, et nul n'ignore les origines juives de Heydrich. En tant que cause matérielle, la race n'entre dans l'intégrité d'un peuple qu'au titre de condition de possibilité ou support de l'éduction et de la pérennité de valeurs spirituelles. Ce qu'indique à ce sujet la philosophie de la nature (nous prenons ce vocable en son sens aristotélo-thomiste), c'est la nécessité du respect d'une homogénéité biologique *relative* du peuple. L'absolutisation hitlérienne d'un tel paramètre est elle-même l'envers excessif — ainsi la conséquence — d'une propension, aujourd'hui déchaînée, des peuples décadents à se laisser séduire par la perspective d'un collapsus générateur de béatitude végétative, d'une « *Gleichschaltung* » babélienne, par là suicidaire, des tensions nationales du monde entier. Il n'en reste pas moins vrai que, si la dimension intelligible du réel, ainsi l'Idée ou Forme, transcende la pesanteur, la contingence, l'opacité de la matière, il n'en est pas moins rationnel que la rationalité ou transparence à soi de l'Idée se réalise par la médiation obligée de l'assomption de la pesanteur matérielle, par là s'identifie réflexivement à soi, comme intelligible, à partir du moment obligé de son reniement, qu'elle vainc souverainement, en matière. La forme ne vainc la matière que parce qu'elle se fait procéder de, et déterminer par, la matière qu'elle pose en s'y anticipant. L'indifférence qui se veut rationnelle à l'égard des conditions de concrétion de l'Idée, tel le mépris antiraciste (parce que « spiritualiste ») des déterminations biologiques, relève d'une représentation erronée, imaginative — ainsi elle-même sensible et non conceptuelle — de l'Idée. On en pourrait dire autant du mépris antifasciste, qui se veut raisonnable et

« classique », à l'égard de la démesure romantique et de la passion véhiculées dans le fascisme et le national-socialisme : il est rationnel que cet appétit rationnel qu'est la volonté s'anticipe dans les passions.

En ce qui concerne l'euthanasie, la stérilisation des tarés et l'avortement, il nous paraît utile de faire connaître aux lecteurs le contenu d'un message privé (courriel), qui nous fut adressé, aimablement, par le Professeur Faurisson. Nous lui demandions : « Disposez-vous d'informations particulières, ou connaissez-vous des sources d'informations sûres, concernant les mesures criminelles qui, dit-on, auraient été prises par les autorités hitlériennes en faveur de l'euthanasie, des pratiques abortives, des pratiques de stérilisation (voire d'assassinat) des tarés ? » Voici la réponse du professeur :
« Pendant l'été de 1939, Hitler et des personnalités médicales de premier plan ont mis à l'étude la possibilité d'assurer, dans les cas les plus graves, une "mort miséricordieuse" (*Gnadentod*) à des patients atteints de maladies psychiques ou physiques irréversibles. Dans une courte lettre, datée, ou postdatée, du premier jour de la guerre (1er septembre 1939), Hitler a chargé deux hommes tout à fait remarquables, Philipp Bouhler et le chirurgien Karl Gebhardt, d'organiser avec tout un ensemble de médecins "la garantie d'une mort miséricordieuse aux malades incurables" et cela au terme d'une "analyse des plus critique" de l'état de leur maladie. Dans la pratique, la procédure a été complexe et la décision de mettre un terme à la vie de ces malades n'était prise qu'après l'avis de plusieurs instances, avec possibilité, pour telle instance, de revenir sur la décision de l'autre instance qui avait préalablement cru devoir accorder cette "mort miséricordieuse". La mort était administrée par piqûres de morphine ou de scopolamine (luminal ?). La rumeur a fait état de gazage mais, dans les différents procès dits "de médecins nazis" ou de "médecins de la mort", on n'a jamais prouvé le moindre gazage. En revanche, la rumeur selon laquelle on tuait ainsi des malades a vite circulé dans la population allemande. L'Église allemande s'en est émue et, devant ses

représentations publiques, l'expérience a été arrêtée vers 1941. Interné à Dachau par les Américains, Philipp Bouhler s'est suicidé le 19 mai 1945. Quant au professeur Karl Gebhardt, il a été pendu par les Américains le 2 juin 1948 au terme d'un procès inique. Rien ne fouette l'imagination comme les récits de sadisme médical, d'expériences médicales, de stérilisation forcée, d'usines à copuler. Les pratiques inspirées par l'eugénisme et la stérilisation forcée ont existé dans le IIIe Reich mais, dès 1880 et encore plusieurs années après la Seconde Guerre mondiale, elles ont eu cours en Grande-Bretagne, aux États-Unis, en Norvège, en Suède et en Suisse. C'était un trait des pays les plus modernes. L'un des drames de l'Allemagne est d'avoir été en avance dans bien des domaines comme celui de la chimie, de la médecine, de la protection sociale (institution, remarquable, du *Lebensborn* pour les filles mères). En revanche, l'Allemagne national-socialiste n'était pas du tout en avance sur son temps en ce qui concernait l'avortement, qu'elle traitait comme un crime, l'image de la mère devant rester sacrée. Hitler a pu prendre la décision d'accorder cette "mort miséricordieuse" pour plusieurs raisons : la vue, pendant la Première Guerre mondiale, de blessures atroces sur le champ de bataille ; la "paralysie des lits d'hôpitaux" par des malades incurables à l'heure où ces hôpitaux allaient être submergés de blessés de la nouvelle guerre ; l'immobilisation, pendant toute leur vie active, d'hommes vigoureux et en pleine santé au service de loques humaines. Quant aux "expériences médicales", la plus grande prudence est de rigueur. La frontière est floue entre l'admissible et l'inadmissible. Vers 1954, à Metz, au procès du Struthof, un éminent médecin français, interrogé en qualité d'expert, a commencé à charger les professeurs Hagen et Bickenbach ; puis, devant les explications de ces éminents spécialistes sur leurs expériences, il a flanché et il est revenu sur son premier jugement. La salle l'a hué. »

Dans le prolongement de ces informations, un correspondant nous fit connaître le passage suivant de l'historien américain Austin App :

« L'Église catholique ne fut jamais plus florissante que sous le Troisième Reich. Et lorsque les évêques protestèrent contre un projet de la politique gouvernementale sur l'euthanasie, le "méchant" gouvernement nazi obéit aux évêques et abrogea sa politique. Chez nous (*aux USA*) la Cour suprême et le gouvernement ont-ils jusqu'à présent rectifié leur politique inhumaine et honteuse sur l'avortement, conformément à la protestation de nos évêques ? Non. Au contraire, on n'arrête pas de dire que les Églises, catholique et protestante, n'ont pas de conseil à donner au gouvernement » (Austin J. App, *A Straight Look at the Third Reich*, Boniface Press, Takoma Park, Maryland, 1974, p. 44). Quoi qu'il en soit des écarts possibles entre les exigences de la morale catholique et certaines pratiques du Troisième Reich, il est aisé de constater que ces pratiques furent en vérité très éloignées des monstruosités qu'on se plaît aujourd'hui à colporter au sujet de l'Allemagne hitlérienne.

§ 6. La grande animosité de maints nationalistes et des monarchistes français à l'égard de l'hitlérisme s'explique par l'antichristianisme virulent qu'avec complaisance on lui prête. (Nous parlons des raisons avouables qu'ils invoquent, car il est des raisons inavouables, tels l'animosité cocardière et le ressentiment de vaincus des uns à l'égard d'un mouvement étranger ayant mieux réussi que le leur, telle aussi la haine des élites flétries à l'égard d'une nouvelle aristocratie qui les avait balayées, telle enfin la peur des uns et des autres à l'égard de l'animadversion des vainqueurs stalino-américains). La grande majorité des évêques allemands, avec le Zentrum catholique qui prononça sa propre dissolution, firent voter pour Hitler. L'organe rhénan du Zentrum écrivit même : « Il faut que les meilleures têtes du catholicisme et principalement la jeunesse ne se contentent pas d'une simple et insuffisante adaptation, mais se vouent avec passion à la tâche historique du national-socialisme » (*Revue des Deux Mondes*, 1933, IV, p. 774). Le 20 juillet 1933, le cardinal Pacelli (futur Pie XII, alors secrétaire d'État de Pie XI), signait à Rome avec Franz von Papen (agissant au nom du Führer) un concordat par lequel l'Église catholique obtenait pour la première fois, en Allemagne, un statut officiel. Hitler aurait souhaité, indubitablement, un arrangement avec l'Église : « Je n'hésite pas à déclarer que je vois dans les hommes qui cherchent aujourd'hui à mêler le mouvement raciste aux querelles religieuses, les pires ennemis de mon peuple que ne le peut être n'importe quel communiste internationaliste » (*Mein Kampf*). « Les idées et les institutions religieuses d'un peuple doivent toujours rester inviolables pour le chef politique, sinon, qu'il cesse d'être un homme politique et qu'il devienne un réformateur s'il en a l'étoffe ! Une autre attitude, en Allemagne surtout, doit conduire à une catastrophe » (*ibid.*). Si l'Église n'avait pas décidé, contre ses vrais intérêts, de lever sournoisement le clergé et le peuple catholique d'Allemagne contre leur chef politique naturel, ce dernier se fût accommodé des réserves et conditions morales que l'Église eût imposées à sa politique nationaliste et raciale. Jacques Ploncard d'Assac se plaît à faire observer qu'Adolf Hitler s'est maintes fois contredit : contradiction entre doctrine « *vœlkisch* » (« *Ein Volk, ein Reich, ein Führer* »), et décision d'annexer la Bohème et d'envahir la Pologne ; contradiction entre l'annonce du respect du christianisme, et non-intervention (à tout le moins immobilité coupable) d'Hitler face aux entreprises paganistes des rescapés de la « Thule-gesellschaft » (qu'Hitler avait fait interdire avec toutes les loges maçonniques) ; anglophilie, puis conflit militaire avec l'Angleterre ; annonce du caractère stratégiquement suicidaire de l'ouverture de deux fronts, puis déclaration de guerre à la Russie alors qu'il était en lutte avec les démocraties occidentales, etc. Mais ces contradictions relèvent toujours soit de l'évolution d'un Hitler devenu plus réaliste quant à ses préjugés raciaux (« aryens » ou non, les Anglais demeurent des ennemis de l'Europe, et Hitler aurait dû les attaquer beaucoup plus tôt), soit d'une politique qui lui fut imposée de l'extérieur et dont l'iniquité suscita en retour son exaspération gravide d'erreurs. Comment, sinon en vertu de raisons qui ne doivent vraiment pas grand-chose à la charité et à la dogmatique du catholicisme, l'Église a-t-elle pu préférer les démocraties substantiellement antichrétiennes (libérales, ploutocratiques, jacobines, hédonistes) et la figure hideuse de Staline, à la révolution réactionnaire d'un hitlérisme maladroit et mal informé dans certains domaines ?

§ 7. Autant que ses erreurs doctrinales relativement à la religion, c'est peut-être, philosophiquement parlant, la conception du droit qu'Hitler laissa se développer en Allemagne nationale-socialiste, qui nous paraît la partie vraiment contestable de son œuvre. Il ne convient cependant pas de la caricaturer. Dans son *Discours du 30 janvier 1937*, Hitler, dénonçant certaines influences étrangères (anglo-saxonnes et françaises), rappelle les deux conceptions du droit qu'il entend faire disparaître du corpus juridique allemand.

Tout d'abord, celle fondée sur le principe : « *fiat justitia, pereat mundus* ». La deuxième conception du droit à laquelle s'oppose Hitler est celle qui fait de la Science juridique l'instrument des intérêts privés des particuliers. Et ces deux conceptions, d'inspiration libérale, n'en font qu'une au fond. Pour Hitler, le droit n'est pas un absolu moral, un substitut laïc de la transcendance religieuse, auquel il faudrait tout subordonner, et à vrai dire il n'est pas, s'il est convenablement conçu, ce dont le service pourrait léser les intérêts vitaux de la communauté qui l'applique. Il semble que ce qu'Hitler refuse, dans cette conception du droit, c'est l'idée qui voudrait que le droit fût fondé sur des principes moraux. Ce qui éloigne assurément Hitler des conceptions du droit issues de Grotius, de Kant ou de Pufendorf, qui partent d'une idée abstraite de l'homme et prétendent en déduire des « droits », pensés comme autant d'attributs subjectifs, autant de « *jura hominum* », qui sacralisent religieusement (mais en la laïcisant...) la personne humaine au détriment du service du bien commun politique. Si le bien commun assume en le dépassant le bien particulier, il assume la morale qui n'est nullement fin du politique, et cela n'est nullement machiavélien, mais aristotélicien et thomiste. Et pour la même raison le droit n'est pas d'abord un attribut *a priori* de la personne, mais il est une proportion qui se prend en s'y cherchant du côté des choses, il est l'objet de la vertu de justice, il est « *res justa* », « *id quod justum est* ». La notion même de « droit de l'homme » est une perversion de la véritable notion de droit, corrélative d'une adultération des vrais rapports entre morale et politique, et de ce point de vue nous n'avons rien à objecter au droit national-socialiste : développer une conception du droit qui exigerait que l'on fît périr, pour satisfaire aux exigences de la dignité de la personne humaine et de ses « droits », l'ordre et la survie même de la cité, c'est opposer de manière erronée la personne et le bien commun, qui de soi, bien compris, sont des biens coextensifs. Hitler ne nous paraît aucunement dans l'erreur lorsqu'il déclare : « (…) la révolution nationale-socialiste a donné au Droit, à la Science juridique et à la jurisprudence un point de départ clair et sans équivoque. C'est la tâche de la justice d'aider à conserver et à défendre le peuple contre tout élément asocial qui se soustrait à ses obligations à l'égard de la communauté ou qui porte préjudice aux intérêts de cette dernière. De cette façon, dans le droit allemand, c'est la notion de peuple qui prime la personne humaine et les biens matériels » (30 janvier 1937). Il reste que la justice, prise en termes scolastiques à la fois comme « justice générale » (vertu morale) et comme cette « justice particulière » (commutative et distributive) expressive de l'ordre politique, est dans l'ordre mondain un absolu, en ce sens qu'elle se confond avec le bien commun universel et le bien commun politique. On ne saurait déroger aux exigences de la justice politique sans porter atteinte à l'intégrité de la cité. En cela évidemment, la formule du ministre Frick, en 1933, au Congrès des Juristes à Leipzig, nous paraît malheureuse : « Les nationaux-socialistes disent que le droit est ce qui sert le peuple allemand ; l'injustice est ce qui lui porte préjudice. » Prise absolument, l'expression n'est pas fausse, car l'intérêt véritable des peuples et des individus est toujours la réalisation de l'ordre universel, bien commun de la communauté humaine tout entière, de sorte que celui (individu ou nation) qui poursuit une juste conception de ses intérêts propres poursuit par là, nécessairement, le bien commun et ainsi la justice. Mais la formule a une saveur machiavélienne qui en vient à identifier le droit à la force, et qui de ce point de vue pèche par libéralisme, parce qu'elle exprime l'individualisme d'un peuple, et à terme l'individualisme tout court. Si le souci du bien commun national est la loi de fonctionnement légitime de chaque peuple, alors le souci du bien commun universel doit habiter pareillement chaque nation, puisque la primauté du bien commun par rapport au bien particulier tient dans sa communauté même. Autant que faire se peut, et de manière inductive, chaque nation doit être intéressée au bien commun de ses voisines.

Cela dit, la théorie nationale-socialiste, si contestée, de l'espace vital, peut selon nous recevoir une acception légitime. Si la nation est, de soi, une réalité spirituelle, une idée s'incarnant, ses caractères quantitatifs (importance de la population et du territoire) sont autant d'accidents de son essence et sont déterminés par elle dans le processus de sa concrétisation historique. Les conditions matérielles de sa survie (géographiques et économiques) sont en même façon induites par cette essence, elles ne la précèdent pas (au moins dans l'ordre de la causalité). C'est elle qui pose les conditions de son organicité, elle ne doit pas se définir essentiellement par ces conditions. Et si l'idéal politique, comme l'enseigne Aristote, s'apparente à l'autarcie, alors le dynamisme démographique conditionné par sa vitalité spirituelle doit, par la diplomatie ou par la guerre, trouver — voire imposer — les réquisits de son déploiement. Notons que si l'usage de la force est interdit aux nations au nom d'un droit international dont tout le monde sait qu'il n'est jamais, comme « *jus gentium* », qu'une exigence morale, ainsi quelque chose qui ne relève jamais du droit proprement dit (à peine d'être réduit à une pieuse fiction celant le « droit » du plus fort), alors il ne reste aux nations physiquement et intellectuellement fécondes d'autres ressources que l'extension économique. Mais cette dernière, par l'interdépendance qu'elle induit mécaniquement, a tôt fait de supprimer les identités nationales ; c'est si vrai que les

tenants de la paix à tout prix n'ont jamais cessé de louer les vertus pacifistes du commerce, sans s'apercevoir que l'économisation du monde tendait à supprimer l'humanité dans l'homme,
comme on le voit aujourd'hui ; au reste, c'est très souvent par le
moyen des armes (en forgeant de toutes pièces, de manière honteuse et perfide, des motifs d'attaques guerrières) que les pays
anglo-saxons, hier et aujourd'hui, se sont ouvert des marchés.
Hitler était donc fondé à déclarer : « (…) on ne doit considérer
comme rapport sain que la situation dans laquelle l'alimentation
d'un peuple est assurée par les seules ressources de son propre
territoire. (…) Seul un espace suffisant sur cette terre assure à un
peuple la liberté de l'existence. (…) Si le mouvement national-
socialiste veut réellement obtenir devant l'histoire la consécra-
tion d'une grande mission en faveur de notre peuple, il doit pleinement, et douloureusement conscient de la véritable situation
du peuple allemand sur cette terre (…), sans égard pour traditions et préjugés, trouver le courage de rassembler notre peuple
et sa puissance, pour le lancer sur la voie qui le sortira de son
étroit habitat actuel et le mènera vers de nouveaux territoires, le
libérant ainsi du danger de disparaître de cette terre ou de devenir l'esclave des autres » (*Mein Kampf*). Qui pourrait nier que les
entités politiques, nations et empires, se soient jamais élaborées
autrement ? Le droit à l'existence des peuples ne se mesure
jamais qu'à son aptitude à s'imposer dans le concert des nations.
Le seul tort d'Hitler est d'avoir osé le dire tout haut. Dans
l'usage de la force pour la conquête de l'espace vital, la seule
règle qu'imposent la morale naturelle et la morale chrétienne est
le souci, chez les conquérants, du bien commun universel, étant
bien entendu que ce dernier enveloppe, par définition, les biens
particuliers des nations, dont celui de la nation conquérante.
C'est pourquoi la thèse suivante d'Hitler (*Mein Kampf*) nous
paraît erronée : « Le mouvement raciste n'a pas à se faire l'avocat des autres peuples, mais à combattre pour le sien. » Que
l'excessive dureté du principe racial ait fait commettre aux
nationaux-socialistes, à l'Est, des actions blâmables qui au reste
se retournèrent contre leurs auteurs (les Ukrainiens se fussent

constitués en partisans d'Hitler si ce dernier n'avait manifesté à leur endroit un criminel mépris aussi injuste que politiquement maladroit), n'enlève pas à la notion d'espace vital sa légitimité, laquelle s'apparente à celle, plus classique, de la colonisation. « Le fait qu'un peuple a réussi à acquérir un territoire excessif ne confère nullement l'obligation supérieure de l'admettre pour toujours. Il démontre tout au plus la force du conquérant et la faiblesse du patient. Et c'est dans cette seule force que réside le droit » (*Mein Kampf*) : dans cette formule à l'emporte-pièce, Hitler rappelle simplement qu'il n'existe pas de droit international proprement dit. L'impérialisme national-socialiste se contentait de s'opposer à l'impérialisme slave toujours attiré par les mers chaudes, et autrement moins civilisateur que le génie de la culture germanique.

§ 8. Comme tous les vrais nationalismes, le national-socialisme fut antilibéral, anticommuniste et corporatiste. L'économie existe pour le peuple, et le capital existe pour l'économie. L'économie n'a pas d'autonomie qui la contre-diviserait à l'ordre de l'État, elle est subordonnée à lui. On ne saurait, sans structurer préalablement — par les corporations — le champ de l'économie, faire en sorte que de la recherche des intérêts privés conflictuels pût surgir le bien commun. Et cela pour cette simple raison que l'économie n'a pas en elle-même, livrée à elle-même, le principe de sa limitation qui l'ordonne à une sphère plus élevée. Nous l'avons établi dans nos articles précédents, en évoquant Drumont, Maurras, le Maréchal Pétain, Corradini et Mussolini. Seule la corporation supprime la lutte des classes sans étatiser l'économie. Et Hitler rappelait quelque chose de très classique et de très vrai en disant : « La communauté nationale ne vit pas de la valeur fictive de l'argent, mais de la production réelle qui seule donne à l'argent sa valeur » (*Discours du 10 décembre 1940*). L'excessif encadrement des chefs d'entreprise par l'État ne relevait que de l'économie de guerre.

§ 9. Conclusion.

L'Allemagne a toujours cherché son identité compromise par l'égoïsme des autres nations d'Europe. Avec Hitler, elle crut, passionnellement, trouver dans la race le principe de cette unité. Mais en fait elle aurait pu le trouver en autre chose. Elle crut à la race parce qu'elle ne pouvait plus croire à la vertu des dynasties. Elle y crut comme on se réfugie dans l'animalité de l'instinct quand on en vient à désespérer, par suite de l'usage délirant qu'il lui arrive trop souvent d'adopter, des vertus de la raison. Si paradoxal que cela puisse paraître, la doctrine de la race fut un épiphénomène, certes bruyant et envahissant, de la révolution allemande. Par une espèce de pressentiment fulgurant et furieux de bête mortellement blessée, la culture européenne, c'est-à-dire la civilisation, a compris en Allemagne qu'elle était en demeure de se soigner au plus vite et par les méthodes les plus pressées, ainsi peut-être les moins éclairées, si elle voulait ne fût-ce que survivre aux maladies mortelles qu'elle s'était inoculées depuis la Renaissance et la Réforme. Ce qu'il y a de contradictoire dans le racisme excessif du national-socialisme, c'est sa prétention, alors que le national-socialisme est un idéalisme (comme nous l'avons établi ici au paragraphe 4), à engendrer une spiritualité supérieure par le simple fait de la maîtrise d'un patrimoine biologique qui n'en est que la cause matérielle. C'est aussi le fait de faire dépendre la valeur de ses idées de leur aptitude à se donner la force de s'imposer. La confiance par trop inconditionnelle d'Hitler en la vertu de force devrait inviter ses disciples irréfléchis, s'ils entendent lui être fidèles sur ce point, à épouser les causes de leurs vainqueurs libéraux et marxistes. La doctrine hitlérienne, prise en sa littéralité, se contredit théoriquement par le simple fait de son échec pratique ; mais elle mérite plus que d'être réduite à sa littéralité, laquelle fut l'expression des circonstances. Pour en revenir un instant à la race, remarquons que c'est le choc des cultures qui, aussi bien par réaction que par intussusception, donne à chacune d'entre elles d'accoucher du meilleur d'elle-même. Et de tels chocs ne se font pas sans certains mélanges biologiques qui n'ont au fond pas d'importance, pourvu qu'ils s'accomplissent dans des proportions limitées que seule détermine la vertu de prudence. Qui peut croire que les Hellènes du Ve siècle avant Jésus-Christ étaient tous des Indo-européens de race pure ? Les Français sont un composé de Ligures, de Germains, de Latins, de Celtes, d'Ibères, de Scandinaves et de Berbères arabisés. Et les Allemands, en particulier les Prussiens chers à Hitler, se sont assurément incorporé une part non négligeable, et tout à fait honorable, de sang slave. Si, comme nous l'avons rappelé plus haut, les Juifs ne constituent pas une race à proprement parler, l'intégration des quelques millions de chrétiens (pour autant qu'ils soient véritablement devenus tels) issus de ce rameau historique dans les milliards d'individus composant la planète ne pourrait pas non plus poser de grand problème. Tout est affaire d'idée, en somme, et de prudence.

Mais Hitler, nous l'avons déjà dit, a ramassé le pouvoir dans le ruisseau. Compte tenu de ses préjugés et des passions qui l'animaient, il a fait ce qu'il a pu, et nous lui en savons gré. Tout était encore possible avec lui, et l'on n'en peut plus dire autant aujourd'hui. Quant aux anathèmes ecclésiastiques, nous rappellerons que, de même que la surnature présuppose la nature, de même le pouvoir religieux présuppose le pouvoir politique. Le défaut des ecclésiastiques est de croire que, de ce que le politique est pour la religion qui en est la cause finale, alors l'Église serait cause efficiente du politique lui-même. Ce qui est radicalement faux, en dépit de l'autorité de l'augustinisme. De ce que le pouvoir paternel est en droit ordonné au pouvoir de l'Église dont l'autorité, surnaturelle, est cause finale de tous les pouvoirs de l'ordre naturel, il ne résulte pas que le père de famille recevrait de l'Église son autorité sur ses enfants. C'est de la nature qu'il la reçoit, de la nature instituée par Dieu, de l'ordre et du droit naturels, donc divins. Il nous semble que jamais l'Église n'est habilitée à se substituer à l'ordre naturel. Il est légitime qu'en vertu de l'autorité immédiate qu'elle exerce de droit sur tous les baptisés, elle invite les sujets d'un prince indigne à ne lui plus obéir ; il relève en revanche de l'abus d'autorité qu'elle prétende se substituer au prince ou même le diriger, car c'est de lui-même qu'il doit se subordonner aux autorités ecclésiales. Qu'il soit du devoir d'un père d'élever ses enfants dans la religion catholique, n'implique pas qu'il serait dans le droit de l'Église d'élever ses enfants à la place du père naturel. La délicate répartition des tâches entre les deux glaives, tel un équilibre toujours susceptible d'être rompu, suppose une prudence et une patience réciproques extrêmes. L'hitlérisme, coupable à bien des égards du point de vue des intérêts de l'Église, était amendable, il requérait une sagesse pratique de la part des gens d'Église d'autant plus vive qu'un tel phénomène politique était incertain de lui-même, par là avait besoin de l'Église pour accoucher de lui-même sans se trahir. Nous savons aujourd'hui qu'il n'en fut pas comme on eût pu l'espérer. Et la raison, la prudence et l'histoire nous apprennent que la condamnation ecclésiastique de l'autorité hitlérienne fut un désastre pour l'Église elle-même. Qu'on y songe. Si Hitler avait gagné la guerre, la puissance formidable d'une Europe débarrassée des principes de 1789 eût forcé le communisme à rendre gorge en peu d'années ; elle eût forcé l'Angleterre à se cantonner, tout en laissant aux autres nations européennes colonisatrices leur juste part dans l'entreprise de civilisation du Tiers-Monde, au domaine des mers ; elle eût progressivement forcé l'Amérique du Nord à se replier sur elle-même et, tôt ou tard, à redevenir la terre d'empire européen qu'elle n'eût jamais dû cesser d'être (parce qu'elle n'est habitée que par l'esprit de commerce, parce qu'elle est d'une absolue nullité en fait de valeurs de civilisation). La victoire du Reich eût protégé les autres nations d'Europe en conjurant leur décadence, le racisme se fût progressivement édulcoré (car il est plus difficile de gagner la paix que la guerre : Léon Degrelle observe que le racisme d'Hitler n'aurait pas tenu dix ans devant le constat de la blondeur des magnifiques Ukrainiennes) ; et pour les mêmes raisons les relations avec le Saint-Siège débarrassé lui-même de la maladie démocratique, se fussent régularisées en moins de vingt ans, lui épargnant la catastrophe de Vatican II suscitée par l'esprit judéo-protestant et maçonnique.

La démesure hitlérienne, coupable en tant que par trop déconnectée de la raison, était néanmoins à la hauteur de la démesure de la tâche à accomplir, tâche qu'aucune autre nation d'Europe n'eût été en mesure d'assumer. La doctrine de José Antonio Primo de Rivera, que nous aborderons bientôt, est probablement plus proche, à divers égards, de notre idéal politique de catholicité, que la doctrine d'Hitler. Mais nul ne contestera que l'Espagne n'avait pas les moyens d'imposer au monde la révolution politique qu'Hitler se crut en mesure d'accomplir, et qu'il faillit mener à bien. Il était rationnel que la raison se fît un temps irrationnelle, comme nous l'avons ici rationnellement rappelé (fin de notre paragraphe 5), et que la raison latine puisât dans la déraison germanique l'énergie de sa concrétisation politique. C'est en cela qu'un nationaliste français, italien ou espagnol, ne saurait, dédaigneusement, mettre de côté l'expérience hitlérienne. Et nous remarquons, à notre grand regret, que telle fut pourtant l'attitude du salazariste Jacques Ploncard d'Assac. Nous le proclamons ici : aussi longtemps que les nationalistes européens, et plus généralement les forces de vraie droite, n'auront pas consenti à retenir du national-socialisme ce qu'il a de meilleur, leurs efforts se perdront en querelles rances. Hitler eût pu être un nouveau Thésée. Au lieu d'un Reich pour mille ans, nous aurons une décadence à vue d'homme invincible et qui, peut-être, si Dieu n'est pas encore lassé par les iniquités innombrables de Ses créatures, mettra mille ans à se faire digérer par une humanité infiniment fatiguée. Il n'est pas, en ce bas monde assujetti au devenir, de régime idéal indéfiniment stable. Les physiciens et les biologistes savent que les scansions naturelles de loin les plus fréquentes dans le monde sensible sont assujetties à des fonctions de type sinusoïdal, ils savent ainsi que le monde historique et plus généralement temporel est soumis à des scansions non peccamineuses et pourtant incapables de se fixer dans un point nul entre deux extrêmes, mais toujours condamnées à faire se balancer les vivants entre deux extrêmes dont la synthèse, ou plutôt la conversion à leur identité concrète, est impossible dans l'ordre sensible en tant que sensible. Parce que le temps, selon la formule de Platon dans le *Timée*, est l'image visible de l'éternité invisible, le mouvement du réel entre deux extrêmes est l'image de l'immobilité de l'Idée dont le réel sensible est la réalisation mondaine. De sorte que le seul idéal temporel congru à la condition sensible du réel est ce balancement même. Toute perversion dans l'ordre mondain consiste dans le refus de cette loi dialectique, parce qu'un tel refus, dans son fol espoir de précipiter la condition céleste en condition mondaine, la convertit en condition infernale. La beauté de la nature, pourtant une, se déploie selon quatre saisons, et elle ne peut être vécue sans qu'elles succèdent l'une à l'autre ; la condition humaine, pourtant une dans son principe essentiel, ne se peut réaliser que dans la scission des sexes. Et de même, l'ordre politique doit se mouvoir entre deux extrêmes sains, que nous nommerons le fascisme (moment de régénération des élites et de restructuration des traditions) et la monarchie (moment de stabilité et d'enracinement relatifs). Ces deux extrêmes ont leurs perversions qui prétendent se soustraire à la loi de la finitude : la démocratie (en ses versions communiste et oligarchique) et la théocratie (en ses versions gallicane-absolutiste et cléricaliste), autant de chutes de tension de l'énergie dialectique parcourant toute la réalité vivante en sa condition mondaine et appelée à se sublimer, eschatologiquement, en Vie surnaturelle et éternelle elle-même scandée par le rythme pneumatique intemporel d'une participation gracieuse à la Vie trinitaire. Quand les monarchies humaines en viennent à se vouloir éternelles en oubliant que toute vie terrestre est mobile, elles se refusent au moment — qui devrait leur être intestin — de révolution fasciste qui les régénère, et elles basculent dialectiquement dans la démocratie. Le même destin attend les moments de régénération politique qui se refuseraient à se sublimer pour un temps en monarchies paisibles. Avec une concision admirable, José Antonio Primo de Rivera faisait naguère observer : les réactionnaires, « (...) avec une candeur risible, (...) conseillaient comme remède le retour pur et simple aux anciennes traditions, **comme si la tradition était un "état" et non un "processus"**, et comme si le miracle de marcher en arrière et de retourner vers l'enfance était plus facile pour les peuples que pour les hommes » (cité page 9 dans la *Lettre des Amitiés franco-espagnoles*, numéros 56 et 57, juin 2003). Si le moment monarchique de la vie politique saine, affligé d'asthénie masquée en statolâtrie, se durcit au point de se refuser au moment fasciste qui sporadiquement le remet en cause, alors il se voit contraint de s'appuyer sur les privilégiés, sur les classes aristocratiques embourgeoisées et capitalistes, ainsi sur les forces libérales qui objectivement favorisent la démocratie, et c'est bien ce qui se passa par exemple en Espagne, quand le général Miguel Primo de Rivera, devenu l'ennemi des affairistes et des industriels par ses mesures étatistes et sa politique sociale, se vit abandonné par le roi Alphonse XIII. Si, en retour, le moment fasciste de la vie politique saine se refuse à se restituer à l'ordre monarchique dont il n'est que le moment de réfection, alors il dégénère de même, se faisant antireligieux, en démocratie socialisante, ce qui est le destin historique de tous les fascismes de gauche.

Ce qu'il y a d'abominable dans le mondialisme ablatif des nations et des races, ce n'est pas, « *primo et per se* », le mélange des sangs. C'est la prétention orgueilleuse, qui s'y manifeste, de sublimer en unité, *dans le temps et dans le sensible*, des différences naturelles qui n'ont vocation à se convertir à l'identité concrète dont elles procèdent qu'au-delà de l'ordre mondain lui-même, dans l'unité mystique de la Communion des Saints. Nous pensons qu'Hitler, malgré tous ses défauts, avait intuitivement compris tout cela, et nous osons dire que cette intuition fut d'inspiration chrétienne, authentiquement chrétienne parce que s'efforçant à assumer le meilleur du paganisme antique. Qu'il ait été besoin, pour nous le rappeler, de la dangereuse démesure hitlérienne, révèle l'avancement et l'ancienneté de notre décadence. Au regard du degré inouï de bassesse morale et politique auquel notre temps est parvenu aujourd'hui, il est du devoir de tout catholique lucide — à toute distance de cette insupportable suffisance ergoteuse de l'esprit catholique étroitement latin —

de confesser qu'Adolf Hitler fut un très grand homme, et que la victoire du Troisième Reich eût été un très grand bien.

I

L'ISLAM

Ses véritables origines, les enjeux de la présence musulmane en France et en Europe

Sources, entre autres : *Connaissance élémentaire de l'islam* par Édouard Pertus (Action Familiale et Scolaire) et Jean-Pierre Péroncel-Hugoz (*Le Radeau de Mahomet*, Lieu commun, 1983).

CE QUI SUIT n'est nullement un travail de spécialiste. Tout au plus s'agit-il de brefs rappels de bon sens. N'ayant pas les compétences requises pour traiter de l'islam en notre propre nom, nous nous appuierons sur les données de l'ouvrage d'Édouard Pertus, qui lui-même s'inspire des savants travaux de Joseph Bertuel (*L'Islam, ses véritables origines*, NEL, 1981), lequel reprenait les travaux et conclusions du Père Théry, révisionniste à sa manière, qui avait pris le pseudonyme d'Hanna Zakarias. Le caractère plus personnel de notre exposé ne se manifestera que dans le développement de la réflexion, un peu philosophique, que nous a inspirée cette lecture.

Plan :
I) Introduction
II) Rappels historiques
III) Examen des incompatibilités principales entre religion mahométane et christianisme vraiment chrétien, c'est-à-dire catholicisme

IV) Examen des incompatibilités culturelles et philosophiques, induisant elles-mêmes des incompatibilités psychologiques, morales, politiques, entre islam et pensée occidentale
V) Bref bilan, et conclusion

I) Introduction

Après l'événement tragique du 11 septembre 2001 (car il faut
bien remarquer qu'un tel événement fut tragique, quelle que soit
l'interprétation qu'on en donne), l'auteur du présent travail eut
l'honneur de recevoir dans son courrier une carte aimable du
dirigeant célèbre d'un mouvement nationaliste français, accompagnée d'une étude un peu ancienne mais fort bien documentée
sur le World Trade Center, qui disait l'essentiel sur cette funeste
organisation. Avec une crânerie et un non-conformisme éton-
nants, ce fondateur et dirigeant osait saluer, au beau milieu du
concert judéo-maçonnico-larmoyant des grandes consciences
scandalisées, la détermination et le courage des soldats d'Al-
Qaïda, seuls encore capables de braver le Nouvel Ordre Mondial de la Haute Finance et de sa servitude abrutissante. Cette
réaction spontanée et fort compréhensible, inspirée par les raisons les plus légitimes, appelle peut-être, avec le recul du temps,
une révision critique.
    Comme de nombreux nationalistes aussi profondément
antilibéraux qu'ils furent anticommunistes, bien informés sur la
similitude de principes et de vues qui caractérisent ces deux
visions du monde complices, nous nourrissions une sympathie
prudente à l'égard du monde musulman, nonobstant leur insupportable présence conquérante en France et en Europe. Pour
nous nationalistes, le mal absolu est le matérialisme, l'hédonisme, le subjectivisme insurgé qui les nourrit et qui, politiquement, se traduit par l'esprit démocratique et par l'immanentisme
mondialiste où, selon le mot de Hegel, se réalise un Absolu mortifère, un Absolu où toutes les vaches sont noires, celui du Dernier Homme nietzschéen. Par le moyen d'une subordination des
États à la tyrannie bancaire internationale, le mondialisme en
forme de fin de l'histoire est en marche. On a donné aux peuples

blancs la vérole de la mauvaise conscience depuis la fin de la Seconde Guerre mondiale, et les nations européennes sont incapables de s'émanciper de cette pieuvre judéo-maçonnique et bancaire dont elles sont les vassales consentantes. Or il semble que le monde musulman demeure aujourd'hui, surtout depuis que le Vatican a inventé une nouvelle religion, le dernier rempart contre le despotisme des hallucinés du Progrès, les fondamentalistes protestants, les gnostiques opérant en loges, les marxistes recyclés, les sionistes fanatiques et les adeptes du New Age. Comment, surtout lorsqu'on pense à la Palestine, au sort de Saddam Hussein par exemple et de son peuple, ne pas être bienveillant à l'égard des musulmans ? Il semble qu'ils soient les derniers, sur cette Terre oublieuse de son passé spiritualiste, à être capables de mourir pour leurs idées, et pour des idées qui récusent en bloc tout le monde moderne.

Cette impression est même partagée par un nombre non négligeable de jeunes gens d'ultra-droite, déçus par l'immobilisme des partis politiques classiques, par l'apolitisme ou par la pusillanimité politique des catholiques traditionalistes, écœurés par le laxisme des chrétiens-démocrates progressistes, enthousiasmés par la religion guerrière du dieu musulman, dieu de la force.

Mais, pour s'en tenir à l'aspect temporel de la chose, cette sympathie bien compréhensible n'est-elle pas elle-même une ruse de la raison hédoniste, un miroir aux alouettes, une trahison du génie occidental ? Qu'en est-il de l'islam réel, de sa logique profonde, de ses buts ultimes ? Peut-on s'allier avec n'importe qui ? Les musulmans et les Européens mènent-ils le même combat ?

Convenons-en : n'allons pas, comme ce pauvre Alexandre del Valle tout gagné aux intérêts du B'nai B'rith, nous faire les supplétifs de l'armée américano-sioniste. Le christianisme des Américains n'est pas plus chrétien que les Israéliens ne sont des Occidentaux.

Mais les ennemis de nos ennemis ne sont pas nécessairement nos amis.

L'exaspération bien légitime des Français à l'égard des Arabes et des foules d'immigrés ne doit certes pas nous faire rejoindre, sous le coup de la passion, le camp de toutes les « ratonnades ». Mais de même que l'hypothèse d'une manipulation, par la CIA et le Mossad réunis, des kamikazes islamistes du « 9-11 », est aujourd'hui devenue une certitude, de même il convient de s'interroger sur les conséquences — catastrophiques — d'une alliance stratégique trop poussée avec le monde musulman, lequel entretient avec les ennemis du christianisme et de l'Europe des liens discrets qui sont non seulement circonstanciels et que tout le monde connaît, mais des affinités spirituelles qui sont au fond beaucoup plus dangereuses et beaucoup moins aperçues. Il en sera question bientôt. Les musulmans accepteront peut-être, dans leurs rangs de combattants, des nationalistes européens afin de les aider à lutter pour la Palestine. Ils les séduiront par leur courage ostensible, plutôt d'ailleurs par leur témérité, par leurs professions de foi révisionnistes, par leur haine d'Israël et de l'Amérique. Mais ils n'auront de cesse de crier au racisme, au colonialisme, d'injurier ces mêmes nationalistes européens, de les traiter de croisés sanguinaires et de « nazis », aussitôt que ces derniers entendront leur rappeler que l'islam n'a pas sa place en France et en Europe. Et, au vrai, en tant qu'il est une fausse religion, il n'a en droit sa place nulle part.

II) Historique

Qu'est-ce que l'islam ? C'est d'abord 20 000 km de pays musulmans, minoritairement arabes, qui ceinturent le globe. C'est 800 millions de non-Européens prolifiques et dotés d'une vision du monde universaliste, agressive et conquérante.

L'islam (le mot signifie « soumission ») est né en Arabie saoudite, dans le Hedjaz, à l'est de la mer Rouge. Avant l'arrivée de Mohammed, la région de Médine et de La Mecque était peuplée par des Bédouins (arabes, pasteurs et nomades), quelques chrétiens (*jacobites* : une seule nature, humaine, dans le Christ ; *nestoriens* : deux personnes dans le Christ, humaine et divine, respectivement condamnés à Chalcédoine en 451 et à Éphèse en 431 ; et enfin *chrétiens d'Abyssinie très judaïsés*), quelques **Juifs**.

Les Bédouins étaient polythéistes et litholâtres, et le temple païen de la Kââba sera récupéré par l'islam. La Mecque était le paradis des caravaniers, des commerçants (*il est important de le rappeler : l'islam est congénitalement une religion de marchands*), dominée par la tribu des Koreichites, sans structure politique. La vie de Mohammed nous est connue par le Coran, et par la « Sîra », ou « Vie de Mohammed », dont la rédaction commença un siècle après sa mort.

La famille de Mohammed, celle des Hachimites, se ratta-chait à celle des Koreichites mais était devenue pauvre. Mohammed est recueilli par son grand-père (*Abdalmottalib*) et par son oncle (*Abou Talib*, dont le fils *Ali* épousera plus tard *Fatima, fille de Mohammed*). À 25 ans, il épouse une riche veuve juive de La Mecque, Khadidja, qui avait plus de 40 ans, et pour laquelle il travaillait comme chamelier. Par elle, il s'enrichit et entre dans la bourgeoisie mecquoise, acquiert de l'assurance.

Influencé *par son entourage cosmopolite (surtout juif, comme on le verra)*, il se met à croire (de concert avec les Juifs et les chré-tiens) à la résurrection des corps et au Dieu Unique, dont l'uni-cité exige qu'il n'y ait qu'une Révélation mais adaptée aux besoins de chaque peuple. Les Juifs avaient eu leur révélation, les chrétiens la leur, il sera l'intercesseur pour les Arabes.

Mais il faut remarquer tout de suite que, comme le fait observer Bernard Lazare, « **Mohammed fut nourri de l'esprit juif** ». *On a même de solides raisons de penser que le Coran fut non seulement imprégné de judaïsme, mais, né en milieu ébionite, inspiré par lui, au moins en partie.* Mohammed fut influencé par des Juifs mais aussi par des Chrétiens, et la cause du christianisme (nestorien il est vrai) faillit l'emporter un moment. **C'est alors que deux Juifs (Abdallah ben Sallam et Kab surnommé al-Akbar), feignant d'épouser la cause chrétienne, gagnent sa confiance. Lorsque Mohammed meurt, son entourage tend à abandonner l'islam, et le pouvoir (le 1ᵉʳ califat, de hâlïfa :**

successeur) échoit à Abou Bakr (l'un des beaux-pères de Mohammed qui eut 17 épouses) au lieu d'échoir au fidèle Ali (cousin et gendre de Mohammed) qui briguait cette succession. Les deux Juifs font alors miroiter à Ali sa vocation de « prophète » à la suite de feu Mohammed, mais Ali influencé par Abou Bakr y renonce. C'est alors que le livre religieux que possédait Ali, cousin et gendre de Mohammed, livre qui était écrit dans le sens de l'Évangile, est remis à ces deux Juifs qui y introduisent des récits de la Thora et un certain nombre de ses lois, mais aussi du Talmud et des évangiles apocryphes (rédactions tardives et anonymes) et c'est pourquoi on a maints détails fantaisistes sur la vie de la Sainte Vierge. *On voit sous ce rapport que l'islam, dans son essence et son intention profonde, est un syncrétisme nestoriano-juif, mais beaucoup plus juif que chrétien, fondé par un Arabe désireux d'apporter à ses frères une révélation qui leur serait propre (qui leur permettrait de devenir eux aussi des « scripturaires »), mais par un Arabe manipulé par des Juifs soucieux de dresser contre le christianisme triomphant une religion nouvelle pétrie de judaïsme mais en apparence hostile aux Juifs. C'est bien un procédé classique que de se susciter un faux ennemi pour le tourner contre son ennemi principal. C'est aussi par un juste retour des choses que la dialectique juive, de piètre valeur, finit par se retourner contre ses auteurs. Mais cela ne fait pas de l'islam un allié, même objectif, du christianisme.*

De 610 à 622 (1ʳᵉ période mecquoise), Mohammed, enrichi par sa femme, tente de dominer sa tribu et son pays, puis, devant l'hostilité de ceux qui l'avaient connu pauvre, il se déclare prophète, essaie de répandre le monothéisme et la thèse de la résurrection des corps, mais il rencontre le scepticisme des Mecquois. Alors il s'entoure de gens oisifs habitués aux razzias, attaque des caravanes et massacre les hommes.

De 622 à 629 (période médinoise), il quitte La Mecque ou en est chassé par les commerçants excédés par ses exactions.

L'hégire (de « hidjra » : émigration), c'est-à-dire l'an I de l'islam (622), est instituée en 637 par le calife Omar. Mohammed devient chef de guerre et homme politique. À Médine, il tente de se faire le médiateur entre musulmans, Juifs et chrétiens, mais doit combattre les deux derniers qui refusent sa domination, puis il lance le djihad contre La Mecque qu'il conquiert en 629.

De 629 à 632 (2ᵉ période mecquoise), il se livre à diverses razzias contre la Syrie (dont les Arabes chrétiens lui avaient tué 3000 hommes avant la conquête de La Mecque). Mohammed meurt à 50 ou 60 ans. Suit une longue série de meurtres, d'intrigues féminines, et de luttes pour la succession. Ali ne sera calife qu'après Abou Bakr, Omar, Othman, et sera lui-même assassiné. Lui succédera Moawia, ex-gouverneur de Syrie, qui écartera la succession d'Ali. Ali est à l'origine de la dynastie des « chérifs », et avec elle du schisme chiite (« chi'at » : parti, la chi'at Ali regroupe les partisans d'Ali). Pour les chiites (Iran/Irak, Nord-Yémen, ainsi ancienne Perse ; au reste Hocine comptait parmi ses épouses une fille du shah de Perse), l'imam (équivalent chiite du calife) doit descendre directement de Mohammed, ainsi de Fatima et d'Ali. Le 12ᵉ descendant de Hocine, fils d'Ali, aurait disparu mystérieusement dans un souterrain à l'âge de 12 ans, sans laisser de descendant. D'où la doctrine chiite de l'« occultation », idée d'un imam invisible et immortel palliant cette vacance.

Les sources doctrinales de l'islam sont contenues dans le Coran, la Sunna, la Charîa ou Loi.

Le Coran (« récitation » ou « lecture ») contient maints enseignements tirés de l'Ancien Testament, mais il ne mentionne ni miracle ni prophétie de la part de Mohammed. Selon la tradition, Mohammed méditait dans une grotte du Mont Ira quand l'ange Gabriel, messager d'Allah, lui apparut et lui transmit tout le contenu du Coran. Mohammed, revenu de son « extase », restitue à ses disciples, dans les semaines qui suivent, cette révélation par fragments, sans ordre, sans suite. Évidemment, cette fable de la « révélation » coranique est une resucée de l'histoire de Moïse redescendant du Sinaï chargé des Tables de la Loi. Le Coran contient 114 chapitres (sourates, la 1re s'appelle la Fatiha et ne comporte que 7 versets) divisés en versets (6200 en tout), et il serait une copie conforme du prototype de la révélation divine conservé de toute éternité au ciel ; l'original céleste du Coran, gardé par des anges, serait écrit en arabe. Il fut en fait rédigé entre 610 et 632, et figé dans sa forme définitive par le calife Othman (mort en 656) qui fit disparaître toutes les autres versions qui pouvaient avantager ses concurrents politiques. *En tant qu'il est écrit en arabe, la langue et la civilisation arabes sont en quelque sorte sacralisées : toute conversion à l'islam est en même temps une conversion à la civilisation arabe (le Coran est supposé intraduisible, et ne peut être qu'« interprété » par les différentes langues étrangères, ses traductions sont prohibées dans la plupart des pays musulmans). De plus, dans le Coran, il n'y a pas de distinction entre les ordres politique, moral, religieux, juridique. Il prétend être la source arrêtée une fois pour toutes de toutes les connaissances, il prétend contenir la somme de tout ce qu'il est nécessaire et suffisant de connaître pour bien diriger sa vie et gagner le paradis. Soit : tout ce qui n'est pas dans le Coran est entaché de suspicion. Il ne contient ni physique, ni chimie, ni métallurgie, ni sciences agricoles, ni médecine, ni biologie, ni musique, peinture, sculpture. Il est la négation de tout effort scientifique.* Renan a écrit : « Les libéraux qui défendent l'islam ne le connaissent pas. L'islam, c'est l'union indiscernable du spirituel et du temporel, c'est le règne d'un dogme, c'est la chaîne la plus lourde que l'humanité ait jamais portée. **Dans la première moitié du Moyen Âge, il a supporté la philosophie parce qu'il n'a pu l'empêcher. Mais quand l'islam a disposé de masses ardemment croyantes, il a tout détruit.** » Les conquêtes arabes ont favorisé la mise en contact de civilisations diverses, l'accroissement des connaissances ne fut pas l'œuvre d'Arabes en général, la langue arabe fut seulement une langue véhiculaire. Le grand philosophe aristotélisant Averroès (« le Commentateur » pour saint Thomas d'Aquin) fut exilé pour hérésie sous les Almohades (1130-1269), et ses traités furent publiquement détruits à Cordoue (il est vrai que lui-même prescrivait la déportation et les châtiments corporels pour tout adulte non musulman simplement soupçonné d'aider à la *Reconquista*…). La philosophie grecque parvint aux mahométans par des moines syriaques érudits des monts de Syrie, et même la langue arabe scientifique fut forgée par des chrétiens nestoriens en Mésopotamie ; la science classique fut apportée à l'Occident autant et probablement beaucoup plus par le canal des Grecs de Byzance que par celui des Arabes d'Espagne.

La « Sunna » (coutume) est l'ensemble des règles de vie religieuse, morale, sociale, tirées de la vie de Mohammed et de son enseignement. Elle est confirmée par les hadiths (un hadith est une sentence attribuée à Mohammed ou à ses compagnons, et par laquelle on cherche à justifier ou à confirmer une pratique de la Sunna). La Sunna complète le Coran. Elle se veut infaillible comme lui, les « Sunnites » sont les musulmans orthodoxes, les gens de la Sunna. Notons que maints hadiths font l'apologie de l'art de s'enrichir, et du commerce en général.

La Charîa contient le fiqh (le droit, c'est-à-dire la « *prudentia* » des Romains ou sagesse pratique, distincte du « *dikaion* » aristotélicien, à savoir le juste). Le Père Lammens, jésuite spécialiste de l'islam, écrit à ce sujet (*L'Islam, croyances et institutions*, Librairie orientale, Beyrouth, 1943), page 108 : « (…) **la théorie orthodoxe affirme qu'il n'existe pas d'actions foncièrement bonnes ou mauvaises, indépendamment de la législation révélée. Leur valeur morale dépend de la volonté divine, inscrite dans la révélation coranique. L'islam est essentiellement une religion légale.** » Ce qui revient à dire qu'il n'y a pas d'ordre naturel pour le musulman, il n'y a pas de nature des choses.

Les cinq piliers de l'islam (ou devoirs religieux essentiels du musulman) sont : la profession de foi (chahâda), la prière (salâât), l'aumône (zaâkat), le jeûne (ramadan, seulement diurne), le pèlerinage (hadj).

Quant aux dogmes musulmans, on trouve :

– Allah est créateur, il a fait le monde de rien en six jours, il a insufflé à l'homme son esprit.

– monothéisme antitrinitaire (sourate 5, verset 77). La Trinité est assimilée au polythéisme.

– Allah n'est pas père (sourate 23, verset 92), il n'y a pas de *médiation (deux natures dans le Christ qui pour nous est le Médiateur par excellence) entre lui et les hommes, pas d'amour filial, Dieu est infiniment trop haut et inaccessible pour que sa créature se permette de voir en lui un père, Dieu est l'arbitraire inconnaissable avec lequel tout rapport est impossible, en particulier l'Amour.* Dans l'Irak du Xe siècle, sous les Abassides en 922, Al Halladj fut supplicié pour avoir crié son amour de Dieu, *cet amour pour Dieu est un blasphème pour le musulman.* Il en est de même pour les Juifs du Talmud (commentaire de la Mishna elle-même rassemblant les enseignements de la Thora orale : les cinq livres du Pentateuque, rédaction commencée dès le IIe siècle) : *la spécificité de la mystique juive, c'est l'affirmation du caractère inconnaissable du Dieu vivant, non seulement pour nous mais en soi : elle se manifeste par ses attributs qui sont des étapes de procession du monde et de la divinité qui transcende les phénomènes et qui est activement présente en tout ce qui existe, les lettres hébraïques seraient des éléments de la création, la connaissance de leurs lois internes et l'arithmologie donneraient accès aux lois du monde divin dont elles procèdent : ésotérisme et gnose (panthéisme plus ou moins explicite coulé dans une formalisation conceptuelle d'inspiration néo-platonicienne).*

– Le péché originel n'a touché qu'Adam et ne s'est pas transmis.

– Le Saint-Esprit est confondu avec l'ange Gabriel.

– Le Christ n'est qu'un prophète, né d'une vierge, mais elle n'est ni mère de Dieu ni co-rédemptrice. L'Ancien Testament et le Nouveau Testament auraient été falsifiés, car ils annonceraient Mohammed… Jésus n'a été ni crucifié ni ressuscité, un simple homme qui lui ressemblait lui a été substitué sur le gibet.

Le Mahdi des sunnites reviendra à la fin des temps pour restaurer et unifier l'islam, il est peut-être Isa (Jésus), qui exterminera l'antéchrist (djaddjal).

– Éblis (ou Chaïtan) est *Lucifer, il est mauvais parce qu'il aurait refusé d'adorer Adam...* Son châtiment en enfer est reculé jusqu'à la fin du monde ; ce n'est pas lui mais un esprit (Mâlik) qui commande en enfer et aux gardiens de l'enfer. Éblis est l'ennemi de l'homme, le tentateur. Mais il existe aussi des « djinns », à savoir des génies, dont certains sont convertis à l'islam.

– L'immortalité de l'âme est admise, mais *l'âme (« nafs ») n'est que principe de vie et de sang et de penchants, et même souffle d'air, d'où l'existence d'un paradis matériel avec des houris et des éphèbes, lieu de fraîcheur et de délices dont les descriptions (sourates 55 et 37) sont très semblables au Cantique des Cantiques, **mais aussi au jardin d'Eden décrit dans le Talmud.** Il n'y a pas de vision béatifique.*

– thème de la prédestination : sourates 36 (6), 35 (9), 16 (38). Le Père Lammens écrit : « Les textes défavorables au libre arbitre sont, sinon les plus nombreux, du moins les plus impressionnants et semblent rendre mieux la pensée intime de Mohammed. La tradition musulmane ne s'y est pas trompée. Aussi l'orthodoxie sunnite s'est-elle très formellement prononcée en faveur de la dernière interprétation. Elle considère comme un article de foi la prédétermination absolue de tous les actes humains. Tous ces actes étant "créés" — comme disent les logiciens musulmans — elle n'y voit qu'un simple corollaire de la puissance illimitée d'Allah. Seuls les Adarites et les mo'tazilites (*sectes à tendance rationaliste*) refusent de s'associer à cette conclusion. Pour eux la justice d'Allah suppose la liberté de la créature et son entière responsabilité morale, cette dernière étant d'ailleurs affirmée par le Coran » (*op. cit.* p. 108).

– Les anges sont des messagers de Dieu.

– importance des ablutions et rites dans la prière : influence juive.

– le djihad : le monde est divisé en Dar el-islam et Dar el-harb. Dar signifie « demeure », harb signifie « guerre ». Le Dar el-harb appartient de droit à l'islam, et il faut le conquérir quand l'occasion se présente. La « Ummah » (communauté islamique mondiale) doit correspondre un jour avec le monde entier.

– L'islam est une religion laïque et égalitaire : il n'y a ni liturgie, ni clergé, ni hiérarchie ecclésiastique proprement dite, ni sacrements. Les muphtis, imans, muezzins ne sont que des fonctionnaires. Le calife, successeur de Mohammed, est un homme politique, le spirituel est absorbé dans le temporel.

– Les femmes sont tenues pour inférieures à l'homme (sourate 4, 38), quatre épouses sont autorisées (sourate 4, 3). Mohammed bénéficia de dérogations (sourate 32, 47). La répudiation est autorisée.

– refus de la vie monacale (sourate 57, 27), soit : refus légaliste de tout mysticisme. D'où, par réaction, la naissance du soufisme, qui est mal vu dans le monde musulman : le soufisme (« *tazawwof* »), est une discipline mystique. Il fut développé par Gazali (1058-1111), théologien, juriste et philosophe. Il se rapproche timidement du christianisme, prône la vie intérieure, les exercices spirituels, l'examen de conscience, les directeurs spirituels, la méditation. Mais l'islam lui est hostile au fond : dès 922, les groupes mystiques se multipliant, l'orthodoxie frappe un grand coup et condamne le soufi halladj : flagellé, mutilé, accroché à un gibet, il fut décapité et brûlé. Mais le soufisme verse dans l'ésotérisme et l'extravagance (derviches tourneurs). La maçonnerie a plus tard largement contribué à l'extinction du soufisme : les loges du parti « Union et Progrès » ont préparé l'avènement du kémalisme.

– L'islam est l'« ombre de la mort » (Charles de Foucauld).

Jérusalem fut prise en 638, l'Afrique du Nord fut conquise entre 660 et 710, l'Espagne et la Narbonnaise entre 710 et 720 (par des Berbères islamisés) ; il y eut pénétration en Gaule mérovingienne jusqu'en 732 (Charles Martel) ; la Grenade fut reconquise en 1492 (Ferdinand et Isabelle) ; Constantinople fut prise par les Turcs en 1453 ; l'offensive turque en 1456 en

Europe centrale fut arrêtée par saint Jean de Capistran (mineur) et Jan Hunyade (hongrois, contre Mehmet II). Une autre offensive eut lieu entre 1521 et 1562 (les mahométans reprennent Belgrade et mettent le siège devant Vienne en 1529). Lépante se produit en 1571 (fin de la suprématie turque en Méditerranée) ; cette victoire fut demandée par Saint Pie V et menée par Don Juan d'Autriche (Français absents…). 1683 : Vienne est à nouveau assiégée, délivrée par le roi polonais Jean III Sobieski et Charles de Lorraine. Le génocide arménien se déroule entre 1915 et 1918 (1,5 million, les Turcs ont profité des hostilités, c'est seulement depuis le traité de Sèvres en 1919 qu'il n'existe plus d'État musulman unifié, mais seulement des États islamiques rivaux, et le traité de Lausanne maintient en 1923 Constantinople-Istamboul dans la Turquie, par antichristianisme). L'Algérie, la Tunisie et le Maroc ont été colonisés respectivement 130 ans, 80 ans, 40 ans seulement, ce n'est rien à côté des colonisations islamiques en Europe (l'Espagne fut colonisée de 711 à 1492).

Dans la seule année 1636, année du Cid, on répertoria dans la seule Corse plus de 2000 rapts de femmes et d'enfants par les musulmans qui les transformèrent en esclaves. Lorsqu'en 1078 les musulmans interdisent l'accès de Jérusalem aux pèlerins chrétiens, la première croisade est décidée, elle aboutit à la prise de la ville et à un éphémère État chrétien (1099-1291). Si le Cid fut l'un des artisans de la libération de l'Espagne, si la victoire chrétienne de Las Navas de Tolosa en 1212 est considérée comme un événement décisif, il fallut attendre 1492 pour que les armées d'Isabelle la Catholique missent un terme définitif à l'existence du royaume islamique de Grenade. Le roi d'Arabie a récemment demandé que la cathédrale de Séville fût restituée à l'islam… Il se produisit après l'hégire une progression fulgurante de l'islam au cœur de l'Europe : en Serbie (bataille du Kosovo en 1389), où maintes familles serbes sont exterminées ; le peuple est réduit en dhimmitude, des milliers d'enfants sont enlevés pour être élevés dans l'islam et enrégimentés dans le corps des janissaires. La Bulgarie, l'actuelle Roumanie et la

Hongrie succombent, Vienne est assiégée en 1683. Les musulmans se montrent très cruels contre les insurrections chrétiennes, ils massacrent toute la population de l'île de Chio en 1822 (événement immortalisé par Victor Hugo), la Grèce n'est libérée qu'en 1830 après 4 siècles d'occupation, la Bulgarie en 1876, la Bosnie en 1913.

III) Examen des incompatibilités principales entre religion mahométane et christianisme vraiment chrétien, c'est-à-dire catholicisme

Inventaire rapide :
– refus de la divinité du Christ, de la Trinité (nous n'avons pas le même Dieu), du Dieu Père, du Dieu Fils, du Dieu Esprit (ainsi du Dieu Amour), de la Vierge co-rédemptrice, de l'immortalité de l'âme spirituelle vouée à des biens spirituels ; refus du péché originel, déterminisme fataliste (mektoub = « c'était écrit »), refus de la distinction réelle entre nature et grâce.

IV) Examen succinct des incompatibilités culturelles et philosophiques, induisant elles-mêmes des incompatibilités psychologiques, morales, politiques, entre islam et pensée occidentale

La raison pour laquelle l'islam tente, et parfois fascine, notre occident déboussolé et décadent, en particulier certains militants d'extrême droite en rupture de ban avec le christianisme, doit nous inviter à réfléchir sur les fondements réels et raisonnés de notre attachement à la société occidentale.

Les musulmans sont opposés aux USA ? C'est très bien, parce que l'Amérique écrase la vraie dignité de la personne humaine. Mais l'islam ne fait guère mieux, qui réduit l'homme à un pantin et le confine dans la recherche des biens matériels. Les USA sont matérialistes ? Mais l'islam l'est aussi, qui nie l'existence d'un désir de Dieu et qui s'oppose à tout mysticisme. Le mondialisme anglo-saxon détruit les nations, mais l'islam est lui-même destructeur des nations, parce que la « oummah » n'est pas une nation, elle n'est pas la Terre et les Morts, elle est la communauté des musulmans.

Il n'y a pas de libre arbitre dans l'islam, d'où fatalisme. C'est tout le contraire du génie européen, qui pose l'homme tel un sujet face au monde, un homme qui ne se contente pas d'exister et de subir son existence, mais qui surexiste comme volonté maîtresse de son destin. Les néo-païens parlent d'esprit faustien, ou prométhéen, et il y a quelque chose de vrai dans cette affirmation, même si elle est corrompue par une perspective antichrétienne : Pic de la Mirandole, dans son fameux discours sur la dignité de l'homme, disait que Dieu avait créé l'homme inachevé, afin de lui laisser le soin de s'achever lui-même. C'est excessif évidemment, parce que l'homme est une créature dotée d'une nature, mais il est vrai que par sa liberté l'homme est invité à se choisir, à être le participant actif de l'acte créateur. « Nous sommes de la race de Dieu », disait saint Paul aux membres de l'Aréopage, après le stoïcien Cléanthe (IIIe siècle av. J.-C.). L'homme est dans le monde et il est du monde dont il doit respecter l'ordre, mais il est le maître de la création sensible, il ne divinise pas le monde, il n'est du monde que comme étant au monde ; il est à la charnière des mondes matériel et spirituel, il est à l'image et à la ressemblance de Dieu, il résume l'univers à lui tout seul, il est esprit dans un corps, il a soif d'absolu, il est habité par l'inquiétude, ce que Hegel nommait le « travail du négatif », ce que saint Augustin évoquait dans les *Confessions* : « *Fecisti nos ad Te* ; *et inquietum est cor nostrum donec requiescat in Te* ». L'homme n'est pas esclave. La soumission du chrétien est une subordination active et plébiscitée. C'est par la médiation de son libre arbitre humain que Dieu le détermine, et c'est librement qu'il se soumet à Dieu, et c'est ainsi qu'il conçoit le sens de sa vraie liberté qui fait sa dignité. Pour lui, obéir à Dieu consiste d'abord à accepter le don qui lui est fait de lui-même à lui-même, et, pour le chrétien, se faire un esclave passif revient à offenser Dieu en Lui déniant le droit de communiquer à Sa créature quelque chose de Son absolue souveraineté. Cette affirmation chrétienne de la dignité de l'homme ne fait que couronner, en le sublimant, le goût proprement indo-européen pour la liberté, pour l'« *éleuthéros* », pour le « *liber* », pour la personne. Faut-il rappeler que le fasciste ne croit pas au déterminisme, que l'homme n'existe que dans et par la lutte ? Quant aux féminines indulgences des païens à l'égard de la force exaltée par l'islam, faut-il rappeler que la vraie force est d'abord la maîtrise de soi, la maîtrise de sa propre force ? Il n'est pas de véritable force qui ne soit force exercée sur elle-même, ainsi esclave d'elle-même. Il y a un certain ressentiment, de la part d'une certaine extrême droite à l'égard d'un Occident décadent qui ne lui fait pas sa place, et ce ressentiment chez elle se manifeste par diverses tentations anti-occidentales : à l'égard de l'islam, mais aussi à l'égard du monde slave. Tous ces gens rêvent d'une chimérique « Troisième Rome », national-bolchevique ou mahométane. Et pourquoi pas les deux à la fois, pendant qu'ils y sont ? Mais ce rêve est un rêve de décadent, une séduction esthétisante, une complaisance de femelle. On s'insurge à bon droit contre la décadence de l'Occident. Mais rejeter sa décadence, ce n'est pas rejeter l'Occident lui-même. Les islamophiles occidentaux sont affligés de haine de soi. C'est à l'Europe européenne, chrétienne parce qu'elle est européenne et européenne parce qu'elle est chrétienne, qu'il appartient de dominer le monde, et à elle seule. C'est le seul désir de Dieu, désir dont l'islam conteste l'existence, qui permet de relativiser les biens matériels et plus généralement les biens mondains, c'est lui qui fait de l'homme un éternel insatisfait, c'est lui qui place l'homme toujours en avant de lui-même, c'est lui qui l'invite à se dépasser toujours, et c'est cela le vrai surhomme, à toute distance des glorioles subjectivistes des néo-païens décadents.

Il n'y a pas, en islam, de différence entre droit, morale, religion, politique, d'où absorption du religieux dans le politique ; il n'y a pas de différence réelle entre nature et grâce, d'où théocratie, comme chez les Juifs. Cette position (commune, comme bien d'autres, avec les protestants) séduit les néo-païens qui refusent toute transcendance et qui veulent absolutiser la vie politique. Ils croient qu'en subordonnant la vie politique à la vie surnaturelle, on risque de détruire l'organicité de la cité et de promouvoir l'individualisme. Rien n'est plus faux, c'est même tout le contraire : pour se dessaisir de soi au profit du bien commun de la cité, il faut bien commencer par être quelque chose, il faut avoir quelque chose pour y renoncer ; et si la cité est divinisée, c'est le petit moi qu'on divinise puisqu'elle n'existe que par l'homme. Il n'y a de véritable organicité politique que par référence à un bien qui transcende l'ordre politique lui-même.

Il n'y a pas de Dieu Amour dans l'islam, ce qui induit un culte féminin de la force, un fanatisme de la réussite, d'où la capacité d'être récupéré par tout pouvoir qui réussit (soviétique ou américain) ; cela, joint au déterminisme, fait que tout ce qui arrive est pour le musulman la volonté de Dieu. On se met à justifier n'importe quoi, et il n'est nullement exclu que les musulmans se mettent à s'enthousiasmer un jour pour les Américains. Au reste, ils le font déjà, sans l'avouer et sans se l'avouer. Comme pour les « *Wasp* » pragmatistes et calvinistes, la réussite est signe d'élection divine. Déjà, à l'époque où l'URSS séduisait, l'émir Feyçal, en 1963, disait que le Coran ne fait pas interdiction d'être socialiste.

Tout est contenu dans le Coran, d'où une régression intellectuelle sans précédent, accompagnée de haine et d'envie, à la manière du communisme qui ne vit de l'Occident que comme parasite ; or le propre du parasite est de vivre sa dépendance dans la haine.

Dieu est créateur des vérités éternelles à la manière du Dieu cartésien, d'où impossibilité de toute philosophie, de tout ordre naturel et de toute nature des choses à découvrir ; il n'y a pas de causes secondes mais simple occasionnalisme ; l'homme est vide, comme chez Luther, statue de bois ou de pierre, il n'a pas de volonté propre, la création tout entière n'est que matière sans consistance intrinsèque, c'est Dieu qui directement maintient ensemble tous les atomes dont sont formés les corps ; Dieu est seule cause efficace, mais sa volonté est inaccessible et transcende toute raison, elle est absurde, d'où une complaisance pour l'arbitraire ; l'homme n'acquiert consistance que si Dieu l'emplit, d'où renversement possible en panthéisme et en gnosticisme. Il n'y a pas de clergé dans l'islam, religion égalitaire, le rapport de l'homme à Dieu est immédiat, mais seulement comme rapport à la Loi. La transcendance unilatérale de Dieu est accusée au point que tout ordre naturel est comme écrasé devant Dieu ; les différences et hiérarchies du monde ne comptent pour rien, elles sont comme du néant face à Dieu, les inégalités ne sont qu'apparentes, ne sont pas fondées en raison, peuvent toujours être contestées, d'où un esprit de sédition permanent, d'où égalitarisme possible : le socialisme y est très bien accepté. De plus, il n'y a pas de propriété privée proprement dite dans l'islam, Allah est seul propriétaire de tout, le travail est méprisé ; il en est de même pour l'esprit d'entreprise ; et en retour l'esprit boutiquier, l'esprit de commerce est exalté. Les mozabites, nommés « puritains de l'islam », ont élevé le commerce au rang de religion... Puisque tout bien spirituel est au fond étranger à la condition humaine, le musulman est congénitalement tenté par l'ouverture aux plaisirs de la technique et de l'économie consumériste, aussi bien dans sa forme socialiste que dans sa forme libérale. Mais si la nature est dépréciée, le don de la grâce l'est aussi, car la grâce présuppose la nature. Et parce que l'ordre naturel est en droit le support obligé de la grâce, dans le moment où l'islam ne reconnaît aucune consistance ontologique à l'ordre naturel, alors toute communication de dons gracieux (entendus telles des participations à la Vie même de Dieu) est absolument impossible. Les chefs politiques dans l'islam ne sont que les supports transitoires de l'autorité divine, ils ne sont pas possesseurs de leur pouvoir, ce qui dispose le musulman à revenir facilement sur ses engagements de fidélité : la Taquya est le mensonge nécessaire et légitime tel que l'enseigne le Prophète. Supposé qu'il se mette un jour à pactiser stratégiquement avec l'Occident, le musulman en tant que musulman sera toujours prêt à trahir ses alliés.

V) Bref bilan, et conclusion

Les musulmans ne sont pas, en tant que tels, nos alliés. N'oublions jamais le mot de Hassan-al-Banna, fondateur des Frères musulmans dans les années 30 : « Le drapeau de l'islam doit dominer le monde. » Fouad Saleh, chef de réseau terroriste, lors de son procès, déclarait dans le même esprit : « Je m'appelle la mort de l'Occident. » Les Arabes d'aujourd'hui, frénétiquement, veulent la mort de l'Occident et sa décadence. Et le rabbin « français » Touitou, sur Internet, ne cesse de se réjouir de l'islamisation de la France : selon l'enseignement du Talmud, le mashia'h viendra quand Édom sera tombée, et l'islam, balai traditionnel d'Israël (déjà les Juifs d'Espagne avaient favorisé en 711 l'invasion musulmane), sera l'opérateur de cette chute.

Au terme de ce bref exposé, nous sommes fondé à ne discerner, dans l'islam pris comme manifestation religieuse, qu'un « judaïsme pour les cons », selon le mot à la fois brutal et lucide d'un ancien membre du conseil scientifique du Front national, lequel judaïsme universalisé, telle une espèce de religion noachide adaptée à la mentalité orientale, exténue le désir de Dieu au profit d'un formalisme légaliste et d'un fatalisme abrutissants. Ce qui brouille notre vision européenne de l'islam, c'est l'ambiguïté des raisons de l'attachement des musulmans à l'islam. L'égyptien Hassan-al-Banna, fondateur des Frères musulmans, voulait « rétablir la gloire de l'islam » et chasser les Anglais. Il jugea que le retard des musulmans sur l'Europe s'expliquait par leur éloignement de la vraie religion. Mais au départ il songeait à un mouvement politique. Cela prouve que la religion n'est en bonne part que le drapeau de la revendication identitaire, elle-même fort équivoque :

D'un certain point de vue, l'insurrection des musulmans contre le monde moderne n'est la plupart du temps que le cache-sexe des abandonnés de la croissance, et c'est pourquoi ils sont si sensibles aux sirènes égalitaires, revendicatives, socialistes, par lesquelles la gauche européenne les appâte afin de se constituer un électorat de substitution. Leur affirmation hautaine de la fierté arabe et de l'honneur de l'islam n'est que le paravent de leur désir de prendre part aux bienfaits de la société occidentale de consommation. Et nul n'ignore que le monde arabe riche, peu soucieux de l'unité politique de l'islam, est tenu par l'appât des dollars. Lors des deux guerres d'Irak, la communauté arabe de France n'a pas bronché, si l'on tient pour négligeables les quelques manifestations individuelles d'antisionisme. Les valets de la finance internationale, juifs et non juifs, ont eu pendant des années tout intérêt à favoriser l'immigration maghrébine (mais aussi négroïde et asiatique), afin de faire perdre à la population française son identité nationale génératrice de réflexes anticonsuméristes, mais aussi afin de faire baisser les taux salariaux et d'éviter la modernisation française des outils de production. Les mêmes valets de la finance internationale ont aujourd'hui tout intérêt, sans cesser leur politique immigrationniste enrobée d'idéologie antiraciste, à favoriser un anti-islamisme virulent, cette fois au profit des Américains et des Juifs. Alexandre del Valle en est un bon exemple.

D'un autre point de vue, l'islam est le paravent d'une pulsion beaucoup plus honorable que la précédente, et qui est de nature nationaliste : le panarabisme, lequel, comme on sait, fut lancé par Michel Aflak, originellement chrétien et fondateur du Baas. Sous ce rapport, l'islam peut, non en tant qu'islam mais en tant qu'arabe, dépositaire d'une civilisation prestigieuse qui ne doit guère à l'islam en tant que tel, constituer un allié objectif des nationalistes européens, et faire l'objet d'une alliance intelligente contre le sionisme, les USA, le capitalisme international, le mondialisme. N'oublions pas que Michel Aflak, syrien, chrétien orthodoxe, qui fit ses études en Sorbonne, est, avec Salah-al din Bitar et Arzuzi (ils fondent en 1943 le Baas : « Renaissance »), le représentant d'un mélange (au vrai peu soucieux de cohérence, mais en la nature passionnelle duquel se cherchait une certaine forme de fascisme) de socialisme, de libéralisme démocratique et d'autoritarisme. Ils admiraient tous trois Hitler et souhaitaient sa victoire. La Nation arabe, comme réalité culturelle et religieuse, est la reconstitution laïque de l'Oumma dont l'écroulement de l'Empire ottoman a consacré l'échec.

Fuyant le régime baassiste d'Assad, Aflak se réfugie en Irak et y meurt en 1989. De même, en 1939-1945, en Algérie, Tunisie, Liban, Palestine, Égypte : on applaudit aux victoires d'Hitler, de Mussolini et il en est de même de la part du Grand Mufti Al-Husseini de Jérusalem, qui avait à Berlin rang d'ambassadeur, voire de chef d'État.

Quoi qu'il en soit de l'équivocité de la revendication identitaire arabe, il nous semble que le danger musulman, en tant que musulman, est hypertrophié en Europe. Le nombre des mosquées ne doit pas nous tromper, s'il est vrai que la revendication identitaire en sa forme religieuse n'est que le phénomène mystifiant soit de la frénésie consumériste, soit de la revendication nationaliste. Une position nationaliste française cohérente, antisioniste sans concession, devrait d'abord, parce que les Arabes admirateurs de la force et de l'autorité le comprennent, affirmer son hostilité radicale à l'immigration. Toute sympathie européenne à l'égard de l'islam ne fait que renforcer le mépris des musulmans, leur envie et leur esprit de conquête. Qui n'a pas lu sur les murs de Paris, de temps à autre, des graffitis du genre : « les Français sont tous des pédés, les Françaises sont toutes des salopes » ? Ce n'est pas parce que les sionistes, tout affairés à exacerber les tensions entre communautés, le rappellent aujourd'hui qu'il faudrait le nier. Une position nationaliste française devrait d'autre part aller dans le sens d'un développement intelligent des relations diplomatiques et commerciales avec le monde arabe, afin de le désolidariser tant du monde américain que de ses nostalgies communistes. Le monde arabe vaut mieux que la pauvreté de l'islam qui l'abrutit depuis plus d'un millénaire. Une position nationaliste française devrait aussi, par réalisme, se rapprocher du monde arabe en tant qu'arabe, afin de lui donner, par un changement structurel radical des flux financiers propres au marché mondial actuel, la possibilité d'assumer dans la prospérité l'inversion des flux migratoires dont l'Europe est victime depuis cinquante ans.

Nous voudrions, pour finir, emprunter à Fereydoun Hoveyda (iranien) l'explication suivante qui nous paraît très éclairante (*Que veulent les Arabes ?*, First, 1991) :

En 1068, le cadi (juge musulman) de Tolède compose un « inventaire des nations » dans lequel il range les Européens parmi les peuples ignorants plus « proches du règne animal » que des humains. Ce n'est pas très aimable pour les « bougnoules » que nous fûmes un temps aux yeux des Arabes, mais cela prouve que le monde arabe se pensa lui-même un temps, non sans raison, tel le héraut de la culture mondiale. Le monde arabe s'est ainsi développé à partir du VIIIe siècle, il atteint son apogée aux IXe et Xe siècles, il amorce sa décadence au XIe dans son Orient, et à la fin du XIIe siècle en son Occident, malgré Ibn Khaldoun. 50 000 cavaliers arabes au VIIe siècle chevauchent en Gaule et en Indochine, les empires byzantin et sassanide s'écroulent comme des châteaux de cartes : leurs gouvernements étaient répressifs, le clergé était politiquement trop puissant, le peuple était exploité, la science jugulée. Les Arabes apparaissent comme des libérateurs, ils adoptent les institutions qu'ils trouvent sur place et s'enrichissent de cultures brimées (qu'ils libèrent) par les anciens maîtres, s'initient à la philosophie grecque, iranienne, aux savoirs de l'Inde et de la Chine. Le jeune islam était ouvert au monde. Puis il se ferme à partir du XIIe siècle, dans un véritable suicide culturel. D'abord, à notre avis, il le fait pour des raisons intrinsèques : *C'est Abou Hamid Ghazali, au XIIe siècle, persan (il meurt en 1111), qui inaugure la fermeture de l'islam jusque-là ouvert. Selon lui, il est vain et sacrilège d'étudier les lois de la nature puisqu'elles ne représentent qu'un ordre contingent fixé par Dieu et que Dieu peut changer à tout instant ; nul n'a le droit de « questionner » la volonté divine, il n'y a pas d'enchaînement rationnel de cause à effet, Dieu recrée, à chaque instant, la trame miraculeuse des événements. Ghazali a écrit la* Réfutation des philosophes *: Tahâfut-al-falasifa. Il attaque violemment Avicenne. Ghazali est comme Jdanov par rapport à Staline : le représentant de l'intégrisme marxiste. Averroès (qui meurt à Cordoue en 1198) publie au XIIe siècle une* Réfutation de la réfutation, *mais il est anathématisé par les musulmans andalous et la dynastie des Almohades.* L'islam se ferme aussi au monde pour des raisons plus circonstancielles : il fallait être arabe pour occuper des postes de direction dans tout l'empire, de sorte que la seule manière pour les Persans, les Turcs et Berbères dominés, de surpasser l'Arabe, c'était de se faire plus musulman que lui, et d'accuser les Arabes de laxisme. Alors les dynasties turques établies en Iran et en Mésopotamie, et les Berbères almohades, se font étroitement musulmans réactionnaires.

Il en résulte ceci : on ne peut faire advenir l'unité de la nation arabe si on la fait reposer sur l'islam, car ce dernier exclut toute distinction entre l'ordre naturel et l'ordre surnaturel ; la nation arabe naîtra quand les Arabes se feront chrétiens. C'est la seule manière de s'ouvrir à la modernité tout en conservant l'élan spirituel qui prévient les vices de celle-là. Israël ne scandalise pas les Arabes seulement parce que c'est une terre « musulmane », mais parce que c'est une réussite occidentale insolente qui renvoie les Arabes à la contradiction de l'identité arabo-musulmane : accroître la volonté de puissance des Arabes par l'affirmation du caractère essentiellement arabe de la religion (musulmane), et en même temps supprimer (en vertu du fatalisme et de l'irrationalisme du contenu de la religion mahométane) les moyens de satisfaire cette volonté de puissance.

L'islam est dans son origine, ainsi dans son essence, mais aussi dans tout le cours de son existence historique (aujourd'hui plus que jamais), une formidable entreprise, initiée par des Juifs, d'affaiblissement de l'Occident.

Plus simplement, nous dirons donc : oui aux Arabes, non à l'islam ; c'est à prendre ou à laisser. À toute distance des intérêts sordides des marchands de pétrole anglo-saxons, et dans le respect de l'identité et du génie des peuples arabes, nous demeurons, pour toujours, les héritiers des Croisés et des glorieux vainqueurs de la bataille de Las Navas de Tolosa (1212).

J

JOSÉ ANTONIO PRIMO DE RIVERA

§ 1. « Nous voulons un Paradis difficile, dressé, implacable. Un Paradis où l'on ne se repose jamais et qui ait dans l'embrasure des portes des anges avec des épées » (José Antonio, 19 mai 1935). Cette formule fameuse, admirable par l'art avec lequel elle mêle la mûre concision et l'enthousiasme juvénile, la raison et le sentiment, résume notre auteur tout entier. « José Antonio, c'est d'abord une idée incarnée dans une jeunesse. Il s'est en quelque sorte dépersonnalisé. Il est resté de lui "ce nom d'empereur romain" gravé sur la dalle nue de la tombe de l'Escorial et un millier de pages de doctrine et de combat » (Jacques Ploncard d'Assac, *Doctrines*, p. 270). C'est aussi une tête « extrêmement ordonnée, dans laquelle toute chose tombait couverte ou incluse dans un système » (Serrano Suñer). « Ce qui caractérise son style, c'est un mélange d'extrême rigueur de raisonnement, et de poésie. On part en pleine dialectique et on tombe dans les étoiles, on rencontre des archanges » (Ploncard d'Assac, p. 275).

Comme nous l'apprend l'*Encyclopædia Universalis*, le père de José Antonio, le général Miguel Primo de Rivera, marquis d'Estella, héritier d'une grande famille andalouse et Grand d'Espagne, procède, le 13 septembre 1923, avec l'appui de l'armée et du roi Alphonse XIII, à un coup d'État. Il suspend la Constitution et instaure une dictature. L'Espagne était traversée par une grave crise issue de la guerre de 1898 avec les États-Unis, et de la perte des derniers vestiges de l'empire espagnol. Terrorisme anarchiste et instabilité ministérielle sévissaient. Le général, avec l'aide de son ministre Calvo Sotelo, lance un grand programme de travaux publics, crée des monopoles d'État, encourage le développement d'industries nationales, et s'aliène l'appui des hommes d'affaires (toujours le capital...) par son dirigisme économique et sa politique sociale. Abandonné par les classes dirigeantes, l'armée et le roi, il s'exile à Paris et y meurt en 1930, dans un petit hôtel de la rue du Bac. José Antonio, avocat, brillant fils aîné de ce dictateur modéré grand amateur de jolies femmes et de bonne chère, ne s'adonne à la politique active qu'après la mort de son père calomnié dont il entend défendre la mémoire sacrée. Battu aux législatives d'octobre 1931, après la chute d'Alphonse XIII, il se met à étudier les expériences fasciste et nationale-socialiste qu'il juge inapplicables à l'Espagne. Puis il se tourne vers les groupuscules nationalistes nés en Espagne depuis 1930, en particulier vers les Juntes offensives nationales-syndicalistes (J.O.N.S.) créées en 1931 par Ramiro Ledesma Ramos et Onésimo Redondo. Le 29 octobre 1933, José Antonio fonde à Madrid (au théâtre de la Comédie), avec l'aviateur Ruiz de Alda, la Phalange espagnole que rejoignent les classes moyennes et les étudiants, et dont il définit le « programme en 27 points » en novembre 1934, dans lequel se manifestent un refus de la monarchie et du libéralisme, une troisième voie conjuguant le social et le national, selon la formule désormais classique du nationalisme et du fascisme. Après avoir recherché en vain l'appui des socialistes modérés (tel Indalecio Prieto) et des anarcho-syndicalistes dissidents d'Angel Prestaña, il réalise à Valladolid la fusion de la Phalange et des J.O.N.S. le 4 mars 1934, sous le nom de Phalange espagnole des J.O.N.S. (75 000 membres). Battu aux élections du 16 février 1936, il est mis hors la loi par le gouvernement du Front populaire, incarcéré à Madrid puis à Alicante en juin 1936. De sa prison, il ne donne qu'à contrecœur et au dernier moment l'ordre de se rallier au mouvement militaire du 18 juillet 1936. Condamné à mort par le tribunal populaire d'Alicante, il est exécuté le 20 novembre 1936. « Franquito », qui fera de lui un martyr afin de récupérer au profit de son régime la grandeur du mouvement phalangiste, s'accommodera beaucoup mieux que José Antonio des exigences des puissances d'argent, convoquant l'invitation à la résignation que prône le catholicisme (mais ce dernier ne se limite pas à cela !) pour imposer à son peuple l'instauration d'une société paternaliste et bourgeoise dominée par les affairistes de l'Opus Dei.

§ 2. « Aujourd'hui plus encore qu'hier, **en nous formant en un seul faisceau de combat**, nous ne sommes, définitivement, "ni de droite ni de gauche". Nous sommes "d'Espagne", de la justice, de la communauté totale du destin national, du peuple en tant qu'intégration victorieuse des classes et des partis » (José Antonio, *Mots des années 1933-1936*, rapportés dans la *Lettre des Amitiés franco-espagnoles*, numéros 56 et 57, juin 2003). « L'État libéral ne croit en rien, même pas en lui-même. Il assiste les bras croisés à toutes sortes d'expériences, y compris celles destinées à le détruire lui-même. Il lui suffit que tout se déroule suivant des procédures réglementaires. Peut-on imaginer rien de plus stupide ? Un État pour lequel rien n'est vrai, érige ce principe de scepticisme, et lui seul, en vérité absolue et indiscutable. Il fait un dogme de l'anti-dogmatisme. D'où il s'ensuit que les libéraux seraient prêts à se faire tuer pour soutenir qu'aucune idée ne vaut la peine que les hommes s'entretuent » (*ibid.*). « On nous critique aussi et on nous accuse d'employer des procédés et des doctrines d'autres pays en nous taxant d'être des imitateurs et on nous appelle **"fascistes"**. **À ceux qui disent cela, nous devons répondre que si l'on entend par fascistes des hommes qui ont une foi et une croyance en eux-mêmes et une foi et une croyance dans leur patrie comme en quelque chose de supérieur à la somme des individus, comme une entité ayant sa vie propre, indépendante et ayant une entreprise universelle à accomplir, nous le sommes effectivement.** Mais nous repoussons ce qualificatif si l'on croit que pour être fasciste le côté externe suffit avec les défilés, les uniformes, les cérémonies spectaculaires plus ou moins décoratives. C'est pourquoi le salut de l'Espagne est directement entre nos mains, sans médiation des partis politiques, ni des députés, ni de rien d'autre que notre effort et notre volonté » (*ibid.*). « **Un État est plus que l'ensemble d'un certain nombre d'organisations techniques, c'est plus qu'une bonne gérance, c'est l'instrument historique du destin d'un peuple** » (*ibid.*). Lors donc que nous rappelions que la pensée joséantonienne s'est écartée de l'expérience fasciste, il faut dire, au vu des citations qui précèdent, expressives de la pure canonique nationaliste et fasciste, que José Antonio entendit ne pas copier le fascisme historique, mais l'adapter aux conditions de l'Espagne en le réinventant. José Antonio fut le fondateur d'un fascisme espagnol original, pleinement catholique et non moins révolutionnaire que les autres. En tant que théoricien du fascisme, il fut peut-être le plus doué des doctrinaires de cette école, le plus cultivé, le plus intelligent, le plus lucide, le plus exempt de ces équivocités qui desservent la pensée nationaliste en alimentant l'impéritie, la cécité et la lâcheté des réactionnaires.

§ 3. Jacques Ploncard d'Assac fait très justement observer que la racine du *falangismo* est la critique joséantonienne de Jean-Jacques Rousseau.

« Quand, en mars 1762, un homme néfaste appelé Jean-Jacques Rousseau publia le *Contrat social*, la vérité politique cessa d'être une entité permanente. Auparavant, en d'autres époques plus profondes, les États qui étaient exécuteurs de missions historiques, avaient inscrit sur leurs fronts et aussi sur les astres, la justice et la vérité. Jean-Jacques Rousseau vint nous dire que la justice et la vérité n'étaient pas des catégories permanentes de la raison, mais, à chaque instant, des décisions de la volonté.

« Jean-Jacques Rousseau supposait que l'ensemble des êtres vivant en peuple ont une âme supérieure, d'une hiérarchie différente de chacune de nos âmes, et que ce moi supérieur était doté d'une volonté infaillible, capable de définir, à chaque instant, le juste et l'injuste, le bien et le mal. Et comme cette volonté collective, cette volonté souveraine, s'exprime seulement par le moyen du suffrage — conception de la majorité qui triomphe sur celle de la minorité en devinant la volonté supérieure — il en résultait que le suffrage, cette farce de petits papiers jetés dans une urne de verre, avait la vertu de nous dire à chaque instant si Dieu existait ou non, si la vérité était ou n'était pas la vérité, si la Patrie devait demeurer ou s'il était préférable, à un moment donné, qu'elle se suicide » (*Textos de Doctrina Politica*, cité par Ploncard d'Assac, *Doctrines* page 273). Ce n'est nullement l'idée d'âme collective en tant que telle qui gêne José Antonio, ni même celle de volonté générale (témoin ce qu'il affirme à propos de l'irréductibilité de la patrie à la somme des individus, témoin aussi et surtout sa conception de l'État, conscience de soi du destin d'un peuple). C'est la réduction de cette âme et volonté commune, à la résultante mécanique de petites volitions privées issues de misérables consciences individuelles se voulant souveraines et, par là, s'intronisant arbitres du bien et du mal, créateurs du vrai et du faux. On voudra bien apprécier la profondeur de l'analyse de José Antonio, qui confirme notre interprétation, dans la déclaration suivante : « Sous ces expressions superficielles, droite et gauche, est caché quelque chose de profond. On peut résumer ainsi l'essentiel de ces deux attitudes : la droite estime que les buts généreux de l'État justifient n'importe quel sacrifice individuel (...). La gauche, au contraire, pose comme affirmation primordiale celle de l'individu, à qui tout est subordonné. Son intérêt est la fin suprême, et rien qui y attente n'est considéré comme licite » (*La Lettre des Amitiés franco-espagnoles, op. cit.*). C'est l'individualisme de Rousseau que condamne José Antonio, c'est la négation de la notion même de bien commun. Ce n'est évidemment pas la notion d'organicité, non plus que l'immanence du bien politique. Et avec beaucoup de pertinence, notre auteur fait observer que le communisme, collectiviste quant à la forme, est un individualisme quant à l'essence, puisqu'il est finalisé par le dépérissement de l'État. José Antonio rappelle aussi que l'État libéral, serviteur de l'individualisme rousseauiste, « entraîne la perte de l'unité spirituelle des peuples », et conduit à « l'esclavage économique ». La réaction socialiste fut légitime en s'opposant à l'esclavage libéral, mais elle fut intrinsèquement corrompue par son matérialisme, par son esprit tout négatif de représailles, enfin par sa théorie, exclusive du bien commun, de la lutte des classes.

§ 4. De cette condamnation du rousseauisme résulte évidemment une condamnation de la démocratie et de l'existence des partis politiques. La doctrine de José Antonio est particulièrement féconde en tant que clarification de la notion de nation. Il a parfaitement compris que le nationalitarisme est d'essence démocratique, ainsi antinationale. Il a aussi mis en évidence le fait que même un vrai nationalisme innocent de toute revendication nationalitaire pouvait pécher par démocratisme individualiste larvé. C'est pourquoi il va jusqu'à refuser le concept même de nationalisme, défini par lui comme « pure sottise » et « individualisme des peuples ». Car il est indubitable qu'il est plusieurs manières d'être nationaliste. Procédons, pour nous faire comprendre, à une analogie. La nature humaine, l'essence de l'homme, est la mesure de l'acte d'exister de la personne ; nous n'avons pas une nature pour exister, nous existons pour tenter de nous conformer à l'idéal de notre essence. De plus, et parce que l'essence a raison de fin, la personne humaine n'a pas une nature pour réaliser une manière masculine ou féminine d'exister ; bien au contraire, elle est homme ou femme pour réaliser l'excellence de sa nature. Si le particulier est pour l'universel, il est en retour définitionnel de l'universel de se particulariser, et c'est dans l'assomption plébiscitée de cette particularité que l'universel se réalise effectivement. De même, nous ne sommes pas hommes pour être Français ou Espagnols. Nous sommes de telle nation, nous sommes dotés de telle ou telle manière d'être homme, pour être pleinement hommes. Il y a, en termes plus abstraits, coextensivité dialectique entre le particulier et l'universel. C'est à ce titre que José Antonio définit la nation comme **unité de destin dans l'universel**. C'est l'oubli de la vocation à l'universel de la particularité nationale qu'il condamne à juste titre en refusant le concept de nationalisme, en lequel il discerne, épistémologiquement parlant, un relent de nominalisme et, politiquement parlant, une variante du subjectivisme et de l'individualisme. Si l'universel de la nature humaine doit consentir à se faire déterminer par la particularité nationale qui le concrétise historiquement, en retour c'est en vue du rayonnement de la nature humaine que la manière nationale d'être homme doit être exercée. Tout repliement sur soi du particulier exclusif d'autrui (ou encore toute exaltation de la différence exclusive de l'identité), oublieux de l'universel dont il procède, est mortifère. Mais évidemment, par-delà une querelle d'ordre sémantique, l'idée classique de nationalisme, dégagée de toute tentation nominaliste, correspond très précisément à l'idéal dont José Antonio s'est fait le héraut. La nation se subordonne l'individu, mais le bien commun universel se subordonne le bien particulier des nations. Car quand bien même il se subordonnerait l'individu, le culte de la différence nationale voulue pour elle-même, ablatif de la recherche du bien universel, est à ce titre le premier pas vers l'individualisme entériné par la démocratie elle-même ablative des nations.

L'**idéalisme** de José Antonio éclate magnifiquement dans les développements qu'il consacre à l'explicitation de son nationalisme : « Il n'y a pas de patriotisme fécond, s'il n'a pas suivi le dur chemin de la critique. Et je puis vous dire que le nôtre l'a suivi. Aussi n'éprouvons-nous pas la moindre émotion devant ce patriotisme d'opérette qui se complaît dans la médiocrité, dans la mesquinerie de l'Espagne d'aujourd'hui, ou qui se délecte dans les grossières interprétations du passé. Nous, c'est parce qu'elle ne nous plaît pas que nous aimons l'Espagne. Ceux qui aiment la patrie parce qu'elle leur plaît, l'aiment avec un désir de contact, l'aiment physiquement, l'aiment sensuellement. Nous, nous l'aimons avec une volonté de perfection. La ruine, la décadence présente de notre Espagne physique, nous la détestons. C'est l'éternelle et immuable métaphysique de l'Espagne que nous aimons » (*La Lettre des Amitiés franco-espagnoles, op. cit.*). « Pour nous, la Nation n'est pas simplement l'attraction de la terre qui nous a vus naître, l'émotion directe et sentimentale que nous ressentons tous au voisinage de notre terroir. La nation est une unité de destin dans l'universel, c'est le rang auquel s'élève un peuple quand il accomplit un destin universel dans l'histoire » (*ibid.*). « De même que la personne est l'individu considéré en fonction de la société, la nation est le peuple considéré en fonction de l'universalité. Un peuple n'est pas une nation en fonction de couleurs ou de saveurs locales ou de particularités physiques quelles qu'elles soient, mais par le fait qu'il est "autre dans l'universel", c'est-à-dire parce qu'il accepte un destin qui n'est pas celui des autres nations. Tout peuple ou tout groupement de peuples n'est donc pas une nation. Seuls le sont ceux qui accomplissent un destin historique différencié dans l'universel. De là vient qu'il est superflu de préciser si une nation possède les caractères d'unité géographique, de race ou de langue ; l'important est de déterminer si elle possède, dans l'universel, l'unité de destin historique (…) seul le **nationalisme** de la nation ainsi comprise peut dominer l'effet de désagrégation des nationalismes locaux. Il faut reconnaître tout ce que ceux-ci ont d'authentique, mais il faut susciter en face d'eux un mouvement énergique ayant comme aspiration la patrie comme unité historique de destin » (*ibid.*).

De ces textes magnifiques, nous retiendrons que José Antonio accepte l'idée de nationalisme, mais selon l'acception **idéaliste** qu'il lui confère (le patriotisme doit se fixer « non dans le sensible, mais dans l'intellectuel »), nous voulons dire en tant que l'Idée est fondement du réel : de même que la forme aristotélicienne est fondement de la matière dont elle est l'acte, de même cette unité de destin qu'est la nation est la raison (première en intention) et le fondement de toutes ces déterminations

accidentelles par lesquelles on la décrit (langue, patrimoine biologique, dimensions géographiques et démographiques, etc.) et
qui l'expriment, la rendent possible ou l'explicitent. La nation
est une idée qui définit une manière d'être homme. Et cette
manière d'être homme qu'est la nation, expressive (en compréhension) d'un aspect particulier — qu'elle a vocation à incar-
ner — de la nature humaine dans le concert des nations, est
aussi expressive (en extension), d'un destin historique particulier qu'elle a vocation à réaliser (comme au théâtre où tous les
personnages ont un rôle dans l'exécution de la pièce qui les
finalise), dans le concert des vocations nationales. L'universel,
dans l'acception joséantonienne du terme, se prend autant
comme universel de causalité que comme universel de prédication. En tant qu'universel de causalité, il désigne la même
nature humaine immanente à tous les hommes et identique pour
toutes les nations, qui s'exprime tout entière et non totalement
en chacune d'elles. En tant qu'universel de prédication, il
désigne la totalité des personnes humaines réparties en nations.
De même que chaque homme reconnaît en autrui quelque
aspect déployé de sa propre nature dont il est lui-même l'individuation (et tel est le fondement métaphysique de l'amitié), de
même chaque nation sait reconnaître en une autre nation
quelque aspect historiquement réalisé de cette nature spirituelle
commune à toutes les nations qui en sont autant d'individua-
tions (et voilà pourquoi un bien commun transnational est toujours en droit possible) ; c'est parce qu'elle est expressive de la
nature humaine elle-même imitative d'une Idée divine, que la
nation idéelle, ainsi la vraie nation, doit être servie et honorée
par ses ressortissants ; ce n'est pas parce qu'elle est, de fait, le
patrimoine de ses ressortissants, qu'elle doit être honorée. Mais
parce que les modalités de particularisation de l'universel sont
le fait de l'universel *se* particularisant, et non des déterminations
contingentes et trouvées là par le pur hasard de l'histoire et auxquelles l'universel serait indifférent (c'est bien plutôt l'histoire,
dans la contingence de ses événements successifs, qui s'efforce

à faire naître tant bien que mal les conditions adéquates de particularisation de l'universel), les nations ne sont pas « des con-
trats répudiables par la volonté de ceux qui les ont conclus : elles
sont des fondations avec une substantialité propre et ne dépendent ni de la volonté de quelques-uns, ni de beaucoup » (cité par
Ploncard d'Assac, *Doctrines* page 278). « L'Espagne est irré-
vocable », « sur l'essence même de l'Espagne il n'y a rien à
décider » (*id.*), le mot « Espagne » est « par lui-même l'énoncé
d'une entreprise » (*id.* p. 280). Il va de soi que ce que dit José
Antonio de l'Espagne est une leçon qui vaut pour toutes les
nations, et cela de manière intemporelle. La leçon vaut, en particulier, pour les Français, et peut-être tout spécialement pour
maints nationalistes français toujours tentés par un chauvinisme
dont le subjectivisme n'est pas exclu. Notons au passage, chez
José Antonio, et dans le sillage de son idéalisme intellectualiste,
une véritable détestation, parfaitement légitime, à l'égard du
subjectivisme romantique, même celui d'un certain nationalisme exaltant la Tradition, la Terre et les Morts : « Le cœur a
ses raisons que la raison ne connaît pas, mais l'intelligence a
aussi sa manière d'aimer comme ne sait pas le faire le cœur »
(revue *J.O.N.S.*, 16 avril 1934) ; on est loin de Barrès réduisant
l'intelligence à une petite chose à la surface de nous-mêmes.
Nous avons lu quelque part, jadis, qu'une nation pouvait être
définie telle une équation dont on ne connaîtrait que les
variables. Il nous semble que, si l'on tempère cette formule risquant de réduire l'essence nationale à un statut nouménal qui
pour nous la réduirait à un en soi insaisissable, José Antonio
aurait pu faire sienne cette définition idéaliste de la nation. Et
parce que la nation est d'abord une idée, un intelligible, elle a
quelque chose d'universel qui l'apparente déjà à l'État, et qui,
de ce fait, contre les distinctions malheureuses de Pie XII (voir
ici G : « L'Église et le nationalisme »), fait d'elle une catégorie
essentiellement politique.

§ 5. La nation étant « la société politique capable de trouver
dans l'État sa machine opérante » (José Antonio, cité par

Ploncard, page 279), alors l'État, structure de la nation, n'est pas « l'exécuteur de la simple volonté populaire », mais celui du « destin d'un peuple ». Un tel destin, idéal et essence de la nation, subsiste plus ou moins dans la conscience de tous, mais de manière parfaite dans la conscience de certains seulement, de ceux dont la conscience individuelle sait se faire la conscience de soi du destin de tous. Or l'État est ce qui, agissant dans l'histoire, est le réalisateur du destin d'un peuple. Donc l'État, hypostasié dans le chef, est la conscience de soi d'un tel destin. Jacques Ploncard d'Assac (*Doctrines*, p. 282) fait une remarque très éclairante : « On pourrait dire avec Gentile que c'est lui (*l'État*) qui **fait** la nationalité dans le sens où la vie étant lutte, le simple maintien de la nation consiste à la "faire" chaque jour contre tout ce qui tend à la défaire. » Preuve, s'il en était besoin, que la pensée de José Antonio, intégralement catholique, assume une dimension d'idéalisme, et d'idéalisme hégélien non du tout exclusif du réalisme thomiste, et que par là elle s'apparente au nationalisme fasciste. Le chef — on l'a compris — est essentiel dans la doctrine antidémocratique de José Antonio, pour cette simple raison que si l'État est la conscience de soi et la volonté objective du destin d'un peuple, il doit — une conscience et une volonté étant toujours personnelles — se réifier en et comme une personne : « Le Chef ne doit pas obéir au peuple, il doit le servir, ce qui est différent ; le servir, c'est ordonner l'exercice du commandement pour le bien du peuple (…) même si le peuple méconnaissait quel est son bien, c'est-à-dire se sentir d'accord avec le destin historique du peuple, même s'il diffère de ce que la masse désire » (cité par Ploncard d'Assac, page 284). « Un peuple complet est toujours un peuple et son chef » (*id.* p. 281). S'il est permis d'adresser à José Antonio une respectueuse observation, nous dirons que son opposition — qu'il souligne parfois — entre système et personne, opposition en laquelle il croit reconnaître une vertu du fascisme, est peut-être forcée, s'il est vrai que, pour l'hégélianisme (auquel doit beaucoup la doctrine fasciste), *système et sujet ne font qu'un*, et que telle est l'originalité de l'hégélianisme : l'impersonnalité du logique ne maximise sa rationalité (laquelle, comme acte de rendre raison, est un rendre raison de soi-même posant ce qu'il présuppose, ainsi se faisant système de soi) qu'en contractant la forme d'un Cogito (identité à soi réflexive), ainsi le statut de personne. Lorsqu'il affirme que « le système, c'est l'homme », José Antonio ne croit pas si bien dire, non au sens où la singularité de la volonté personnelle devrait toujours transcender la rationalité des systèmes politiques, mais en ce sens que la systématicité d'une réalité organique culmine d'elle-même dans la personnalité du Chef.

José Antonio est révolutionnaire, en ce sens que, comme tout fasciste, il n'est pas réformiste. Dans les moments de décadence, une révolution est nécessaire, parce que le peuple, en tant même qu'effondré, ne sait plus percevoir son vrai bien ni l'aimer. Autant dire qu'il est incapable de se réformer lui-même. Il faut le lui imposer, même par la force, et toujours contre le droit existant : « Tout système politique qui existe dans le monde, sans aucune exception, est né d'une lutte ouverte avec l'ordre politique préexistant (…). Le problème de la justice n'est pas un problème juridique, mais métaphysique. Les fondements absolus qui justifient le contenu d'une législation s'expliquent par des raisons éthiques, sociologiques, etc. (…) situées hors du Droit. Le Droit ne fait qu'étudier, avec une méthode logique, les normes » (cité par Ploncard d'Assac, page 288). Puis donc qu'une révolution change les paradigmes métaphysiques d'une société, alors, de ce qu'un système juridique n'est jamais justifié que par eux, on ne saurait s'appuyer sur un quelconque Droit préexistant pour légitimer le changement ; et c'est pourquoi tout vrai changement politique ne peut être que révolutionnaire. C'est de plus à l'armée qu'il appartient de faire la révolution : « L'armée est, avant tout, la sauvegarde de ce qui est permanent ; c'est pour cela qu'elle ne doit pas se mêler de luttes accidentelles. Mais quand c'est le permanent même qui est en péril, quand l'existence même de la patrie est en danger, alors l'armée n'a plus qu'un remède : délibérer et prendre parti. Si elle s'abstient, par une interprétation superficielle de son devoir, elle s'expose à se trouver du jour au lendemain sans rien à servir. Devant les écroulements décisifs, l'armée ne peut servir ce qui est permanent que d'une manière : en le restaurant aussitôt par les armes » (*La Lettre des Amitiés franco-espagnoles, op. cit.*). Mais pour lui l'armée est incompétente pour faire usage de sa victoire, parce qu'elle est incapable d'interpréter adéquatement le destin d'un peuple. On retrouve ainsi, encore, un caractère des régimes fascistes : l'esprit de la révolution est dans le Parti, dans la *Falange*, et l'armée lui est subordonnée.

§ 6. De même que la nation est une unité de destin dans l'universel, de même l'individu est le porteur d'une mission particulière dans l'harmonie de l'État. La personnalité s'obtient par le fait que l'individu se fait l'exécuteur d'une tâche : « Personne ne se sent plus double, dispersé, contradictoire, entre ce qu'il est réellement et ce qu'il représente dans la vie publique. L'individu intervient alors dans l'État comme celui qui accomplit une fonction et non par le moyen de partis politiques, non comme le représentant d'une fausse souveraineté, mais comme possesseur d'un métier, comme chef de famille, comme membre d'une municipalité. Il est ainsi à la fois ouvrier laborieux et dépositaire du pouvoir » (cité par Ploncard d'Assac, page 292). Toujours aussi fasciste, José Antonio, comme on le voit, refuse l'artificielle césure entre société civile (supposée autonome) et État. Comme le fait remarquer Ploncard d'Assac, l'État de José Antonio est « un système de hiérarchies » (Mussolini) au service d'une mission. Il n'y a plus d'antagonisme entre État et individu, intérêt public et intérêt privé, il n'y a plus de lutte de classes, parce que chaque personne, dans le système étatique des hiérarchies (ce qui fait d'un tel système une institution *totalisante*, puisqu'elle englobe tous les hommes et finalise toutes leurs activités), y exerce, dans les domaines où elle est compétente, ainsi dans sa fonction réelle qui est de nature professionnelle, sa part de souveraineté, selon son destin.

L'organicisme développé par José Antonio devait, dans le domaine économique, l'inviter à critiquer conjointement le régime libéral et le régime communiste.

« La lutte des classes ignore l'unité de la Patrie parce qu'elle rompt l'idée de la **production nationale** comme un tout. (…) Ni les ouvriers ni les patrons ne se rendent compte de cette vérité : les uns et les autres sont coopérateurs dans l'œuvre d'ensemble de la **production nationale**. En ne pensant point dans la **production nationale**, mais dans l'intérêt où l'ambition de chaque classe, patron et ouvriers finissent par se détruire et se ruiner. (…) Nous démonterons l'appareil économique de la propriété capitaliste, qui absorbe tous les bénéfices, pour lui substituer la propriété individuelle, familiale, communale, syndicale » (cité par Ploncard d'Assac, page 293). La lutte des classes n'est conjurée que si les acteurs de la vie économique, en relations conflictuelles aussi longtemps qu'ils visent des biens exclusivement privés, en viennent, par une organisation du marché et de la production appropriée, à tendre vers leurs biens particuliers respectifs mais inclusifs d'un bien qui leur soit commun. Or tel est le caractère national de la production, qui les rassemble en tant qu'ils sont tous également ressortissants de la même nation, et en tant que le bien de la nation est par eux tous visé comme fin. La théorie « *falangista* » considère, nous explique Jacques Ploncard d'Assac, « la nation comme un "gigantesque syndicat de producteurs" qui doit être organisé corporativement en "syndicats verticaux par branche de production" et qui doivent fonctionner au service de "l'économie totale" » (*Doctrines*, p. 295). La doctrine économique de la *Falange* est le national-syndicalisme, concept forgé par Ledesma Ramos, et l'État phalangiste est l'État national-syndicaliste, se définissant comme **totalitaire** en tant qu'il est l'État de tous. Un tel État considère « comme fins propres les fins de chacun des groupes qui le composent », il y veille « comme pour lui-même, dans l'intérêt de tous ». Ce qui suppose que les biens des groupes, sans cesser d'être particuliers, soient déjà inclus dans le bien propre de l'État, à savoir le bien commun, puisque l'État veille sur eux comme veillant sur son bien propre. Et l'office de la corporation, comme dans l'État mussolinien, comme dans l'État français du Maréchal Pétain, est précisément de conférer aux biens privés, sans en faire des biens immédiatement publics, une valeur ou une signification de bien public : quand la répartition des biens privés s'accomplit selon la justice distributive (ce dont le libéralisme est incapable), elle réalise dans le domaine économique les exigences de l'ordre de la cité, ainsi le bien commun.

§ 7. Nous en venons ainsi, avec l'évocation de l'État national-syndicaliste, à la critique joséantonienne de la conception capitaliste de la propriété privée. Le capitalisme détruit la propriété, loin de l'exalter ; il la détruit dans sa forme traditionnelle. Il est un facteur de socialisation de la production, objectivement générateur de socialisme. Il est le complice du marxisme.

La propriété ancienne était « une projection de l'individu sur les choses » (José Antonio, cité par Ploncard d'Assac, page 295), le capitalisme fait au contraire que « le véritable titulaire de la propriété ancienne n'est déjà plus un homme, ni un ensemble d'hommes, mais une abstraction représentée par des morceaux de papier : la société anonyme. Elle est à tel point déshumanisée que les titulaires des actions changent sans que varie en rien l'organisation juridique ou le fonctionnement de la société tout entière » (*id.* p. 296). Et José Antonio fait observer que patrons et ouvriers sont en fait du même côté sans le savoir, et que leur ennemi commun est la puissance du capital financier. Le capital n'est en droit qu'un instrument de la production, et le capitalisme fait de la production l'instrument du capital. C'est pourquoi le capitalisme doit être détruit. Finalisé en droit par le bénéfice national de la production, le capital devrait appartenir aux producteurs eux-mêmes, dans ses formes individuelles ou syndicales, ou à l'intégrité de l'économie nationale.

§ 8. En guise de conclusion, nous nous contenterons de citer José Antonio lui-même, dont les propos nous sont rapportés par Maurice Bardèche (*Qu'est-ce que le fascisme ?*, Les Sept Couleurs, p. 67 et 68) :

« Une figure à la fois repoussante et fascinante, celle de Karl Marx, plane sur le spectacle de la crise du capitalisme. À l'heure actuelle, partout, les uns se proclament marxistes, les autres antimarxistes. Je vous le demande, et c'est un vigoureux examen de conscience que je formule : qu'est-ce que cela veut dire, "être antimarxiste" ? Cela veut-il dire qu'on ne désire pas l'accomplissement des prédictions de Karl Marx ? Alors nous sommes d'accord. Cela veut-il dire que Marx s'est trompé ? Alors ce sont ceux qui l'accusent d'erreur qui se trompent. »

« Le capitalisme libéral débouche obligatoirement dans le communisme, et il n'y a qu'une manière profonde et sincère d'éviter l'avènement du communisme, c'est d'avoir le courage de détruire le capitalisme lui-même, de le détruire avec l'aide de ceux-là mêmes qu'il favorise. »

L'effort considérable, développé par José Antonio, en vue de tirer son pays de la décadence, s'est exercé théoriquement dans le double sens d'une critique de la monarchie et d'une critique de la société bien-pensante bourgeoise et capitaliste. C'est par un renouvellement puissant, unique en son genre (quoique lui-même inspiré par le fascisme italien), de la catégorie conceptuelle de nation, qu'il a proposé des éléments permettant de fonder en raison cet ordre politique conforme à la nature des choses dont la monarchie historique avait été l'imparfait serviteur, imparfait en tant qu'elle ne s'était appuyée, pour ce faire, que sur des considérations de nature empirique, ou théologique. C'est par la mise en évidence de la racine philosophique commune (le subjectivisme, bien illustré par les délires talentueux d'un Jean-Jacques Rousseau) au libéralisme et au communisme, qu'il a révélé leur solidarité profonde et annoncé le renversement dialectique du premier dans le second. Ce qu'il nous a donné à comprendre à ce sujet, en d'autres termes, c'est que l'effroyable communisme est la consommation, en tant que sa résolution mortelle, des virtualités contradictoires de cette pathologie qu'est l'esprit démocratique. Depuis la chute de l'Union soviétique, l'histoire ne semble pas donner raison à José Antonio. Mais l'histoire n'est pas achevée, et si nous attendons de l'histoire, pour daigner prendre au sérieux les leçons du maître espagnol, qu'elle ratifie ses prévisions, alors il sera trop tard pour lutter contre la Subversion.

Le capitalisme, qui fait de la marchandise le moyen d'accroissement du capital, au rebours de l'ordre des choses qui voudrait que l'argent fût le moyen d'obtention des marchandises nécessaires à la vie, ne peut par définition produire que des biens matériels, car l'argent n'achète que des réalités sensibles : l'honneur, la vérité, l'amour ne s'achètent pas, ils sont en droit consubstantiels à la personne humaine et par là se soustraient au domaine de ce qui s'échange. Le capitalisme ne peut donc satisfaire que les désirs corporels. Or les désirs du corps ne sont pas véritablement du corps, en ce sens qu'ils peuvent par leur illimitation désordonnée détruire le corps lui-même : ils ne sauraient s'enraciner en lui, puisqu'ils peuvent s'insurger contre lui. Cela dit, le bien proprement humain est un bien de l'âme, et l'âme qui est spirituelle ne se nourrit que de biens spirituels, lesquels ont pour propriété de pouvoir être tout entiers en tous : une vérité, une vertu, peuvent être possédées par tous sans être corrompue ou diminuée, au lieu qu'une somme d'argent ne peut être distribuée en plusieurs qu'en étant divisée. Dès lors, si la pulsation secrète du consumérisme inhérent au capitalisme (pour lequel l'enrichissement a raison de fin) est de nature spirituelle, alors l'âme malade du capitaliste n'aspire pas à moins qu'à posséder tout entier — tel un bien spirituel — le bien matériel qu'elle convoite, cependant que cette possession exclut par nature d'être exercée en même temps par les autres selon le même degré. Il en résulte que la société capitaliste ne peut pas ne pas être une société du bien privé et non du bien commun, et une société dont les membres sont en conflit de manière indépassable : chacun convoite d'avoir tout et se révèle insatisfait aussi longtemps qu'il n'a pas tout, aussi longtemps — dès lors — qu'autrui a encore quelque chose, et surtout quelque chose qu'il n'a pas. Les conditions de l'aspiration à l'égalitarisme sont alors en place : quelque élevé que soit le niveau général de vie d'une société capitaliste, ses membres sont insatisfaits, et ne supportent leur insatisfaction qu'à proportion de l'aptitude d'une telle société à garantir une croissance indéfinie donnant l'illusion temporelle d'une accession toujours ajournée à l'absolu. Mais les conditions de la production sont telles, par la force des choses — démographiques, techniques, physiques, écologiques —, que ce progrès indéfini est régulièrement compromis. Pourtant, si chacun se croit en droit d'avoir tout, c'est que tous sont en droit égaux dans l'ordre de l'avoir (et c'est pourquoi la société capitaliste ne peut produire que des cyniques et des envieux) : la seule relation possible entre de petits absolus ou dieux humains, est un rapport d'égalité. Puis donc que le progrès indéfini et paisible, qui rend supportable l'inégalité de fait entre les hommes, est régulièrement remis en cause, les hommes en viennent à rechercher dans l'égalité de fait, obtenue dans la pénurie, le substitut d'une égalité obtenue dans l'abondance. Et l'on bascule dans le communisme. La chute de l'URSS ne doit pas faire illusion : la concentration des richesses n'a jamais été aussi grande, depuis qu'il y a des hommes, qu'aujourd'hui, au point que les États sont devenus les instruments d'appauvrissement des masses par le moyen de la pression fiscale objectivement finalisée par les puissances bancaires apatrides, et c'est pourquoi de telles puissances ont vocation, qu'elles le veuillent ou non, à se substituer aux États historiques et à s'introniser État mondial. Cela dit, l'argent n'a de valeur qu'en tant qu'il s'échange, c'est la vitesse de circulation de la monnaie qui mesure sa valeur ; quand l'argent est concentré dans les mêmes mains, tout échange commercial devient impossible. Quand l'argent se fait État, l'argent se dévalorise et la propriété privée s'exténue. Et c'est bien ce socialisme universel que nous promet aujourd'hui l'instauration de l'État mondial. Il était dans la logique du marxisme de faire se détruire l'URSS,

afin de faire se déchaîner la logique des échanges financiers jusqu'alors limités par des impératifs stratégiques de nature encore
politique, parce que cette logique radicalisée est gravide d'une
concentration des capitaux elle-même porteuse de socialisation
planétaire. Et c'est bien ce que sut discerner José Antonio Primo
de Rivera, pour le redouter et proposer le remède fasciste, au
rebours d'un Jacques Attali qui aujourd'hui prophétise son
imminence pour s'en réjouir.

K

RAMIRO LEDESMA RAMOS
ET ONÉSIMO REDONDO

LES EXPOSÉS que propose Jacques Ploncard d'Assac au sujet de ces deux auteurs sont si clairs qu'il ne nous paraît pas opportun de les alourdir de nos explications personnelles, d'autant que ces auteurs furent plus préoccupés par l'action que par la théorie, sinon par une théorie de l'action qui s'écarte de la perspective plus métaphysique de notre enquête. Nous nous contenterons donc de résumer les deux chapitres que leur consacre Jacques Ploncard d'Assac, en limitant au minimum les commentaires qu'ils nous inspirent.

Avec José Antonio Primo de Rivera, Ledesma Ramos et Onésimo Redondo furent les fondateurs de la *Falange*.

Ledesma Ramos, dès 1931, lance le *Manifeste pour la conquête de l'État*. Il y développe une technique de l'insurrection en vue de l'établissement d'un État fort, d'une organisation syndicale du monde du travail, d'un dépassement du marxisme, d'une dictature déclarée « qui mette au service de la patrie toutes les énergies du pays ». « Nous vivons aujourd'hui sous le signe de la franche acceptation et justification de la violence politique. » C'est qu'en effet, la lutte entre le fascisme et le communisme, « qui est aujourd'hui l'unique réalité mondiale », a engendré « le choc des masses, pour le moins de groupes nombreux » qui, interprétant l'anxiété de l'opinion, « obtiennent l'intervention active, militante et publique des particuliers, les arrachant à leur vie pacifique et en les lançant dans une vie noble, faite de risques, de sacrifices et de violence ». L'insurrection doit être dirigée par un Parti qui aura, nous apprend Ploncard d'Assac, réalisé au préalable l'éducation insurrectionnelle et la formation politique de ses troupes. Les objectifs de l'insurrection doivent être populaires et connus de la masse nationale. La méthode d'accès au pouvoir doit être révolutionnaire parce que le temps qui lui est concédé par les circonstances est bref, parce que l'État qu'il s'agit de renverser ne se laisse jamais faire, parce que c'est la méthode la plus efficace. Marqué par la lecture assidue de Kant et de Nietzsche (primat de la volonté de puissance et de la raison pratique), Ledesma Ramos est plus volontariste que doctrinaire, il ne croit guère à l'influence des idées trop développées dans l'accomplissement du processus révolutionnaire. Les idées ont pour lui peu de valeur, « presque aucune » si elles ne sont pas animées par un enthousiasme affectif. Il résume ainsi sa mission, qui exprime inchoativement une inspiration que José Antonio fera sienne en la dépassant : « L'idée nationale, la Patrie comme entreprise historique et comme garantie de l'existence historique de tous les Espagnols (…) l'idée sociale, l'économie socialiste avec la garantie du pain et du bien-être économique de tout le peuple. Il m'incombe, semble-t-il, la tâche d'unifier ces deux drapeaux, de les doter des symboles émotionnels nécessaires et de poser les premières pierres d'une organisation qui les interprète. » Le problème économique, auquel il fut particulièrement sensible, lui fait dire que « l'économie nationale n'est pas la somme des économies privées, ni même leur résultante, mais exactement l'économie entière organisée [par les corporations], de telle manière que la nation elle-même, l'État national, réalise et accomplisse ses fins [politiques et culturelles] ». Ce qui est une claire profession de foi fasciste.

Ce qui, sur le plan théorique, nous paraît particulièrement digne d'être souligné dans la contribution de Ledesma Ramos à la pensée nationaliste, c'est d'abord la prise de conscience de ce que nous sommes historiquement parvenus à l'ère des masses. Si l'on veut conserver à la société, avec ses caractères modernes, sa finalité spirituelle et sa structure organique, ainsi son ordination au bien commun, sans renoncer à ses avancées techniques non plus qu'à ses possibilités de diffusion de plus en plus grande de la culture dans les masses, alors une telle société doit impérativement se faire fasciste. Mais cette nécessité rejaillit sur la nature des méthodes congrues à la prise du pouvoir : un coup d'État qui ne tiendrait aucun compte du jugement du peuple n'aurait aucune chance de porter ses fruits. Le caractère totalitaire de l'État s'explique par la nécessité, qui rejoint à sa manière l'idéal propre à la cité grecque d'une participation de tous les citoyens à la vie politique (participation qui pour être politique n'exige nullement, de soi, d'être démocratique, et qui au vrai l'exclut puisque l'individualisme obligé de la démocratie dépolitise la société en brisant son unité), d'un plus grand engagement du peuple dans le souci de la chose publique, du fait de la plus grande diffusion dans la masse des bienfaits de la civilisation, ainsi du fait de la promotion, non exclusive d'une aristocratie guerrière, religieuse et intellectuelle, des classes dites moyennes. Les citoyens de la cité antique, voués à la « *théoria* », à la « *païdéia* », à l'« *otium* », avaient besoin pour ce faire d'être en très petit nombre, et requéraient l'existence d'une population servile nombreuse. Avec l'avènement du christianisme, le statut d'esclave (statut contre nature, car aucune image de Dieu ne saurait être réduite à un « instrument animé ») disparaissant, il fallait bien que les techniques de domination de la nature fussent développées, que l'activité laborieuse crût autant en extension qu'en intensité, et qu'elle mobilisât un plus grand nombre d'hommes. Mais par là, pour que la cité ne soit pas empoisonnée par les séductions matérielles de ses progrès techniques, il faut que la culture et l'exercice d'activités désintéressées croissent et se diffusent dans la même proportion. Mais dès là que le peuple s'ouvre, plus que dans les monarchies médiévales et absolutistes (qu'on songe à la situation détestable des paysans sous Colbert), à la culture, il se préoccupe nécessairement toujours plus de la chose publique : il est de l'essence d'une culture de réaliser son unité en prenant conscience d'elle-même par l'acte de contracter une forme politique d'existence. Et l'unique manière de conjurer dans ces conditions l'inflation, toujours possible en régime industrialiste, tant de l'économisme hédoniste que de la pathologie démocratique, c'est de conférer à la multitude populaire la forme d'une communauté de destin actualisée par un État incorporant les personnes d'autant plus intimement à sa finalité organiciste, ainsi par un État totalitaire. La monarchie d'Ancien Régime, comme forme hiérarchique mais non organiciste de gouvernement, ne peut subsister aujourd'hui que si l'on fait retour (ce qui est évidemment impossible, et même non souhaitable) à une économie de subsistance, à moins qu'une telle monarchie ne fasse sa place à une oligarchie marchande génératrice de libéralisme, ce dont nous ne voulons pas parce qu'elle n'est ni juste ni même, au reste, seulement viable à moyen terme. Le fascisme est une nécessité. Toute prétention politique à conjurer la décadence en dehors de lui relève des velléités chimériques de passéistes cabotins et aigris. Aujourd'hui, « l'unique réalité mondiale », comme à l'époque de Ledesma Ramos, demeure la lutte entre le nationalisme fasciste et l'internationalisme, dont la version libérale actuellement triomphante ne doit pas faire illusion, comme l'avait vigoureusement prophétisé José Antonio. Le vrai combat qui s'annonce pour le XXIe siècle, si l'on est attentif à l'accélération mondialiste de l'histoire, mettra aux prises les fascistes (et nous préciserons — parce que ce formidable combat, formellement eschatologique, ne pourra pas ne pas être religieux — qu'il s'agira de fascistes *catholiques*) et les troupes innombrables du Dernier Homme nietzschéen, l'homme *socialiste* en sa version *démocrate-individualiste*, c'est-à-dire consumériste et égalitaire. Tous les autres, occupés à des combats d'arrière-garde, seront balayés. Voilà ce que contribue, avec Donoso Cortés (entre le catholicisme et le communisme athée, il n'y a rien), à nous faire comprendre Ledesma Ramos.

Nous avons observé, à propos de Ledesma Ramos, que les guerriers révolutionnaires du nationalisme doivent être politiquement formés, et qu'il doit être tenu compte (« tenir compte » ne signifie pas « avaliser ») du jugement du peuple, si l'on veut que la révolution soit féconde. Ce qui est une manière de signifier qu'une révolution politique doit être précédée — à tout le moins accompagnée — d'une révolution culturelle. C'est à ce thème que s'emploie la contribution à la cause nationaliste d'Onésimo Redondo.

Pour ce dernier, « au fond de toute lutte politique, il y a une lutte pour la Culture », laquelle est définie tel « le complexe d'institutions et d'habitudes qui constituent la vie civilisée » (revue *J.O.N.S.*). La caractéristique des peuples civilisés est « d'être dirigés par une sélection de personnes pourvues d'une culture supérieure, étendue ». D'où la nécessité d'un Parti, d'une phalange, capable de « dériver toute l'activité constructive d'un peuple vers la grandeur collective : une aristocratie patriotique d'individus chargés de "faire la Patrie" ». Comme pour tous les vrais fascismes, le Parti est l'instance chargée, parce que médiatrice entre le peuple et l'État personnifié dans le Chef, de dégager une aristocratie vivante et toujours renouvelée, fondée sur le mérite mais non méritocratique parce qu'ordonnée au bien commun : si l'on entend par « méritocratie » cette revendication selon laquelle un homme talentueux devrait avoir droit à une place de choix dans la société, la méritocratie relève de l'individualisme ; la vérité est que le bien commun requiert que les meilleurs soient en haut et les plus humblement doués soient en bas ; le droit est du côté de l'État, l'homme de talent n'a que des devoirs. La diffusion de la culture et la participation juste, ainsi proportionnelle, du plus grand nombre aux fruits d'un labeur collectif, doivent être favorisées : « Les problèmes sociaux que l'organisation moderne de l'État présente, et particulièrement l'élévation intellectuelle, économique et morale du prolétariat, doivent être résolus par l'intervention systématique de l'État pour éviter l'exploitation de l'homme par l'homme. La Junte (*de*

Actuación Hispánica) repousse la théorie de la lutte des classes. Tous les éléments qui interviennent naturellement dans la production doivent vivre en harmonie présidée par la justice. Notre préférence va à l'organisation syndicale corporative, protégée et réglée par l'État, comme système obligatoire de relations entre le travail et le capital, et de l'un et de l'autre avec les intérêts nationaux de la production » (Onésimo Redondo, *Textos de Doctrina Politica*, cité par Ploncard d'Assac, page 313 des *Doctrines*). Dans un raccourci lumineux, Jacques Ploncard d'Assac résume ainsi le caractère, commun aux trois fondateurs de la *Falange*, de leur conception de la propriété : « l'un des grands soucis du mouvement national-syndicaliste avait été de considérer la propriété **comme un service et non comme un droit statique** » (*Doctrines*, p. 313). C'est pourquoi, pour Onésimo Redondo : « On ne peut admettre que des milliers de paysans vivent une existence servile, connaissent la faim et n'aient même pas l'espoir d'améliorer leur sort, alors qu'il existe de grandes extensions de propriété statique (…). Ni la terre, ni aucune sorte de propriété ne doit être possédée statiquement ; c'est-à-dire stérile ou avec des méthodes de production réduites au minimum, alors qu'il existe des masses de familles affamées » (cité par Ploncard d'Assac, *Doctrines* page 313). Mais cet interventionnisme étatique est parfaitement respectueux, comme pour tout fascisme, de la propriété privée : « Nous préférons la dynamique productivité des particuliers à celle de l'État qui doit se débarrasser le plus possible d'activités industrielles (…). Mais nous attribuons à l'État la mission supérieure de garantir le bien-être des classes travailleuses en démolissant d'une manière révolutionnaire les privilèges héréditaires de la paresse » (*id.*).

Pourraient, à propos d'Onésimo Redondo ouvert à la modernité, être faites les courtes observations que nous nous sommes autorisées à propos de Ledesma Ramos.

Concluons par un court développement plus personnel.

Il est de bon ton, dans les milieux catholiques de droite, même ceux qui se disent nationalistes, d'encenser le passé. Il est considéré comme une marque de sagesse, dans ces mêmes milieux cléricaux, de tenir en suspicion toute prétention de l'ordre naturel à s'accomplir selon toutes les exigences dévelop-pées de son concept, sous le prétexte que, la nature humaine étant congénitalement blessée par le péché originel, alors toute exigence naturelle de déploiement historique de ses virtualités reviendrait à nourrir la blessure dont cette même nature est gre-vée. En forçant à peine le trait, on réprouve l'aspiration naturelle à l'honneur et aux honneurs qui risquent de se convertir en orgueil, on fustige dans son principe le développement tech-nique dont la puissance risque d'alimenter les insurrections pro-méthéennes et l'esprit de jouissance ; on se méfie des aspirations à la justice sociale dont les exigences peuvent être corrompues par le socialisme athée, on réprouve l'exaltation de la beauté physique parce qu'elle peut nourrir le narcissisme et la débauche ; on préfère à l'État organique, ainsi totalitaire, les formes politiques plus inachevées, plus conservatrices et plus « prudentes », on préfère les pères de famille fatigués aux jeu-nesses insolentes ; on ne fait son droit à l'ordre surnaturel que par frustration de l'ordre naturel, en mésestimant le fait qu'une telle frustration développe dans les forces de la nature un senti-ment de scandale qui les fait, de manière certes regrettable parce que corrompue, valoir leur droit contre l'ordre surnaturel lui-même. C'est cette pathologie cléricale dont entend se défaire l'esprit le plus catholique du fascisme. José Antonio, mais encore la majorité des fascistes italiens, espagnols et même alle-mands, aimaient leurs curés et vénéraient leur Église, mais ils ne supportaient plus ses déviations bourgeoises-cléricales, ses abus d'autorité, ses travers et préférences trop humains qu'elle entend par trop souvent couvrir de l'autorité du Christ. Et leurs héritiers n'ont aucune raison d'être plus indulgents et plus patients.

À faire jouer la grâce contre la nature par obsession — qui les rend inévitables — de ses déviations peccamineuses, on ne

s'aperçoit pas que la grâce suppose la nature, qu'elle ne la suré-
lève qu'en la soignant et en l'achevant. Loin de détourner
l'homme du Ciel, l'accomplissement totalitaire ou organique
des exigences de la nature politique de l'homme l'y dispose,
parce que, s'il est conforme au vœu de l'essence humaine de se
réaliser plus parfaitement dans la cité que dans l'individu, alors
c'est en s'ordonnant tout entier, quoique non totalement, au
bien commun de la cité, que ce même individu se conforme à
son propre concept, mais par là en vient à éveiller en lui ces
puissances qui, transfigurées par la surnature, l'ordonnent à une
sphère de perfection qui transcende l'ordre politique lui-même.
En se bouclant sur elle-même, comme totalité, la cité parfaite
actualise au mieux les virtualités immanentes de la nature
humaine, et c'est seulement en cela que cette dernière voit s'ouvrir en elle-même les puissances qui l'ordonnent à la transcendance.

Il fut un temps où la précarité de la vie biologique individuelle, jointe aux maux physiques innombrables dont l'humanité était affligée, sommait les hommes de se tourner vers le Ciel
parce qu'elle les empêchait de se complaire dans les délices ter-
restres. L'art et la science politiques pouvaient ainsi se dispenser
d'accuser par trop leurs exigences d'organicité assomptive d'exigences morales, parce que la nature se chargeait, négativement,
de disposer les hommes à se conformer à ces dernières. De
même, le caractère sommaire des techniques de domination de
la nature faisait que l'homme dépendait de l'homme, mais peu ;
l'immense majorité de nos semblables passaient l'essentiel de
leur vie à survivre, de telle sorte que l'organicité de la cité, qui
accuse cette dépendance, demeurait à l'état latent ; l'immanence du tout aux parties ne se faisait sentir que faiblement, et
au vrai elle n'exerçait sa pulsation vitale qu'en un petit nombre
d'hommes, les citoyens très minoritaires de la cité antique, et les
aristocrates des régimes monarchiques : « Mais il en est de l'univers comme dans une famille où il est le moins loisible aux
hommes libres (*aux non-esclaves*) d'agir par caprice, mais où
toutes leurs actions, ou la plus grande partie, sont réglées ; pour

les esclaves et les bêtes, au contraire, peu de leurs actions ont rapport au bien commun, et la plupart d'entre elles sont laissées au hasard » (Aristote, *Métaphysique* L 10). Il est pourtant dans l'ordre que l'homme, pour autant que l'homme ne s'y réduise pas et ne s'y livre qu'à titre de moyen, lutte efficacement contre les pesanteurs aliénantes de la nature hostile, comme il est dans l'« *intentio naturae* » que l'homme dépende de l'homme, s'il est vrai qu'une société organique pose ses propres parties comme autant de moments de sa vie intestine. Et c'est pourquoi il nous paraît dans l'ordre qu'à mesure que les hommes progressent matériellement, l'organicité coercitive de la cité progresse elle aussi. Et il nous paraît aussi légitime que l'ordre social statique, si prompt à dégénérer en cette routine pesante qui rend l'homme indifférent à la vie publique, soit sans cesse réveillé par un excès contraire, par une pulsion de **passion idéaliste** seule capable de conjurer l'indolence triviale de la pâte humaine congénitalement engluée dans le bien privé. Sous ce rapport encore, les plaidoyers pour l'enthousiasme et la *révolution permanente*, mais intérieure à l'ordre, par là pour la révolution fasciste, développés par Ledesma Ramos et Onésimo Redondo, nous semblent l'expression paradoxale mais rationnelle d'une prudence réaliste éminemment urgente.

L

ANTÓNIO SARDINHA ET L'INTÉGRALISME LUSITANIEN, ANTÓNIO DE OLIVEIRA SALAZAR

L'INTÉGRALISME lusitanien, fruit de l'influence nationaliste française sur les intellectuels portugais, enveloppe l'idée d'une restauration monarchiste qui — par le *régime*, lui-même issu d'une *doctrine*, qu'il entend imposer à l'*institution* monarchique — se veut être un véritable nationalisme. L'influence française est évidente jusque dans le terme d'*intégralisme* par lequel un tel nationalisme entend se définir, qui se souvient du sous-titre du journal *L'Action française* : « Organe du nationalisme intégral ».

Toute l'œuvre d'António Sardinha, mort en 1925 à l'âge de 37 ans, « a tendu à présenter la monarchie comme la réalisation intégrale des exigences du nationalisme », nous apprend Jacques Ploncard d'Assac (*Doctrines*, p. 329) qui, faisant observer que le nationalisme est d'abord une défense de l'organisme national menacé dans sa substance, et que le nationalisme est par essence strictement national (ainsi incommunicable), considère que les similitudes entre nationalisme lusitanien et maurrassisme s'expliquent d'abord par une identité de situations nationales face à des maux internationalistes, plus que par une influence directe. Nous manquons pour notre part de compétence historique pour nous prononcer, mais l'évocation de ce problème est pour nous l'occasion, au terme des réflexions que

nous avons menées à propos des grandes figures du nationalisme français et des divers fascismes, de proposer une autre
définition du nationalisme. Si ce dernier s'exerce bien, historiquement, telle une défense de l'organisme national contre des
maux divers, ainsi telle une *réaction*, il est plus que cela car, dans
le cas contraire, il faudrait n'y voir qu'une thérapie destinée à
rétablir un ordre antérieur déjà existant et *achevé* en lui-même,
mais menacé par accident. Il faudrait réduire le nationalisme à
une lutte de la nation contre ce qui n'est pas elle, par là à l'antidote d'un mal, destiné à disparaître avec lui. Nous préférons
pour notre part définir le nationalisme, **qui selon nous n'est
vraiment tel que s'il est fasciste**, de manière positive, parce que
nous pensons que le nationalisme n'est pas un remède, ou n'est
pas *essentiellement* cela, ou encore parce que nous voyons en lui
essentiellement un progrès par rapport à l'état antérieur, dont
l'urgence et la vertu médicinale, *accidentelle*, ne se sont révélées
telles qu'en vertu de l'*inachèvement* de l'état antérieur. **Le nationalisme est la doctrine politique ayant vocation à donner, à
une nation non encore adéquatement consciente d'elle-même
et par là non encore advenue pleinement, la** *forme organiciste*
**qui l'actualise en tant que nation et destin politique particu-
lier dans le concert universel des manières politiques d'être
homme.** Et c'est en tant qu'organicisme qu'il est quelque chose
d'universel et de formel (l'organicisme n'est autre que la forme
intelligible ou Idée de l'État expressive du primat du bien commun), par là quelque chose d'éminemment communicable, susceptible d'être individué par la matière des diverses particularités nationales. Ainsi que nous l'avons rappelé en exprimant
notre respectueux désaccord avec Jacques Ploncard d'Assac
lorsqu'il fut question du national-socialisme, ce n'est pas parce
qu'un nationalisme se veut être plus qu'une simple thérapie
réactive qu'il serait immédiatement nationalitaire. Et s'il nous
est permis, conformément au projet que nous nous étions fixé
au départ de cette série d'études, de corriger les doctrines des
grands nationalistes les unes par les autres, nous ferons observer
que les nationalismes lusitanien et maurrassien méritent le titre

de nationalismes intégraux en tant qu'ils font s'accomplir le nationalisme dans la monarchie, mais qu'ils le méritent beaucoup moins en tant qu'ils limitent le nationalisme à une réaction thérapeutique. Car la situation menacée de la nation, dévoilant la nécessité du recours au nationalisme, n'est pas le seul fait de la perversité des méchants, elle procède d'abord de l'inachèvement, par défaut d'organicité, de la nation elle-même. Le vrai nationalisme, qui le distingue du simple culte patriotique de la Terre et des Morts, n'est pas un retour, il est un progrès. **Serait à notre sens intégralement nationaliste un *organicisme* intégral, par là national (car c'est en et comme manière d'être homme ou unité de destin que la chose politique est effectivement organique), consentant à se sublimer en une monarchie elle-même capable de se penser tel *l'organe directionnel ou la conscience de soi de la totalité nationale*.** Un tel nationalisme, identité concrète du fascisme et de la monarchie, n'a jamais eu d'existence historique.

Quoi qu'il en soit, quatre mois avant la « Marche sur Rome », António Sardinha écrit : « En raison de l'extrême désagrégation à laquelle est arrivé l'État, c'est peut-être au Portugal que sera réservé le destin glorieux d'inaugurer l'Ordre Nouveau en Europe ; s'il doit en être ainsi — et je crois qu'il en sera ainsi ! — nous aurons récupéré notre vocation apostolique de peuple conquérant et explorateur, en levant contre l'ouragan maximaliste de l'Orient le maximalisme très chrétien du monde occidental » (cité par Ploncard d'Assac, *Doctrines*, page 332). Dans son ouvrage capital (*Ao princípio era o Verbo*), Sardinha développe un programme de « retour de la société portugaise aux conditions naturelles de sa formation et de son développement » (*id.* p. 332). Ces conditions naturelles sont la Famille, la Commune, la Corporation, la Province, la Patrie, l'État. Le nationalisme n'est pour Sardinha que le moyen de restaurer les institutions constitutives de la tradition portugaise. Comme permanence dans la continuité et le développement, la Tradition est « l'ensemble des habitudes et tendances qui ont cherché à maintenir la société dans l'équilibre des forces qui lui avaient donné naissance et qui lui ont permis de durer dans la mesure où elle les a respectées » (*id.* p. 333) ; et le traditionalisme se définit telle « la reconnaissance et la pratique d'un système de principes et d'institutions accréditées par l'expérience et dans lesquels s'est condensé le fruit d'une longue observation dans l'art de gouverner et d'être gouverné » (*id.* p. 334), telle encore une « méthode positive (*toujours le comtisme qui gangrène le maurrassisme…*) d'action et de gouvernement » (*id.* p. 335). Puis donc que la Tradition est la simple condition, empiriquement dégagée, de pérennité de la nation, et que le nationalisme est l'instrument de restauration de la Tradition, le nationalisme se limite à être l'instrument de la nation en tant qu'elle dure. Il n'a pas de légitimation intrinsèque, parce qu'il n'est pas une actualisation ou un perfectionnement essentiel de la nation en tant que telle. Autant dire que le nationalisme lusitanien n'a de nationaliste que le nom.

L'aspect plus original et plus fécond de la pensée de Sardinha réside peut-être dans le plaidoyer universaliste qu'il associe à son nationalisme : « Il faut aller plus loin, et réaliser par la projection du génie de chaque patrie une conscience plus grande, un idéal supérieur de civilisation — celui de la civilisation chrétienne qui a formé le monde et qui, nous l'espérons avec confiance, le sauvera encore » (*id.* p. 334). Sans vocation universaliste, un nationalisme ne représenterait qu'« un résidu confus du principe des nationalités, fils de la démocratie et qui aujourd'hui balkanise l'Europe », la transformant bientôt en « exaltation impérialiste perturbatrice » (*id.* p. 336). Nous retrouverons cette légitime exigence d'universalisme dans la pensée de Salazar.

Parmi tous les nationalismes, c'est de toute évidence à l'œuvre théorique et pratique de Salazar (1889-1970) que vont les préférences de Jacques Ploncard d'Assac, qui fut son ami. Salazar nous a laissé 2700 pages de discours et notes politiques

(*Discursos e notas políticas*) écrites entre 1928 et 1968, et 14 entretiens donnés par écrit.

Né comme État indépendant au XIIᵉ siècle (après la victoire d'Alphonse Iᵉʳ Henriques, dit le Conquérant, sur les mahométans), le Portugal n'a cessé de faire prévaloir son identité, en particulier contre l'Espagne (dont il sera le vassal sous Philippe II d'Espagne au XVIᵉ siècle), en cultivant un orgueil national qui lui valut de devenir, par son audace colonisatrice, une grande puissance mondiale. Mais le Portugal n'eut pas les moyens matériels et humains de ses prétentions, et son empire décline dès le XVIᵉ siècle. Il perd le Brésil au XIXᵉ, et se voit progressivement chassé de l'Afrique par l'Angleterre (qu'il favorisa pourtant en refusant, au profit de cette dernière, le Blocus continental de Napoléon). La royauté portugaise est renversée en 1910. Malgré son appui donné aux forces anti-allemandes pendant la Première Guerre mondiale, le Portugal souffre alors d'une grave crise économique, au point qu'il en vient à douter de son destin, puisque, aussi bien, dépourvu de force et de rayonnement continentaux, il avait fait dépendre son identité d'une vocation maritime et coloniale qui était en train de se réduire à néant. C'est alors qu'apparaît sur la scène politique portugaise le Docteur Salazar, économiste et juriste de formation (il fut professeur à l'université de Coïmbre avant de devenir ministre des Finances puis président du Conseil), qui fonde en 1933 une république autoritaire et corporative. Il conservera le pouvoir jusqu'en 1968.

« (…) tout État, même s'il est libéral, obéit à une conception philosophique et (…) tout gouvernement est par lui-même une doctrine en action » (Salazar, cité par Ploncard d'Assac, *Doctrines*, page 346). « Si l'État est une doctrine en action, il ne serait pas logique qu'il se désintéressât de sa propre idéologie ; il a, au contraire, l'obligation de la défendre et de la propager, en vue de sa propre consolidation. Si l'État se considère, sur certains points, comme le détenteur de la vérité, sa neutralité serait inconcevable. L'indifférence à propos d'un principe équivaut en effet à la négation de ce principe » (*id.* p. 347). Salazar n'est pas un pur pragmatiste, un simple « empiriste organisateur ». La sagesse politique ne se limite pas à la recherche des lois de pérennité des sociétés, elle est la mise en action d'une doctrine, d'une Idée, et, s'il est question de pragmatisme, c'est uniquement au sens où l'expérience est la méthode permettant de reconnaître les idées vraies, les vrais principes, qui sont métaphysiques.

L'État, pris comme organe de gouvernement, est pour lui un simple instrument au service de la nation. La nation est une « personnalité morale », produit des efforts des générations passées, et à laquelle est attribuée « sur le plan providentiel, une action spécifique dans l'ensemble de l'humanité. Seul le poids de ces sacrifices sans nombre, de cette coopération d'efforts, de cette identité d'origine, seul ce patrimoine collectif, seule cette communion spirituelle peuvent moralement fonder le devoir de la servir et de donner notre vie pour elle » (*id.* p. 350). On retrouve l'idée maistrienne selon laquelle les États sont des vaisseaux qui ont leurs ancres dans le ciel, l'idée joséantonienne de la nation comme unité de destin dans l'universel. Même s'il ne se veut pas fasciste, le nationalisme de Salazar n'est pas aussi verbal que celui de Sardinha : la stabilité d'un régime repose ultimement sur la conscience collective, sur l'esprit d'un peuple, le *Volksgeist* immanent à toutes les consciences comme l'universel de causalité dont elles sont les singularisations personnelles, et qui culmine dans un chef. Car si la nation est une personnalité morale, comme le déclare très justement Salazar, c'est dans le chef seulement qu'elle est réellement personne en contractant par lui la singularité — qui la fait efficiente — de la volonté générale ou volonté objective de la multitude.

Salazar est opposé à l'existence des partis politiques, et avec elle à la pratique démocratique, dont les activités compromettent le principe de l'unité nationale. Il est antilibéral, et c'est avec une parfaite cohérence qu'il en donne la raison : la société doit ne pas être fondée sur le principe de la liberté, afin de pouvoir garantir les libertés concrètes. De même que, dans la philosophie thomiste, le principe de toute volition (le Bien) n'est pas, au moins en cette vie, objet de volition, de même le principe des libertés politiques (l'autorité de l'État) n'est pas objet de liberté politique, car autrement la lutte pour le pouvoir se substitue à la recherche du bien commun. Mais il est tout autant hostile à l'existence d'un Parti unique, qui ne pourrait selon lui être unique que par artifice, et auquel il ne reconnaît pas la capacité de forger une conscience collective et de survivre à l'œuvre fondatrice du Chef. C'est que Salazar n'est pas fasciste. La Monarchie possède cette capacité de régler la question de la stabilité de la direction de l'État. Mais « la monarchie n'est pas un régime, elle n'est qu'une institution » (*id.* p. 357). Nous abordons là un aspect très intéressant de la doctrine politique de Salazar, qui rappelle que l'idée monarchique est insuffisante pour déterminer l'essence d'un régime. « En tant que telle, elle peut coexister avec les régimes les plus divers, de structures et d'idéologies les plus différentes. Dans ces conditions, elle ne peut être, à elle seule, la garantie de la stabilité d'un régime déterminé et elle ne le devient que lorsqu'elle est le couronnement logique des autres institutions de l'État et se présente comme une solution si efficace et si naturelle qu'elle ne soulève aucune discussion dans la conscience générale » (*id.* p. 357). Quoiqu'hostile à l'existence du Parti unique, Salazar reconnaît que la stabilité d'un régime ne se peut trouver que dans « une élite politique ayant en outre derrière elle une pléiade d'hommes d'étude, appliqués à approfondir des problèmes, à agiter des idées, à définir des principes d'orientation, à créer une doctrine, à donner l'impulsion à l'activité même du régime » (*id.* p. 358). Ce qui est implicitement assurer à cette conscience générale ou collective, fondement de pérennité d'un régime, un support instrumental qui n'est autre que l'œuvre toujours perfectible d'une aristocratie renouvelable en tant qu'elle est, au rebours des aristocraties d'Ancien Régime, posée par et subordonnée à l'État. Et Salazar fera plus tard l'aveu (en 1965) de la nécessité d'un Parti entendu comme organisme de production des élites : « J'avoue humblement que je ne suis pas parvenu, au cours de tant d'années, à obtenir deux choses, qui d'ailleurs me paraissent essentielles : convaincre nos gouvernants de ce qu'ils avaient besoin d'un appui politique pour leur action, et que cet appui ne pouvait leur venir que de l'Union nationale (*rassemblement de tous les Portugais explicitement salazaristes*) ; convaincre l'Union nationale de ce que la formation politique ne peut être abandonnée au hasard des lectures ou d'influences familiales, mais doit être confiée à une **action de formation doctrinaire systématique et persistante** » (Ploncard d'Assac, *Doctrines*, p. 374).

Mais Salazar récuse le fascisme en tant qu'entreprise totalitaire, ainsi récuse-t-il, peut-être inconsciemment, l'idée même d'organicité que pourtant il revendique consciemment en tant que nationaliste : « Il faut éloigner de nous la tendance à la formation de ce qu'on pourrait appeler l'État totalitariste. L'État qui subordonnerait tout sans exception à l'idée de nation ou de race par lui représentée, en morale, en droit, en politique et en économie, se présenterait comme un être omnipotent, principe et fin de lui-même, auquel devraient être assujetties toutes les manifestations individuelles ou collectives » (*id.* p. 360, déclaration de 1934). On retrouve dans cette critique la teneur des critiques de tous les gouvernements non fascistes conservateurs et autoritaires (tels le maurrassisme et le franquisme) : l'État se limite à l'appareil gouvernemental, il n'est pas la forme même de la nation, il requiert d'être subsumé par une morale dont il n'est que l'instrument, il est au fond l'instrument de la moralité et de la prospérité des personnes, et le bien commun n'est pas raison des biens particuliers, il n'est que l'ensemble des conditions ordonnées à la poursuite par chacun de ses biens privés vertueux. C'est méconnaître la vraie nature du bien commun, et corrélativement le vrai rapport entre morale et politique, qui veut, selon le thomisme, que la politique se subordonne la morale qu'elle respecte nécessairement en tant même qu'elle se la subordonne, de même que le tout ne se subordonne les parties dont il est l'unité qu'en protégeant leur intégrité de parties, à peine de n'avoir plus rien à unifier : subordonner le privé au public, ce n'est pas supprimer le privé, ce n'est nullement se substituer à lui, de même que subordonner la liberté à la vérité n'est nullement la convertir en nécessité, c'est bien plutôt la fonder. Exclure que l'État soit la forme même de la nation, c'est au fond promouvoir une conception libérale de la société, mais pieusement saupoudrée d'une intention moralisante. Salazar, dans cette perspective, commence, en rédigeant la Constitution politique de l'État Nouveau, par « établir la morale et le droit comme **limites** à sa propre souveraineté ». On pourrait comprendre, dans une perspective organiciste, que l'État fût ontologiquement positionnel dans lui-même des conditions morales de son exercice, mais à vrai dire ce n'est pas l'État en tant qu'État qui en est positionnel, c'est la nature humaine (et Dieu son Auteur) dont l'État est l'extraposition politique, de sorte que l'État, forme du bien commun, se révèle fin de ce dont il n'est pas l'origine première. Si l'État, tout en conservant le statut de fin, était positionnel des conditions morales d'exercice de son autorité, il serait non pas le tout d'ordre qu'il est, mais substance, au sens thomiste, car il serait positionnel de la nature humaine elle-même, puisqu'il serait positionnel des mœurs dont la morale est l'analyse dégageant leur finalité. C'est pourquoi, la société n'étant pas substance (sinon par analogie), alors, *si l'État se fait limiter par des exigences morales, c'est qu'il s'en veut non la fin mais le moyen*. Le raisonnement qui vient d'être mené vaut pour toute tentative de récupérer, au profit d'une philosophie politique non libérale, la notion libérale de droits de l'homme. Et faire de l'État le moyen de la morale, ainsi du bien commun le moyen du bien vertueux de l'individu, cela même est précisément développer une conception libérale du politique, à laquelle, malgré qu'il en ait, le salazarisme n'échappe pas. Nous en voulons pour preuve le point suivant de sa constitution : elle assurera « la liberté et l'inviolabilité des croyances et des pratiques religieuses », ce qui est anticiper fâcheusement l'hérésie du concile Vatican II. Ce qui n'est pas dans la vérité n'a objectivement aucun droit à l'existence ; la foi étant par essence librement reçue, on ne saurait convertir de force les personnes rétives à la vérité religieuse, de sorte que l'État catholique ne peut que tolérer en son sein les incroyants ; il reste que le devoir de tolérance n'est pas, du côté de l'État, l'envers, du côté des hérétiques et Infidèles, d'un prétendu droit à l'erreur. Nous sommes donc fondé à dire que le salazarisme fut un nationalisme d'intention, parce qu'il fut un organicisme d'intention, et il ne le fut qu'en intention parce qu'il ne fut pas fasciste. L'État rationnel et vraiment chrétien, l'État totalitaire (en tant qu'organique) au sens où nous l'entendons, n'est nullement l'État machiavélien qui s'émancipe de la morale, qui brise l'intimité des familles, qui méprise le droit naturel. Un tel État rationnel ne saurait s'émanciper de la morale, parce que, ce faisant, il se soustrairait à lui-même. L'État rationnel assume les exigences morales comme autant de moments du processus, dont il est l'opérateur et la forme, de recherche du bien commun, parce que le bien commun assume, en le dépassant, le bien privé vertueux (objet de la morale). L'État rationnel ne fait pas *limiter* sa souveraineté par les exigences morales, il se fait déterminer, ainsi concrétiser par elles ; c'est par leur médiation qu'il se fait souverain et se pose comme État. En se soustrayant à la morale, l'État machiavélien, loin de se maximiser, périt d'intumescence, il se défait.

Ce qui n'empêche pas Salazar de se vouloir sincèrement antilibéral même en économie, puisqu'il fut authentiquement corporatiste : « La caractéristique fondamentale de notre régime lui viendra de son organisation corporative intégrée dans un État possédant une autorité qui, au lieu de provenir de la force, s'y appuiera, certes, mais s'appuiera surtout sur la raison, la bonté, l'intérêt public, la conscience générale des vertus du système » (*id.* p. 360). Rappelant à juste titre que l'État moderne doit s'ingérer dans le domaine économique (propriété et production) afin d'obtenir « une meilleure distribution de la richesse produite et (...) faire participer la généralité des individus aux bienfaits de la civilisation » (*id.* p. 362), il va jusqu'à souhaiter une « réforme de l'État tendant à le rapprocher de cette organisation (*la corporation*), **ou plutôt à l'incorporer à lui** » (*id.* p. 362), ce qui rapproche cette fois le salazarisme du fascisme. C'est par nature que l'économie et le travail s'organisent, l'État peut conduire ou absorber cette organisation, il ne peut la nier. « Plus la vie en société se complique, plus le besoin s'impose d'aménager les activités qui se développent dans son sein. Pour ne considérer que la branche de production, le caractère national des différentes économies doit avoir pour base une organisation ; sans être organisés, ni commerce, ni production, ni travail ne pourraient être orientés » (*id.* p. 363). Les corporations devront posséder « des droits politiques avec influence dans l'organisation de l'État » (*id.* p. 365). Mais, de manière très fasciste, cette politisation très légitime de la catégorie de corporation n'est que l'envers du droit reconnu à l'État de garder « la haute direction afin de pouvoir intervenir lorsque les buts et les intérêts de la politique nationale sont en jeu et [de tenir] le rôle d'arbitre suprême dans les conflits d'intérêts » (*id.* p. 366).

Salazar a une haute idée du monde occidental, de l'universalité — qui fait sa valeur — des valeurs dont il est le héraut, et ce caractère le rapproche encore de l'impérialisme du fascisme, en rappelant cette vérité trop oubliée que le culte de la particularité et de la différence, contre tout nominalisme, se fonde sur le primat de l'universel sur le particulier : « La vérité cependant est que le progrès se mesure, partout, aujourd'hui encore, au degré d'occidentalisation atteint et que les régressions se manifestent en sens contraire. » « On ne saurait qualifier de préjugé racial la constatation d'un fait historique tel que la supériorité très marquée de l'Européen dans la tâche de répandre la civilisation parmi les peuples de la terre » (*id.* p. 367). « Nous croyons qu'il y a des races décadentes ou arriérées, comme on voudra, vis-à-vis desquelles nous devons assumer la tâche de les appeler à la civilisation. Il s'agit d'un travail de formation humaine qui doit être accompli avec humanité » (*id.* p. 371). Derechef, force est de remarquer qu'un si pertinent constat appelait que fût prise en compte la nécessité, rappelée par le fascisme allemand, d'un respect minimal d'intégrité biologique des peuples colonisateurs, ce dont les Portugais, au Brésil en particulier, se sont bien peu souciés.

Il n'est pas douteux, comme le rappelle avec affection Jacques Ploncard d'Assac, que Salazar fut un très grand chef d'État, et qu'il fit lui aussi, dans un contexte politique international éminemment difficile, ce qu'il put. Il soutint Franco militairement et diplomatiquement, passa, à cause de sa dépendance à l'égard de l'Angleterre, la Seconde Guerre mondiale dans l'ambiguïté (il fit mettre les drapeaux en berne le jour de l'annonce du suicide d'Hitler, mais avait laissé les Açores devenir des bases « alliées »). Il manifesta sa sympathie pour Mussolini, fit même parvenir au Troisième Reich quelques métaux rares dont disposait le Portugal. Il fut anticommuniste et hostile au capitalisme consumériste. Mais il fut doctrinalement, quoique plus métaphysicien que son maître, maurrassien. Il fut plus conservateur que révolutionnaire, plus paternaliste que dictatorial. C'est pourquoi, malgré quelques velléités en direction du nationalisme organiciste, il fut plus patriote que nationaliste, parce qu'il ne fut pas fasciste. C'est peut-être pour cette raison qu'il ne fut pas réservé au Portugal de Salazar, non plus qu'à l'Espagne de Franco au reste, d'exercer ce « destin glorieux d'inaugurer l'Ordre Nouveau en Europe », que prophétisait non sans quelque prétention Sardinha. Il ne reste pas grand-chose aujourd'hui de cette « vocation apostolique de peuple conquérant et explorateur » dont pouvait s'enorgueillir le penseur politique portugais. L'ouragan maximaliste de l'Orient a pris la forme d'une invasion lente des peuples riches et stériles, aussi bien biologiquement qu'intellectuellement, et le maximalisme très chrétien de l'Occident s'est réduit à un consumérisme vassalisé par les Anglo-saxons. Si la Providence permet jamais que le nationalisme renaisse, cet échec des nationalismes paternalistes non écrasés par les bombes et non anathématisés par Nuremberg doit nous rappeler, avec José Antonio, qu'il n'est de véritable Tradition que processuelle et non figée, intégrant à l'advenir de son Idée une dimension d'esprit révolutionnaire, que par là les nations doivent se faire nationalistes, et que les nationalismes doivent être des fascismes.

CONCLUSION

Nous envisagions, en commençant cette série de courtes études inspirées par la relecture du « classique » de Jacques Ploncard d'Assac, d'achever notre travail par une espèce de bilan. Nous nous apercevons, parvenu au terme, que ces résumés commentés nous ont donné l'occasion de développer l'essentiel de ce que nous avions à dire sur la question. C'est pourquoi il nous paraît vain de nous étendre par trop en lassant le lecteur.

De notre propre démarche, nous retenons tout d'abord que l'idée nationaliste dans son avènement complet, et l'idée fasciste dans sa version intègre, non édulcorée par les bien-pensants et non travestie par le subjectivisme des esthètes, ne disent au fond qu'une même chose.

Nous retenons d'autre part que l'exigence propre au nationalisme intégral de le voir s'accomplir en monarchie, est aussi l'exigence propre au fascisme de se penser tel le moment de réfection de l'ordre, moment qui ne se contente pas de restaurer le passé, mais qui profite de cette crise du passé accouchant d'elle dans le présent, pour réinventer, en perfectionnant sa manifestation nouvelle, ce qu'il y a d'intemporel et d'éternellement actuel dans le passé. Aucun général Monk n'est fasciste, et c'est pourquoi toutes les restaurations (qui ne seraient que cela) sont manquées.

L'Ancien Régime était un « édifice multiséculaire construit pièce à pièce en une mosaïque d'institutions coutumières » (Hubert Méthivier, *La Fin de l'Ancien Régime*, PUF, 1986, p. 126). Méthivier, pour décrire la société d'Ancien Régime, emprunte à Pierre Goubert les suggestives formules suivantes : « *Économiquement...* lenteur des liaisons, prédominance de l'agriculture, insignifiance de la métallurgie... quasi-nullité du système bancaire. *Démographiquement...* longtemps médiéval... par les hauts niveaux de la nuptialité, de la fécondité et de la mortalité... par la persistance des grandes crises épidémiques et disetteuses. *Politiquement...* régime de la diversité juridique, linguistique, administrative, de la complication et du privilège. *Mentalement...* marqué par un mélange de merveilleux et de ferveur chrétienne, un fréquent analphabétisme, une vie locale extrêmement cloisonnée, une conception faible ou nulle de l'État, de la Nation, de la patrie, sauf l'adoration du monarque, ou la présence physique du danger. C'est le temps des patois et des sorcières, des bergers et des meuniers, des seigneurs et des dîmeurs, des gabelous et des sergents, du troc et des petits marchés, au rythme de la mule et du piéton, des saisons et des signes du zodiaque, avec le roi et Dieu bien loin, suprêmes juges, suprêmes recours, suprêmes consolations » (*id.* p. 5). Par sa foi fervente, son mépris pour les biens matériels, son ordination aux biens non mondains, sa prodigieuse fécondité (physique, artistique, intellectuelle, morale et religieuse), un tel régime fut supérieur, et de beaucoup, au monde moderne. Mais, s'il n'était pas dans sa vocation de se faire balayer par l'effroyable progressisme matérialiste et subjectiviste caractéristique de la modernité, il n'était pas non plus dans sa vocation de subsister indéfiniment en l'état figé en lequel l'histoire nous le révèle, pour cette simple raison qu'il nourrissait dans son principe même une contradiction qui finit, à mesure qu'il se développait, par avoir raison de lui. Il n'est pas douteux que la nature soit pour la surnature, que la terre soit pour le ciel, que le politique soit pour l'Église et le temps pour l'éternité. Mais de même que la grâce, loin de fonder la nature qu'elle élève et guérit, présuppose la nature qui doit avoir en elle-même le principe de sa subsistance (c'est, à peine de rendre la grâce exigible et de se faire religieusement moderniste, par le simple accident du péché que la nature requiert la grâce pour recouvrer sa propre cohérence), de même le pouvoir ecclésial, loin de fonder le pouvoir politique (abstraction théocratique), présuppose un tel pouvoir qui doit se fonder dans la nature même de l'homme et de la société. Cause finale de l'ordre naturel, l'ordre surnaturel n'en est pas la cause efficiente. La société d'Ancien Régime ne déployait qu'inchoativement les virtualités politiques de la nature humaine, parce qu'elle voulait trouver dans la religion le principe de sa fondation, ainsi négligeait ses ressources naturelles propres. De là vient que le constitutif formel de l'autorité politique devait être trouvé dans le sacre royal érigé en quasi-sacrement ; que la conception de la nation et de l'État était faible ou nulle ; que la société n'avait d'autre unité que celle que lui conférait la Couronne ; que la société, par là, n'était pas organique (totalité positionnelle de ses parties qu'elle ordonne à elle-même en tant qu'ordre définitionnel du bien commun naturel, cause finale naturelle de la cité) mais seulement hiérarchique, tel un édifice empiriquement construit ; que les virtualités politiques de la nature humaine (tendance, en chacun, à participer consciemment à la vie du tout) ne se sont développées, dans l'Ancien Régime, qu'en se corrompant (genèse de l'individualisme et de l'esprit démocratique en ses formes aristocratique, bourgeoise puis populaire, développement déréglé du commerce et de l'industrie). Faute d'avoir assumé l'organicité fasciste, la monarchie catholique d'Ancien Régime ne s'est efforcée à poursuivre son œuvre légitimement centralisatrice (moyen obligé de l'actualisation historique des virtualités politiques de la nature humaine) qu'en laissant subsister en son sein le principe féodal qui en contredisait la visée. Il est dans la logique d'un monarchiste sincère de renvoyer dans les ténèbres démocratiques toute prétention de fonder l'ordre politique sans référence expresse, pensée comme sa légitimation *intrinsèque*, à la religion. Sous ce rapport, le fascisme est « démocratique ». Mais il est dans la logique d'un fasciste conséquent de dénoncer dans la monarchie théocratique (augustinienne) une oblitération de la gratuité de la grâce, qui prépare — *horresco referens...* — l'avènement de l'œcuménisme moderniste. Car enfin, si le politique n'est pas sans la religion révélée, alors, dès lors que l'homme est un animal par nature politique, il faut que la création du monde et des hommes soit conditionnée par la promesse de l'Incarnation et de l'érection de l'Église, ce qui est proprement hérétique. Si le politique n'est pas sans la religion révélée cependant que la Révélation est gratuite, alors il faut dire que l'homme n'est pas par nature un animal politique, et dans ce cas le pouvoir de l'homme sur l'homme, non naturel et à simple vocation castigatrice, est effet du péché, mais alors l'idéal politique de l'Homme nouveau, effet de la grâce qui guérit la nature, devrait être la démocratie chrétienne... Si donc la Révélation est gratuite, si par ailleurs la démocratie est en son fond contre nature (contre la nature même de l'homme et de la cité), c'est que l'homme est par nature un animal politique et que la théocratie violente à la fois l'ordre naturel et l'ordre surnaturel. D'où la nécessité, comme « *tertium quid* », d'un recours à l'organicité fasciste.

Nous retenons en troisième lieu, dans le prolongement de ce qui vient d'être dit, que le nationalisme ne saurait se dispenser d'une raison d'être, médiate et extrinsèque à la fondation de la cité politique en tant que telle (quoiqu'organiquement incluse dans la cité par ses institutions ecclésiales), qui est ultimement religieuse. Le nationalisme maximise légitimement, se faisant fasciste, l'exigence d'organicité — elle-même condition de la recherche du bien commun : le bien du tout est intrinsèquement supérieur à celui des parties si et seulement si les parties sont autant de particularisations de soi du tout se voulant en elles — de la vie hiérarchique du peuple. Mais le nationalisme maximise par là l'immanentisme de son principe de légitimation : la fin de la vie sociale, c'est la société elle-même, entendons par là que la cité n'est pas l'instrument du salut de la personne, ou plutôt qu'elle n'est instrument du salut *non mondain* de la personne que si elle contracte le statut temporel et mondain de *fin* pour la personne elle-même. C'est cela que les conservateurs antifascistes n'ont jamais voulu comprendre. Mais le caractère à bon droit immanent du principe de légitimation de la vie hiérarchique de la cité, ne conjure son dépérissement en cet individualisme subjectiviste faisant de la nation la caisse de résonance des exigences du Moi, que si un tel nationalisme pense sa revendication immanentiste comme le corollaire obligé d'une finalité transcendante de la personne humaine elle-même, finalité dont la désignation *catholique* nous paraît la seule vraie, pour des raisons qu'il serait inopportun de développer ici. Remarquons simplement à ce sujet que le catholicisme est la seule religion capable de distinguer adéquatement, sans se contredire, entre nature et surnature, ainsi la seule religion qui soit apte à conjuguer sans aberration finalité temporelle immanente et finalité intemporelle transcendante. Cela nous suffit pour discerner dans le catholicisme la seule vraie religion, qui n'est seule religion vraie que parce qu'elle est seule vraie religion. Il n'est pas de vrai nationalisme qui ne soit fasciste, mais il n'est pas de fascisme cohérent qui ne soit catholique : si la vie politique est absolutisée, ainsi déifiée, alors les subjectivités le sont aussi, qui font être la cité puisque cette dernière n'est pas substance. Et la déification des subjectivités est exclusive de la subordination — dont le fascisme fait son principe antidémocratique — des personnes au bien commun de la cité. C'est cela que les néopaïens n'ont jamais voulu comprendre. Dans le même ordre d'idée, ou pour les mêmes raisons, le véritable nationalisme est universaliste, il met au-dessus du bien particulier de la nation le bien commun des nations, et au-dessus de ce bien politique universel le bien supra-politique du dépôt de la foi et du salut des âmes : c'est cela que les nationalistes nominalistes n'ont pas su reconnaître.

Nous retenons en quatrième lieu que la méthode empiriste, chère aux pionniers du nationalisme, est foncièrement réductrice. L'expérience nous dit bien, à la rigueur, quelles sont les idées vraies en politique, à tout le moins quelles sont les idées

« qui marchent ». Mais de même que la connaissance des lois ne suffit pas pour saisir la réalité dans son essence qui est précisément raison des lois de son comportement, de même le discernement de l'efficacité d'une idée ne suffit pas pour discerner, dans l'historicité de la réalité politique, la finalité (notion métaphysique, ainsi non empirique), ainsi encore une idée, que lui assigne sa nature profonde. Plus radicalement, la réalité passée et présente, expérimentalement saisie, ne nous dit jamais que ce qui est. Elle ne livre jamais ce qui doit être. Et lorsque nous parlons de devoir-être, nous ne songeons nullement à un impératif moral *a priori* artificiellement plaqué sur une réalité politique qui lui serait de soi indifférente, nous faisons référence à cet appel, dans la réalité, de ce qu'elle a à être, nous pensons donc à cette instance *idéelle* ou formelle, immanente à la réalité même, subsistant en elle sur le mode latent de la puissance active, par là sur un mode non expérimentalement cernable, et expressive du destin, ou de l'essence d'un peuple. De sorte que la Tradition, ou dépôt historique de ce que fut la réalité politique, ou plutôt de ce qui fut phénoménalement et historiquement exprimé de son essence intemporelle, est impuissante par elle-même, sans cette quête *idéaliste* de l'esprit remontant aux causes par-delà les lois, à dégager tant le véritable destin d'un peuple que les conditions adéquates de sa concrétisation.

Il n'est, en politique, de tradition vivante et de souci du bien commun que selon un mode métaphysique et *idéaliste* de réflexion politique, il n'est de réalisation politique de l'Idée métaphysique que dans une forme *nationale* de l'État, il n'est de principe national voué au bien commun que s'il est *organiciste*, il n'est d'organicité nationale que si elle est *nationaliste*, il n'est de nationalisme que s'il est *fasciste*, il n'est de fascisme capable de dépasser l'élan sentimental qui le suscite que s'il est *catholique*. Voilà ce que nous retirons de notre analyse des *Doctrines du nationalisme* de Jacques Ploncard d'Assac.

TABLE DES MATIÈRES

Mai 2019
Reconquista Press
www.reconquistapress.com

www.ingramcontent.com/pod-product-compliance
Lightning Source LLC
Chambersburg PA
CBHW060313030426
42336CB00011B/1032